ZIESCHANG

Strafrecht Besonderer Teil 2

Eigentums- und Vermögensdelikte

REIHE

Studienprogramm Recht

Strafrecht
Besonderer Teil 2

Eigentums- und Vermögensdelikte

Professor Dr. Frank Zieschang
Universität Würzburg

2. Auflage, 2025

BOORBERG

Bibliografische Information der Deutschen Nationalbibliothek | Die sche Nationalbibliothek verzeichnet diese Publikation in der Deutschen Nationalbibliografie; detaillierte bibliografische Daten sind im Internet über www.dnb.de abrufbar.

2. Auflage, 2025
ISBN 978-3-415-07774-4

Satz: Reemers Publishing Services GmbH, Luisenstr. 62, D-47799 Krefeld | Druck und Bindung: CPI books GmbH, Eberhard-Finck-Straße 61, D-89075 Ulm

Richard Boorberg Verlag GmbH & Co KG | Scharrstraße 2 | 70563 Stuttgart
Stuttgart | München | Hannover | Berlin | Weimar | Dresden
www.boorberg.de

Vorwort zur ersten Auflage

Eine nicht unerhebliche Schwierigkeit bei der Vorbereitung auf das Erste Juristische Staatsexamen besteht darin, nicht in der Menge des Stoffs unterzugehen. Viele Lehrbücher zu den unterschiedlichen Materien des Rechts haben inzwischen einen Umfang eingenommen, der für Studierende trotz einer intensiven Vorbereitung auf das Examen faktisch nicht mehr zu bewältigen ist. Einzelne Bereiche des Rechts nehmen für sich genommen bereits viele hundert Lehrbuchseiten ein, nicht selten verbunden mit zahlreichen kleingedruckten Passagen, und die Vielzahl an Rechtsprechungs- und Schrifttumsnachweisen erscheint kaum noch überschaubar. Damit ist die Gefahr für den Studierenden verbunden, dass die Konzentration auf das Wesentliche verloren geht, indem man sich im Dickicht der Informationsflut nicht mehr zurechtfindet. Die Methode der Anwendung des Rechts, das Verständnis für die wesentlichen Zusammenhänge und das damit verbundene Problembewusstsein werden dadurch eher verstellt.
Wie schon das Lehrbuch zum Strafrecht, Allgemeiner Teil, bezweckt auch der vorliegende Band zu den Vermögensdelikten, dem Studierenden die maßgeblichen mit den einzelnen Strafvorschriften verbundenen Probleme verständlich zu vermitteln, ohne die Darstellung mit Detailproblemen und spezifischen Verästelungen zu überfrachten. Ausgehend von diesen Grundlagen ist dann im Einzelfall die Lösung der relevanten Probleme zu entwickeln. Die hiesigen Erläuterungen verfolgen das Ziel, in Bezug auf den Bereich „Strafrecht, Besonderer Teil II“ eine hinreichende Grundlage für ein erfolgreiches Examen zu bieten, wenn man im Übrigen die korrekte juristische Arbeitstechnik beherzigt. Das Lehrbuch eignet sich aber nicht nur zur kompakten Wiederholung der Materie in der Examensvorbereitung, sondern auch zum Einstieg für Anfangssemester als vorlesungsbegleitende Lektüre.

Würzburg, im Oktober 2021 Frank Zieschang

Vorwort zur zweiten Auflage

Das Lehrbuch ist unter Berücksichtigung neuerer Rechtsprechung und jüngerer wissenschaftlicher Veröffentlichungen auf den aktuellen Stand gebracht und ergänzt worden. Die Konzentration auf das examensrelevante Wissen bleibt auch für die Neuauflage aufrechterhalten.

Würzburg, im Mai 2025 Frank Zieschang

Inhaltsverzeichnis

Literaturverzeichnis		11	
Abkürzungsverzeichnis		13	
		Seite	Rdn.
I.	**Diebstahl gemäß § 242 StGB**	15	1
	1. Der objektive Tatbestand	15	3
	a) Sache	15	4
	b) beweglich	16	15
	c) fremd	17	18
	d) Wegnahme	22	57
	aa) Gewahrsam	22	58
	bb) Bruch fremden Gewahrsams	27	95
	cc) Begründung neuen Gewahrsams	31	118
	dd) Ergänzender Hinweis	32	131
	2. Der subjektive Tatbestand	33	132
	a) Vorsatz	33	134
	b) Zueignungsabsicht	35	152
	aa) Gegenstand der Zueignung	35	157
	bb) Aneignungsabsicht	39	175
	cc) Enteignungsvorsatz	40	187
	dd) Sich oder einem Dritten zueignen	42	200
	c) Objektive Rechtswidrigkeit der erstrebten Zueignung	43	210
	d) Vorsatz hinsichtlich der Rechtswidrigkeit der erstrebten Zueignung	44	217
	3. Die Rechtswidrigkeit	45	220
	4. Die Schuld	46	226
	5. Strafantragserfordernisse	46	228
	a) § 247 StGB	46	230
	b) § 248a StGB	47	234
II.	**Diebstahl in einem besonders schweren Fall gemäß §§ 242, 243 StGB**	48	237
	1. Allgemeines	48	238
	2. Die Regelbeispiele des § 243 Abs. 1 S. 2 StGB	49	244
	a) § 243 Abs. 1 S. 2 Nr. 1 StGB	49	245
	b) § 243 Abs. 1 S. 2 Nr. 2 StGB	52	259
	c) § 243 Abs. 1 S. 2 Nr. 3 StGB	53	272
	d) § 243 Abs. 1 S. 2 Nr. 4 StGB	53	274
	e) § 243 Abs. 1 S. 2 Nr. 5 StGB	53	275
	f) § 243 Abs. 1 S. 2 Nr. 6 StGB	54	278
	g) § 243 Abs. 1 S. 2 Nr. 7 StGB	54	283
	3. Die Geringwertigkeitsklausel gemäß § 243 Abs. 2 StGB	54	284
	4. Weitere Hinweise	55	288
	5. Fragen des Vorsatzwechsels	56	292
	6. § 243 StGB und Versuch	56	297
III.	**Die Qualifikation des § 244 StGB (Diebstahl mit Waffen; Bandendiebstahl; Wohnungseinbruchsdiebstahl)**	58	301
	1. § 244 Abs. 1 Nr. 1a StGB	58	304
	a) Waffe	58	305

			Seite	Rdn.
		b) Gefährliches Werkzeug	59	309
		c) Beisichführen	60	315
	2.	§ 244 Abs. 1 Nr. 1b StGB	61	320
		a) Sonst ein Werkzeug oder Mittel	61	321
		b) Das Absichtsmerkmal	62	324
	3.	§ 244 Abs. 1 Nr. 2 StGB	62	326
	4.	§ 244 Abs. 1 Nr. 3 StGB	64	337
	5.	§ 244 Abs. 4 StGB	65	344
IV.	**Unterschlagung gemäß § 246 StGB**		67	352
	1.	Allgemeines	67	352
	2.	Die Zueignung	68	364
	3.	Die Rechtswidrigkeit der Zueignung	71	380
	4.	Die veruntreuende Unterschlagung gemäß § 246 Abs. 2 StGB	71	381
	5.	Die Subsidiaritätsklausel des § 246 Abs. 1 a. E. StGB	72	386
V.	**Unbefugter Gebrauch eines Fahrzeugs gemäß § 248b StGB**		74	393
VI.	**Entziehung elektrischer Energie gemäß § 248c StGB**		76	407
VII.	**Raub gemäß § 249 StGB**		77	411
	1.	Allgemeines	77	411
	2.	Die Nötigungskomponente	77	414
		a) Gewalt gegen eine Person	77	414
		b) Drohungen mit gegenwärtiger Gefahr für Leib oder Leben	78	420
	3.	Die Diebstahlskomponente	79	424
	4.	Der Zusammenhang zwischen Nötigungs- und Diebstahlskomponente	81	433
	5.	Der subjektive Tatbestand	83	443
	6.	Ergänzende Hinweise	84	448
VIII.	**Schwerer Raub gemäß § 250 StGB**		85	450
	1.	§ 250 Abs. 1 Nr. 1a StGB	85	453
	2.	§ 250 Abs. 1 Nr. 1b StGB	85	454
	3.	§ 250 Abs. 1 Nr. 1c StGB	86	455
	4.	§ 250 Abs. 1 Nr. 2 StGB	86	456
	5.	§ 250 Abs. 2 Nr. 1 StGB	86	457
	6.	§ 250 Abs. 2 Nr. 2 StGB	87	463
	7.	§ 250 Abs. 2 Nr. 3 StGB	87	464
IX.	**Raub mit Todesfolge gemäß § 251 StGB**		88	466
	1.	Allgemeines	88	466
	2.	Der tatbestandsspezifische Gefahrzusammenhang	89	473
	3.	Die Leichtfertigkeit	90	485
	4.	Ergänzende Hinweise	91	487
X.	**Räuberischer Diebstahl gemäß § 252 StGB**		93	494
	1.	Der objektive Tatbestand	93	497
		a) Vortat	93	497

	Seite	Rdn.
b) Auf frischer Tat	94	503
c) Betroffen	95	507
d) Gewalt gegen eine Person oder Drohungen mit gegenwärtiger Gefahr für Leib oder Leben	95	511
2. Der subjektive Tatbestand	96	514
3. Ergänzende Hinweise	96	521
XI. Sachbeschädigung gemäß § 303 StGB	98	524
1. Der objektive Tatbestand des § 303 Abs. 1 StGB	98	525
2. Der objektive Tatbestand des § 303 Abs. 2 StGB	100	547
3. Ergänzende Hinweise	101	551
XII. Betrug gemäß § 263 StGB	103	556
1. Der objektive Tatbestand	103	557
a) Täuschung	103	560
aa) Einwirkung auf das Vorstellungsbild eines anderen	103	561
bb) Tatsachen	104	567
cc) Ausdrückliche und konkludente Täuschung	106	583
dd) Täuschung durch Unterlassen	107	591
b) Irrtum	108	598
c) Vermögensverfügung	110	610
d) Vermögensschaden	114	629
aa) Vermögensbegriffe	114	630
bb) Schadensermittlung	117	642
cc) Schadensgleiche Vermögensgefährdung	119	655
dd) Einzelne Aspekte der Schadensfeststellung	119	659
(1) Zweckverfehlung	120	660
(2) Anstellungsbetrug	120	664
(3) Gutgläubiger Erwerb	121	668
2. Der subjektive Tatbestand	122	670
a) Vorsatz	122	672
b) Bereicherungsabsicht	122	673
c) Stoffgleichheit der erstrebten Bereicherung	123	678
d) Rechtswidrigkeit der erstrebten Bereicherung	124	684
e) Vorsatz bezüglich Stoffgleichheit und Rechtswidrigkeit der erstrebten Bereicherung	125	687
3. Rechtswidrigkeit und Schuld	125	688
4. Besonders schwerer Fall	125	692
5. Abschließende Hinweise	127	702
XIII. Computerbetrug gemäß § 263a StGB	128	704
1. Allgemeines	128	704
2. Der objektive Tatbestand	128	705
a) Die relevanten Verhaltensweisen	128	706
b) Beeinflussung des Ergebnisses eines Datenverarbeitungsvorgangs	131	729
c) Vermögensschaden	132	732
d) Abschließende Bemerkungen	132	733

	Seite	Rdn.
XIV. Erschleichen von Leistungen gemäß § 265a StGB	133	734
1. Der objektive Tatbestand	133	734
a) Erschleichen der Leistung eines Automaten oder eines öffentlichen Zwecken dienenden Telekommunikationsnetzes	133	735
b) Erschleichen der Beförderung durch ein Verkehrsmittel	133	738
c) Erschleichen des Zutritts zu einer Veranstaltung oder Einrichtung	134	741
2. Der subjektive Tatbestand	134	742
3. Die Subsidiaritätsklausel	134	743
XV. Untreue gemäß § 266 StGB	135	744
1. Der objektive Tatbestand	135	745
a) Missbrauchsvariante gemäß § 266 Abs. 1 Alt. 1 StGB	135	746
b) Treubruchvariante gemäß § 266 Abs. 1 Alt. 2 StGB	137	758
2. Der subjektive Tatbestand	139	768
3. Abschließende Hinweise	139	769
XVI. Missbrauch von Scheck- und Kreditkarten gemäß § 266b StGB	140	771
1. Der objektive Tatbestand	140	772
2. Der subjektive Tatbestand	141	783
XVII. Erpressung gemäß § 253 StGB und Räuberische Erpressung gemäß § 255 StGB	142	784
1. Der objektive Tatbestand	142	785
2. Der subjektive Tatbestand	147	813
3. Rechtswidrigkeit und § 253 Abs. 2 StGB	148	818
XVIII. Räuberischer Angriff auf Kraftfahrer gemäß § 316a StGB	149	822
1. Allgemeines	149	822
2. Der objektive Tatbestand	149	823
a) Verüben eines Angriffs auf Leib oder Leben oder die Entschlussfreiheit	149	824
b) Führer eines Kraftfahrzeugs oder Mitfahrer	150	829
c) Ausnutzen der besonderen Verhältnisse des Straßenverkehrs	150	833
3. Der subjektive Tatbestand	151	836
4. § 316a Abs. 3 StGB	151	828
XIX. Begünstigung gemäß § 257 StGB	152	839
1. Der objektive Tatbestand	152	840
2. Der subjektive Tatbestand	153	849
3. Ergänzende Hinweise	154	855
XX. Hehlerei gemäß § 259 StGB	155	858
1. Der objektive Tatbestand	155	859
2. Der subjektive Tatbestand	160	896
XXI. Geldwäsche gemäß § 261 StGB	161	900
Stichwortverzeichnis	163	

Literaturverzeichnis

Arzt, Gunther/Weber, Ulrich/ Heinrich, Bernd/Hilgendorf, Eric	Strafrecht Besonderer Teil, 3. Auflage, Bielefeld 2015.
Beulke, Werner	Klausurenkurs im Strafrecht III, 6. Auflage, Heidelberg, München 2023.
Dölling, Dieter/Duttge, Gunnar/ König, Stefan/Rössner, Dieter (Hrsg.)	Gesamtes Strafrecht, 5. Auflage, Baden-Baden 2022.
Eisele, Jörg	Strafrecht Besonderer Teil II, 6. Auflage, Stuttgart 2021.
Erb, Volker/Schäfer, Jürgen (Hrsg.)	Münchener Kommentar zum Strafgesetzbuch, Band 4, §§ 185–262 StGB, 4. Auflage, München 2021.
Fischer, Thomas	Strafgesetzbuch, 72. Auflage, München 2025.
Heghmanns, Michael	Strafrecht für alle Semester – Besonderer Teil, 2. Auflage, Berlin 2021.
Heinrich, Bernd	Strafrecht Allgemeiner Teil, 7. Auflage, Stuttgart 2022.
Heintschel-Heinegg, Bernd von/Kudlich, Hans (Hrsg.)	Beck'scher Online-Kommentar zum Strafgesetzbuch, München, Stand: 2025.
Hilgendorf, Eric/Valerius, Brian	Strafrecht Besonderer Teil II, 3. Auflage, München 2024.
Hohmann, Olaf/ Sander, Günther M.	Strafrecht Besonderer Teil, 4. Auflage, Heidelberg 2021.
Jäger, Christian	Examensrepetitorium Strafrecht Besonderer Teil, 10. Auflage, Heidelberg 2024.
Jescheck, Hans-Heinrich/ Weigend, Thomas	Lehrbuch des Strafrechts, Allgemeiner Teil, 5. Auflage, Berlin 1996.
Erb, Volker/Schäfer, Jürgen (Hrsg.)	Münchener Kommentar zum Strafgesetzbuch, Band 5, §§ 263–358 StGB, 4. Auflage, München 2022.
Joecks, Wolfgang/Jäger, Christian	Strafgesetzbuch, 13. Auflage, München 2021.
Kindhäuser, Urs/Hilgendorf, Eric	Lehr- und Praxiskommentar, Strafgesetzbuch, 10. Auflage, Baden-Baden 2025.
Kindhäuser, Urs/Böse, Martin	Strafrecht Besonderer Teil II, 13. Auflage, Baden-Baden 2024.
Kindhäuser, Urs/Neumann, Ulfried/Paeffgen, Hans-Ullrich/ Saliger, Frank (Hrsg.)	Nomos Kommentar zum Strafgesetzbuch, 6. Auflage, Baden-Baden 2023.
Klesczewski, Diethelm	Strafrecht Besonderer Teil, 1. Auflage, Tübingen 2016.
Krey, Volker/Hellmann, Uwe/ Heinrich, Manfred	Strafrecht Besonderer Teil 2, 19. Auflage, Stuttgart 2024.
Küper, Wilfried/Zopfs, Jan	Strafrecht Besonderer Teil: Definitionen mit Erläuterungen, 11. Auflage, Heidelberg 2022.
Lackner, Karl/Kühl, Kristian/ Heger, Martin (Hrsg.)	Strafgesetzbuch, 30. Auflage, München 2023.
Cirener, Gabriele/Radtke, Henning/Rissing-van Saan, Ruth/Rönnau, Thomas/ Schluckebier, Wilhelm	Leipziger Kommentar Strafgesetzbuch, Band 13, §§ 242 bis 262 StGB, 13. Auflage, Berlin 2022.
dies.	Leipziger Kommentar Strafgesetzbuch, Band 16, §§ 284 bis 305a StGB, 13. Auflage, Berlin 2023.
Leipold, Klaus/ Tsambikakis, Michael/ Zöller, Alexander	AnwaltKommentar StGB, 3. Auflage, Heidelberg 2020.
Matt, Holger/ Renzikowski, Joachim	Strafgesetzbuch Kommentar, 2. Auflage, München 2020.

Maurach, Reinhart/ Schroeder, Friedrich-Christian/ Maiwald, Manfred/ Hoyer, Andreas/ Momsen, Carsten	Strafrecht, Besonderer Teil/Teilband 1: Straftaten gegen Persönlichkeits- und Vermögenswerte, 11. Auflage, Heidelberg 2019.
Mitsch, Wolfgang	Strafrecht Besonderer Teil 2, 3. Auflage, Berlin, Heidelberg 2015.
Otto, Harro	Grundkurs Strafrecht: Allgemeine Strafrechtslehre, 7. Auflage, Berlin 2004.
ders.	Grundkurs Strafrecht: Die einzelnen Delikte, 7. Auflage, Berlin 2005.
Rengier, Rudolf	Strafrecht Besonderer Teil I, 26. Auflage, München 2024.
Roxin, Claus	Strafrecht, Allgemeiner Teil/Band 2, 4. Auflage, München 2003.
Satzger, Helmut/Schluckebier, Wilhelm/Werner, Raik (Hrsg.)	Strafgesetzbuch Kommentar, 6. Auflage, Köln 2024.
Eisele, Jörg	Tübinger Kommentar Strafgesetzbuch, 31. Auflage, München 2025.
Schramm, Edward	Strafrecht Besonderer Teil I: Eigentums- und Vermögensdelikte, 1. Auflage, Baden-Baden 2017.
Wessels, Johannes/ Hillenkamp, Thomas/ Schuhr, Jan C.	Strafrecht Besonderer Teil 2, 47. Auflage, Heidelberg 2025.
Wolter, Jürgen/Hoyer, Andreas (Hrsg.)	Systematischer Kommentar zum Strafgesetzbuch, 10. Auflage, Köln 2024.
Zieschang, Frank	Strafrecht Allgemeiner Teil, 7. Auflage, Stuttgart 2023

Abkürzungsverzeichnis

a. A.	anderer Ansicht
Abs.	Absatz
a. E.	am Ende
a. F.	alte Fassung
AG	Aktiengesellschaft, Amtsgericht
Alt.	Alternative
a.M.	am Main
Anm.	Anmerkung
AnwK	AnwaltKommentar
Art.	Artikel
AT	Allgemeiner Teil
BayObLG	Bayerisches Oberstes Landesgericht
BeckOK	Beck'scher Online-Kommentar zum Strafgesetzbuch
BeckRS	Beck-online Rechtsprechung
BGB	Bürgerliches Gesetzbuch
BGBl.	Bundesgesetzblatt
BGH	Bundesgerichtshof
BGHSt	Entscheidungen des Bundesgerichtshofes in Strafsachen
BT	Besonderer Teil
BT-Drucks.	Bundestagsdrucksache
BtMG	Gesetz über den Verkehr mit Betäubungsmitteln
BVerfG	Bundesverfassungsgericht
BVerfGE	Entscheidungen des Bundesverfassungsgerichts
CR	Computer und Recht
cm	Zentimeter
DB	Der Betrieb
DDR	Deutsche Demokratische Republik
DM	Deutsche Mark
EG	Europäische Gemeinschaft
EU	Europäische Union
f.	folgende Seite
ff.	folgende Seiten
FS	Festschrift
GA	Goltdammer's Archiv für Strafrecht
GG	Grundgesetz für die Bundesrepublik Deutschland
GmbH	Gesellschaft mit beschränkter Haftung
GmbHG	Gesetz betreffend die Gesellschaften mit beschränkter Haftung
GPS	Global Positioning System
GS	Gedächtnisschrift
h. M.	herrschende Meinung
Hrsg.	Herausgeber
i. V. m.	in Verbindung mit
JA	Juristische Arbeitsblätter
JMBlNW	Justizministerialblatt für das Land Nordrhein-Westfalen
JR	Juristische Rundschau
Jura	Juristische Ausbildung
JuS	Juristische Schulung

JVA	Justizvollzugsanstalt
JZ	Juristenzeitung
KG	Kammergericht, Kommanditgesellschaft
kg	Kilogramm
km	Kilometer
LG	Landgericht
LK	Leipziger Kommentar zum Strafgesetzbuch
Lkw	Lastkraftwagen
LPK	Lehr- und Praxiskommentar
MDR	Monatsschrift für Deutsches Recht
MK	Münchener Kommentar zum Strafgesetzbuch
NJW	Neue Juristische Wochenschrift
NK	Nomos Kommentar zum Strafgesetzbuch
Nr.	Nummer
NStZ	Neue Zeitschrift für Strafrecht
NStZ-RR	NStZ-Rechtsprechungs-Report Strafrecht
NZV	Neue Zeitschrift für Verkehrsrecht
OHG	Offene Handelsgesellschaft
OLG	Oberlandesgericht
PIN	Persönliche Identifikationsnummer
Pkw	Personenkraftwagen
POS	Point of sale
POZ	Point of sale ohne Zahlungsgarantie
Rdn.	Randnummer
RGSt	Entscheidungen des Reichsgerichts in Strafsachen
S.	Satz, Seite
SGB I	Sozialgesetzbuch I
SK	Systematischer Kommentar zum Strafgesetzbuch
StGB	Strafgesetzbuch
StPO	Strafprozessordnung
StR	Strafsenat
str.	strittig
StÄndG	Strafrechtsänderungsgesetz
StrRG	Gesetz zur Reform des Strafrechts
StV	Strafverteidiger
TK	Tübinger Kommentar zum Strafgesetzbuch
USB	Universal Serial Bus
Var.	Variante
vgl.	vergleiche
VVG	Versicherungsvertragsgesetz
wistra	Zeitschrift für Wirtschafts- und Steuerstrafrecht
WLAN	Wireless Local Area Network
WpHG	Wertpapierhandelsgesetz
z. B.	zum Beispiel
ZIS	Zeitschrift für Internationale Strafrechtsdogmatik
ZJS	Zeitschrift für das Juristische Studium
ZStW	Zeitschrift für die gesamte Strafrechtswissenschaft
ZWH	Zeitung für Wirtschaftsstrafrecht und Haftung im Unternehmen

I.
Diebstahl gemäß § 242 StGB

1 Das StGB ist am **Rechtsgüterschutz** ausgerichtet. So geht es etwa in den §§ 211 ff. StGB um den Schutz des Lebens und bei den Körperverletzungsdelikten gemäß §§ 223 ff. StGB um den Schutz der körperlichen Unversehrtheit.

2 Einig ist man sich, dass der Diebstahl gemäß § 242 StGB **zentrale Vorschrift zum Schutz des Eigentums** ist. Richtigerweise geht es jedoch in dieser Bestimmung nicht nur um den **Eigentumsschutz** (so aber etwa *Eisele*, BT II, Rdn. 8; *Wessels/Hillenkamp/Schuhr*, BT 2, Rdn. 106), sondern auch um den **Schutz des Gewahrsams** (BGHSt 10, 400, 401; BGH, NJW 2001, 1508; *Rengier*, BT I, § 2 Rdn. 1). Dass auch der Gewahrsam geschützt wird, ergibt sich dabei bereits aus einem systematischen Vergleich zu dem mit einer niedrigeren Strafandrohung versehenen § 246 StGB: Die geringere Strafandrohung bei der Unterschlagung im Verhältnis zum Diebstahl erklärt sich daraus, dass § 242 StGB neben dem Eigentum eben auch zusätzlich den Gewahrsam schützt, was bei § 246 StGB nicht der Fall ist. Eine wichtige Konsequenz daraus ist, dass beim Diebstahl nicht nur der Eigentümer der Sache, sondern auch der Gewahrsamsinhaber Verletzter im Sinne etwa des § 247 StGB ist (Rdn. 232).

1. Der objektive Tatbestand

3 Im **objektiven Tatbestand** setzt der Diebstahl voraus, dass der Täter **eine fremde bewegliche Sache wegnimmt**.

a) Sache

4 Unter einer Sache versteht man jeden **körperlichen Gegenstand** im Sinne des § 90 BGB. Folglich können insbesondere Forderungen (zum Beispiel Buchgeld auf dem Konto) oder Daten als solche keine tauglichen Diebstahlsobjekte sein. Dagegen ist aber natürlich ein USB-Stick, auf dem sich Daten befinden, aufgrund seiner Körperlichkeit Diebstahlsobjekt. Auch etwa ein Sparbuch, das den Anspruch verkörpert, ist als körperlicher Gegenstand taugliches Objekt des § 242 StGB.

5 Die Größe des Gegenstands spielt ebenso wenig eine Rolle wie dessen wirtschaftlicher Wert oder ein etwaiges Affektionsinteresse. Ob sich die Sache rechtmäßig bei einem anderen befindet, ist ebenfalls unbedeutend. Ebenso ist für die Sachqualität unerheblich, ob der Gewahrsamsinhaber möglicherweise zur Herausgabe der Sache verpflichtet ist.

6 Der **Aggregatzustand** kann unterschiedlich ausgestaltet sein: Nicht nur feste Gegenstände werden erfasst, sondern auch flüssige oder gasförmige. Verlangt wird aber aufgrund des Erfordernisses der Körperlichkeit in den beiden letztgenannten Fällen eine gewisse räumliche Abgrenzbarkeit: Das ist etwa der Fall bei in einen Kanister abgefülltem Benzin oder bei in einem Behälter befindlichem Gas.

> 7 **Beispiele:**
> *Die Sachqualität ist zu bejahen, wenn A an einer Tankstelle Benzin in seinen Tank füllt. Ebenso ist diese anzunehmen, falls B in einer Gaststätte Bier aus einem Fass in eine Flasche abzapft oder C den Gastank ihres Autos auffüllt. Dagegen fehlt es mangels Abgrenzbarkeit an der Sachqualität etwa bei Meerwasser, solange es nicht abgefüllt wird.*

8 Problematisch ist, ob auch **Strom** unter den strafrechtlichen Sachbegriff fällt.

9 **Beispiel:**
A zapft das öffentliche Stromnetz an, um Geld zu sparen.

10 Das Reichsgericht (RGSt 29, 111, 112; RGSt 32, 165, 188) verneinte mangels Körperlichkeit die Sachqualität des Stroms. In der Konsequenz hat der Gesetzgeber die **Entziehung elektrischer Energie** eigenständig unter Strafe gestellt, wobei sich die entsprechende Regelung heute in **§ 248c StGB** findet. In der Tat ist zuzugeben, dass Strom keinen Aggregatzustand kennt, also weder körperlich noch flüssig noch gasförmig ist. Vor dem Hintergrund des Art. 103 Abs. 2 GG erscheint es daher richtig, Strom die Sachqualität abzusprechen, sodass § 242 StGB auf Strom keine Anwendung findet.

11 Fraglich ist weiterhin, ob **Tiere** Sachen im Sinne des Strafrechts darstellen. Gemäß § 90a S. 1 BGB sind Tiere im bürgerlichen Recht keine Sachen. Nach § 90a S. 3 BGB sind aber die für Sachen geltenden Vorschriften entsprechend anzuwenden, soweit nicht etwas anderes bestimmt ist. Das führt zu der Frage, was im Strafrecht gilt. Insofern besteht das Problem, ob es sich bei § 90a S. 3 BGB möglicherweise um eine gemäß Art. 103 Abs. 2 GG verbotene Analogie zu Lasten des Täters handelt.

12 Im Ergebnis ist man sich jedoch einig, dass auch **Tiere als Sachen im Sinne des Strafrechts anzusehen** sind. Teilweise bildet man den strafrechtlichen Sachbegriff insofern unabhängig vom Zivilrecht (*Hilgendorf/Valerius*, BT II, § 2 Rdn. 8; *Rengier*, BT I, § 2 Rdn. 7), sodass § 90a BGB keine Bedeutung im Strafrecht zukommt. Für die Sachqualität von Tieren sprechen im Übrigen §§ 324a Abs. 1 Nr. 1a, 325 StGB, wenn auch der Wortlaut der Normen nicht ganz eindeutig ausfällt. Möglich ist zudem, § 90a S. 3 BGB gar nicht als eine Analogie zu verstehen, da die Norm ausdrücklich die Geltung der Sachvorschriften anordnet und lediglich eine gesetzliche Verweisung darstellt (*Bosch*, TK, StGB, § 242 Rdn. 9).

13 Der **lebende Mensch** ist vor dem Hintergrund des Art. 1 Abs. 1 GG (Menschenwürde) dagegen keine Sache. Auch **natürliche Körperteile** erhalten erst mit der endgültigen Trennung vom Körper (z. B. beim Abschneiden von Haaren; bei der Blutabnahme oder Organentnahme) Sachqualität. **Künstliche Körperteile**, die nicht fest mit dem Körper verbunden und abnehmbar sind (etwa eine Beinprothese), behalten dagegen die Sachqualität. Problematisch ist, was im Hinblick auf **fest eingefügte künstliche Körperteile** (etwa der Herzschrittmacher oder das künstliche Hüftgelenk) zu gelten hat: Hier wird man richtigerweise mit der Einpflanzung in den Körper die Sachqualität zu verneinen haben (*Lackner/Kühl/Heger*, StGB, § 242 Rdn. 2). Mit der endgültigen Abtrennung lebt indes dann die Eigenschaft als Sache wieder auf.

14 Umstritten ist, ob der **menschliche Leichnam** Sachqualität aufweist. Dies wird zum Teil mit dem Argument abgelehnt, dass die Persönlichkeit des Menschen auch mit dem Leichnam verbunden sei (siehe *Kießling*, NJW 1969, 533, 536), es sei denn, diese Persönlichkeit trete in den Hintergrund wie bei Mumien. Die Gegenansicht befürwortet die **Sachqualität von Leichen** (etwa OLG Nürnberg, NJW 2010, 2071; *Bosch*, TK, StGB, § 242 Rdn. 10; *Jahn*, JuS 2008, 457, 458). Dem ist zuzustimmen, tritt doch der Aspekt der bloßen Körperlichkeit und Gegenständlichkeit bei der Leiche stärker in den Vordergrund. Das gilt im Übrigen erst recht für künstliche Körperteile des Leichnams wie zum Beispiel bei Goldzähnen, selbst wenn sie fest eingefügt sind.

b) beweglich

15 Eine Sache ist beweglich, wenn sie von einem Ort **tatsächlich fortgeschafft** werden kann. Dass ein Gegenstand zunächst fest mit einem anderen verbunden ist, schadet also nicht, sofern er beweglich gemacht werden kann.

16 **Beispiele:**
A demontiert in einem Hotelzimmer das Waschbecken. B entfernt von einem Grundstück einen Baum. C mäht das Gras auf einer Grünfläche ab. In sämtlichen Beispielsfällen ist von der Beweglichkeit der Sache auszugehen.

Die zivilrechtliche Einordnung als beweglich oder unbeweglich ist also nicht entscheidend, sondern der tatsächliche Blickwinkel. 17

c) fremd

Fremd ist eine Sache, wenn sie nicht im Alleineigentum des Täters steht und auch nicht herrenlos ist. Positiv ausgedrückt ist folglich die Sache fremd, wenn sie (zumindest auch) im Eigentum eines anderen als des Täters steht. 18

Ergibt sich aus dem Sachverhalt, in wessen Eigentum die Sache steht, kann unproblematisch darauf abgestellt werden, dass eine bestimmte andere Person als der Täter Eigentümer ist. Möglich ist aber auch die Argumentation, dass der Täter nicht Alleineigentümer ist, wobei dann der Hinweis nicht vergessen werden darf, dass die Sache auch nicht herrenlos ist. Vielfach wird dieser Aspekt in Prüfungsarbeiten nicht hinreichend berücksichtigt. 19

Fremd ist die Sache auch dann, wenn sie (lediglich) im **Miteigentum** oder **Gesamthandseigentum** des Täters steht. Das gilt zudem auch für den Sicherungsgeber beim Sicherungseigentum sowie beim Eigentumsvorbehalt. Dagegen ändert die Verpfändung an den Eigentumsverhältnissen nichts. 20

Problematisch ist, ob **Betäubungsmittel eigentumsfähig** sind. So hatte der 2. Strafsenat des BGH in seinem (später nicht weiter verfolgten) Anfragebeschluss vom 1.6.2016, in dem es primär um den Umfang des strafrechtlichen Vermögensschutzes geht, eine teleologische Reduktion der Eigentumsdelikte favorisiert und ausgeführt, der Schutz des unerlaubten Besitzes von Betäubungsmitteln gegen Wegnahme durch Eigentumsdelikte erscheine nicht zwingend (BGH, NStZ 2016, 596, 599; den Eigentumsschutz ablehnend etwa *Engel*, NStZ 1991, 520, 521 f.; *Wolters*, FS Samson, S. 495, 512). Letztlich hat der BGH jedoch an seiner ursprünglichen Ansicht festgehalten, dass die Eigentumsdelikte auch beim unerlaubten Besitz von Betäubungsmitteln einschlägig sind (etwa BGH, NJW 2015, 2898, 2900). Das entspricht auch der herrschenden Ansicht im Schrifttum (etwa *Vitt*, NStZ 1992, 221 f.). Folgt man dieser Auffassung, ist ebenso etwa auch **Falschgeld** als taugliches Diebstahlsobjekt einzustufen. 21

An vom Körper getrennten Körperteilen (etwa Haare oder Blut) hat derjenige Eigentum, von dem sie abgetrennt worden sind (*Fischer*, StGB, § 242 Rdn. 8). 22

Maßgeblich für die Fremdheit sind grundsätzlich die nach dem **BGB zu beurteilenden Eigentumsverhältnisse**. Zu beachten ist jedoch, dass etwaige **Rückwirkungsfiktionen** des BGB **nicht gelten**. Denn im Strafrecht muss der Handelnde ex ante wissen, was verboten ist, sodass eine rückwirkende Änderung der Rechtslage nicht maßgeblich ist (*Zieschang*, JA 2024, 265, 267). 23

> **Beispiel:** 24
> *O hat von A gemäß § 929 BGB an einem Gegenstand Eigentum erlangt. A nimmt den Gegenstand wieder an sich und ficht nun das Verfügungsgeschäft wegen arglistiger Täuschung gemäß § 123 BGB an. Die Rückwirkungsfiktion des § 142 BGB (ex tunc-Wirkung) gilt dann im Strafrecht nicht. Es handelt sich also dennoch um eine für A im Tatzeitpunkt fremde bewegliche Sache.*

Entsprechendes gilt etwa, wenn eine Erbschaft ausgeschlagen wird, die damit gemäß § 1953 Abs. 1 BGB als von Anfang an nicht erfolgt gilt. Auch diese Rückwirkung hat für das Strafrecht keine Bedeutung, selbst wenn sie zugunsten des Täters wirken sollte. 25

> **Beispiel:** 26
> *E ist Alleinerbe der verstorbenen O. Der Bruder A des E nimmt nun eine Uhr der O an sich. E schlägt kurze Zeit später die Erbschaft aus, wodurch A zum Alleinerben wird.*

Trotz § 1953 Abs. 1 BGB ist in diesem Fall die Uhr im maßgeblichen Zeitpunkt der Wegnahme für den A fremd.

27 Ist beim rechtsgeschäftlichen Eigentumserwerb das zugrundeliegende Kausalgeschäft nichtig, bedarf es der Prüfung, ob (ausnahmsweise) aufgrund von Fehleridentität auch das abstrakte Geschäft (Verfügungsgeschäft) nichtig ist.

28 **Beispiel:**
A erwirbt von O ein Fahrrad, jedoch ist O geschäftsunfähig im Sinne des § 104 BGB.
In diesem Fall ist nicht nur das Verpflichtungsgeschäft, sondern auch das Verfügungsgeschäft nichtig. Das Fahrrad ist für A fremd.

29 In diesem Zusammenhang ist auch zu beachten, dass wegen § 29 BtMG (§ 134 BGB: gesetzliches Verbot) bei der Bezahlung von Drogen das Eigentum an dem Geld nicht auf den Veräußerer der Drogen übergeht, da dieses Rechtsgeschäft nichtig ist (BGH, NStZ-RR 2000, 234).

30 Problematisch ist weiterhin, wie in strafrechtlicher Hinsicht die Eigentumsverhältnisse an einer von einem Unternehmer an einen Verbraucher zugesandten, aber nicht bestellten beweglichen Sache zu beurteilen sind. Gemäß **§ 241a Abs. 1 BGB** ist dann ein Anspruch des Unternehmers gegen den Verbraucher nicht begründet. Zivilrechtlich bleibt die Sache jedoch für den Verbraucher fremd. Dennoch wird im Schrifttum vereinzelt vertreten, in diesem Fall sei die Sache aus strafrechtlicher Sicht für den Verbraucher nicht mehr als fremd zu erachten (*Otto*, Jura 2004, 389, 390). Die Gegenauffassung sieht hingegen die Sache für den Verbraucher auch im Strafrecht weiterhin als fremd an (*Matzky*, NStZ 2002, 458, 461 f.). Dafür spricht der Einklang mit dem Zivilrecht, da § 241a BGB den Verbraucher zwar vor Ansprüchen seitens des Unternehmers schützen soll, aber keine Änderung der Eigentumsverhältnisse bewirkt. Zudem würde anderenfalls die Beurteilung der Eigentumslage für den Verbraucher einerseits und für außenstehende Dritte andererseits auseinanderfallen. Zu erwägen ist aber, § 241a BGB als Rechtfertigungsgrund zu begreifen (so etwa *Fischer*, StGB, § 303 Rdn. 16a; *Kargl*, NK, StGB, § 303 Rdn. 45).

31 Beim rechtsgeschäftlichen Eigentumserwerb an beweglichen Sachen gemäß **§§ 929 ff. BGB** sind auch die **Gutglaubensvorschriften** nach den **§§ 932 ff. BGB** zu beachten.

32 **Beispiele:**
A hat dem B eine Bohrmaschine geliehen. Da B in Finanznöten ist, veräußert er die Maschine als angeblicher Eigentümer an den gutgläubigen O. Als A davon erfährt, nimmt er dem O die Bohrmaschine weg. In diesem Fall hat O gemäß §§ 929 S. 1, 932 BGB gutgläubig Eigentum erworben, sodass die Bohrmaschine für den A fremd ist.

33 Beim Gutglaubenserwerb ist weiterhin zu beachten, dass die Regelung des § 935 Abs. 1 BGB (kein Gutglaubenserwerb von abhanden gekommenen Sachen) gemäß § 935 Abs. 2 BGB insbesondere **nicht auf Geld Anwendung** findet.

34 Im Einzelfall mag die Übereignung an eine **Bedingung** geknüpft sein.

35 **Beispiel:**
A hat die Geldautomatenkarte des O an sich genommen, auf der O unvorsichtigerweise die Geheimzahl notiert hat. A hebt unter Benutzung von Karte und PIN am Geldautomaten 200 Euro ab.
Hier stellt sich die Frage, ob die Bank dem A das Geld gemäß § 929 BGB übereignet hat. Der BGH (BGHSt 35, 152, 161; ebenso etwa Lackner/Kühl/Heger, StGB, § 242 Rdn. 23) geht davon aus, dass die Übereignung am Geldautomaten

unter der Bedingung der Berechtigung des Abholenden stehe, die hier nicht gegeben ist, sodass das Geld für A fremd sei (a. A. etwa Beulke/Zimmermann, Klausurenkurs III, Rdn. 517: eine Übereignung finde statt, sodass das Geld nicht fremd sei). Zur Frage der Wegnahme in einem solchen Fall siehe Rdn. 106.

Möglich ist auch ein gesetzlicher Eigentumserwerb nach den §§ 937 ff., 946 ff. BGB. 36

Beispiel: 37
A möchte an der Tankstelle des O seinen Tank auffüllen, ohne dafür zu bezahlen. Der Tank des Fahrzeugs des A ist noch zu 80% gefüllt. A füllt ihn vollständig auf.
A könnte gemäß § 929 S. 1 BGB durch das Einfüllen Eigentum an dem Benzin erworben haben (so OLG Düsseldorf, NStZ 1982, 249; Herzberg, JA 1980, 385). Das Aufstellen der Zapfsäule stellt jedoch lediglich eine invitatio ad offerendum dar, sodass es an einem Angebot des O auf Eigentumsübertragung fehlt. Das Angebot erfolgt vielmehr durch A, das von O durch Freischaltung der Zapfsäule angenommen wird. Die Einigung steht aber unter der aufschiebenden Bedingung (§ 158 Abs. 1 BGB; Eigentumsvorbehalt) der vollständigen Kaufpreiszahlung (OLG Hamm, NStZ 1983, 266, 267), die folglich erst mit der Bezahlung im Kassenraum eintritt (vertretbar ist auch, die dingliche Einigung überhaupt erst an der Kasse anzunehmen; OLG Koblenz, NStZ-RR 1998, 364; Borchert/Hellmann, NJW 1983, 2799, 2802 f.). Rechtsgeschäftlich hat daher A kein Eigentum erworben.
Es könnte jedoch ein gesetzlicher Eigentumserwerb stattgefunden haben. Hier erfolgt eine Vermischung des eingefüllten Benzins mit dem im Tank vorhandenen Benzin gemäß § 948 BGB. Da das im Tank befindliche Benzin als Hauptsache anzusehen ist (der Tank war noch zu 80% gefüllt), führt dies gemäß § 947 Abs. 2 BGB dazu, dass A Alleineigentümer des Benzins wird.
Anmerkung: Ist der Tank fast leer oder lediglich etwa zur Hälfte oder zu 60–70% gefüllt, besteht gemäß §§ 948 Abs. 1, 947 Abs. 1 BGB Miteigentum an dem Benzin, was für die Fremdheit im Sinne des § 242 StGB ausreichend ist (OLG Koblenz, NStZ-RR 1998, 364).

Stirbt eine Person, geht deren Vermögen gemäß § 1922 BGB als Ganzes (**Universalsukzession**) auf den Erben über. Er ist dann Eigentümer. 38

Beispiel: 39
Der als Alleinerbe seiner Tante O eingesetzte A entnimmt aus der Wohnung der O Bargeld, während sich O im Krankenhaus befindet. Einige Stunden vor der Tathandlung war O jedoch bereits verstorben, was A nicht wusste.
In diesem Fall ist A gemäß § 1922 BGB Alleinerbe der O, sodass das Geld für ihn objektiv nicht fremd ist. Da er nichts vom Tod der O wusste, macht er sich jedoch wegen untauglichen Versuchs des Diebstahls gemäß §§ 242, 22, 23 StGB strafbar.

Problematisch ist, ob bei der **Ein-Mann-GmbH** das Vermögen der GmbH für den alleinigen Gesellschafter, der auch ausschließlicher Geschäftsführer ist, fremd ist. Vereinzelt wird das im Schrifttum unter Favorisierung einer wirtschaftlichen Betrachtungsweise verneint (siehe *Labsch*, wistra 1985, 1, 7 zu § 266 StGB). Andererseits ergibt sich aus § 13 Abs. 1 GmbHG, dass die GmbH eigenständiges Vermögen hat, das sich formal von dem der Gesellschafter unterscheidet. Zutreffend gehen daher Rechtsprechung (siehe BGHSt 3, 32, 39 f.; BGHSt 28, 371, 373) und h. M. im Schrifttum (*Kindhäuser/Hilgendorf*, LPK, § 266 Rdn. 19) davon aus, dass das Vermögen der GmbH gegenüber dem (alleinigen) Gesellschafter fremd ist. 40

41 Anzumerken bleibt, dass es sich bei der vorhergehenden Frage im Zusammenhang mit § 242 StGB eher um ein theoretisches Problem handelt, kann doch der Geschäftsführer grundsätzlich eine im Eigentum der GmbH stehende Sache gemäß § 929 BGB übereignen (wobei § 181 BGB beim Insichgeschäft zu beachten ist; § 35 Abs. 3 GmbHG) und zudem mit der Ansichnahme des Gegenstandes einverstanden sein, sodass dann im Übrigen auch eine Wegnahme zu verneinen ist.

42 An der Fremdheit einer Sache fehlt es, wenn sie **herrenlos** ist. Dieser Aspekt hat also nichts mit der Wegnahme oder den Gewahrsamsverhältnissen zu tun, sondern betrifft bereits das Erfordernis der Fremdheit.

43 Auch für die Frage der Herrenlosigkeit ist das BGB maßgeblich. Gemäß **§ 959 Abs. 1 BGB** wird eine bewegliche Sache herrenlos, wenn der Eigentümer in der Absicht, auf das Eigentum zu verzichten, den Besitz der Sache aufgibt. Das bloße Verlieren einer Sache als solches führt also nicht zu deren Herrenlosigkeit. Vielmehr muss eine bewusste Aufgabeentscheidung erfolgen. Andererseits braucht der Verzichtswille nicht ausdrücklich erklärt zu werden, er kann sich auch im Einzelfall konkludent aus dem Verhalten des Eigentümers ergeben. Dabei muss es dem Eigentümer darum gehen, sich der Sache ungezielt zu entledigen (BayObLG, NStZ-RR 2020, 104, 105).

44 **Beispiele:**
A wirft ihre alte Handtasche in einen öffentlichen Mülleimer. B entsorgt ihre alten Möbel „wild" in einem Wald.

45 Die Frage, ob tatsächlich von einer Dereliktion auszugehen ist, mag im Einzelfall nicht einfach zu beantworten sein.

46 **Beispiel:**
O stellt alte Möbel („Sperrmüll") zur Abholung durch das Entsorgungsunternehmen E an den Straßenrand. A nimmt hiervon einen Stuhl mit.
Fraglich ist, ob der Stuhl für A fremd ist. Das wäre nicht der Fall, wenn O den Stuhl derelinquiert hat, das Möbelstück also im Zeitpunkt der Ansichnahme durch A herrenlos ist.
Insofern geht man aber davon aus, dass keine Dereliktion stattfindet, sondern ein Übereignungsangebot des O an das Entsorgungsunternehmen E vorliegt (siehe Rengier, BT I, § 2 Rdn. 11). Daher ist der Stuhl für den A fremd. Eine Strafbarkeit wegen Diebstahls scheitert dann aber nicht selten an einem tatsächlichen Einverständnis des O, sodass die Wegnahme zu verneinen ist, oder am fehlenden Strafantrag (siehe § 248a StGB). Das muss aber nicht so sein.

47 **Abwandlung:**
Der berühmte Künstler O wirft eine von ihm als misslungen erachtete Skizze in seine Altpapiertonne. A nimmt die Skizze aus der Mülltonne an sich. O ist erbost und erstattet Anzeige.
Auch in diesem Fall liegt ein Angebot des O auf Übereignung speziell an das Entsorgungsunternehmen vor, sodass die Skizze für A fremd ist. Da O nicht wollte, dass die Skizze auf dem Kunstmarkt erscheint, fehlt es auch an einem die Wegnahme ausschließenden Einverständnis des O. Der objektive Tatbestand des § 242 StGB ist daher verwirklicht.

48 In jüngerer Zeit musste sich die Rechtsprechung mit der Frage befassen, ob **Containern** („Mülltauchen", „Dumpster Diving") strafbar ist. Hierbei geht es darum, dass insbesondere von Supermärkten in dafür auf ihrem Gelände bereitgestellten Abfallcontainern weggeworfene Lebensmittel von einer Person herausgenommen werden, um sie zu verzehren, anderen zu geben oder um gegen die Verschwendung von Lebensmitteln zu protestieren.

Zutreffend sind hierbei (bei einem auf dem Gelände des Supermarkts stehenden verschlossenen Container) die Lebensmittel als „fremd" eingestuft worden, da sie bis zur Abholung durch das Unternehmen im Eigentum des Entsorgenden bleiben (BayObLG, NStZ-RR 2020, 104, 105). Das BVerfG hat beim Containern eine Verurteilung wegen Diebstahls verfassungsrechtlich nicht beanstandet (BVerfG, NJW 2020, 2953). 49

Keine Dereliktion ist auch anzunehmen, wenn ein „Liebesschloss" weggenommen wird, das ein Paar an einer Brücke zum Liebesbeweis befestigt hat, wobei der Schlüssel ins Wasser geworfen wurde (AG Köln, BeckRS 2012, 20013), da das Paar sich des Schlosses nicht ungezielt entledigen will. 50

Von vornherein herrenlos sind **wilde Tiere** nach den Maßgaben des § 960 BGB. Darunter fallen aber nicht Haustiere. 51

Ergänzender Hinweis: 52

Im Hinblick auf wilde Tiere sind die §§ 292, 293 StGB (Jagd- sowie Fischwilderei) zu beachten. Insoweit muss ein fremdes Jagd- oder Fischereirecht verletzt werden. Insbesondere bei dem „Nachstellen" handelt es sich um eine reine Tätigkeit, die unmittelbar auf das Fangen, Erlegen oder Zueignen des Wildes gerichtet ist (Wessels/Hillenkamp/Schuhr, BT 2, Rdn. 505).

Sobald der Jagdausübungsberechtigte das gefangene oder getötete Wild in Eigenbesitz nimmt (§ 958 Abs. 1 BGB), erwirbt er daran Eigentum, sodass es dann nicht mehr um § 292 StGB, sondern um § 242 StGB geht, wenn ein anderer dieses Wild wegnimmt. Nach überwiegender Ansicht bleiben aber gewilderte Tiere herrenlos, selbst wenn der Wilderer sie abtransportiert, da der Jagdausübungsberechtigte in diesem Fall das Wild nicht in Eigenbesitz nimmt.

Auch der für die Bestattung vorgesehene **Leichnam** sowie natürliche Leichenteile sind als herrenlos einzustufen (zur Sachqualität siehe Rdn. 14). Die Erben sind daher nicht Eigentümer. Werden aber der Leichnam oder Körperteile etwa einem anatomischen Institut zu Lehr- und Forschungszwecken zur Verfügung gestellt, handelt es sich um fremde Sachen. 53

Künstliche Körperteile, die nicht fest mit dem Körper verbunden sind – etwa eine abnehmbare Prothese –, stellen fremde Sachen dar. Grundsätzlich sind dagegen fest eingefügte künstliche Körperteile (etwa Zahngold) bei der Leiche zunächst ebenso wie diese als herrenlos einzustufen (OLG Hamburg, NJW 2012, 1601, 1603; *Bosch*, TK, StGB, § 242 Rdn. 21; anders *Krey/Hellmann/Heinrich*, BT 2, Rdn. 12: Eigentum der Erben). Fraglich ist nun, was gilt, wenn sie von der Leiche getrennt werden, was etwa auch bei der Einäscherung der Fall ist: 54

Möglich wäre, sie weiterhin als herrenlos zu erachten (OLG Bamberg, BeckRS 2008, 4008 Rdn. 39; OLG Hamburg, NJW 2012, 1601, 1603 f.). Hieran könnte dann durch Aneignung nach Maßgabe des § 958 BGB Eigentum erworben werden. Zu beachten ist aber, dass die Aneignung gemäß § 958 Abs. 2 BGB gesetzlich nicht verboten sein darf, wobei insoweit insbesondere an § 168 StGB zu denken ist. 55

Nicht überzeugend ist jedenfalls die Auffassung, dass die Erben Eigentum an den künstlichen Körperteilen erwerben, denn zu berücksichtigen ist, dass diese künstlichen Körperteile nicht gemäß § 1922 BGB in das Eigentum der Erben übergehen, da sie im Zeitpunkt des Todeseintritts (zunächst) herrenlos sind (OLG Hamburg, NJW 2012, 1601, 1603; *Schmitz*, MK, StGB, § 242 Rdn. 40; a. A.: *Hoyer*, SK, StGB, § 242 Rdn. 16). Es kommt insofern wiederum nur eine Aneignung durch die nächsten Angehörigen des Verstorbenen in Betracht, wobei nach der Gegenauffassung die Erben dieses Aneignungsrecht haben (*Schmitz*, MK, StGB, § 242 Rdn. 39), allerdings nur mit Zustimmung der nächsten Angehörigen (so *Ellenberger*, Palandt, BGB, Vor § 90 Rdn. 11). Eine Aneignung durch Dritte wird jedenfalls von der Zustimmung der Erben oder nächsten Angehörigen abhängig gemacht. 56

d) Wegnahme

57 **Wegnahme bedeutet Bruch fremden Gewahrsams und Begründung neuen, nicht notwendig tätereigenen Gewahrsams.**

aa) Gewahrsam

58 Unter **Gewahrsam** ist dabei die **tatsächliche Sachherrschaft** zu verstehen, getragen von einem entsprechenden natürlichen **Sachherrschaftswillen**, wobei sich die Reichweite des Gewahrsams maßgeblich nach der **Verkehrsanschauung** richtet.

59 Zunächst ist zu beachten, dass zwischen **Gewahrsam** einerseits und **Besitz** andererseits sauber zu **unterscheiden** ist: Während es beim Gewahrsam maßgeblich um die **tatsächliche Sachherrschaft** geht, also um die physisch-reale Einwirkung auf die Sache, fällt unter den Begriff des Besitzes u. a. auch der mittelbare gemäß § 868 BGB sowie der Erbenbesitz gemäß § 857 BGB, obwohl dort gar keine tatsächliche Sachherrschaft bestehen muss. Andererseits kann ein bloßer Besitzdiener gemäß § 855 BGB im Einzelfall Gewahrsam haben. Daher darf der Begriff des Besitzes in Zusammenhang mit § 242 StGB nicht verwendet werden und ist verfehlt.

60 Auch ist es falsch, im Zusammenhang mit dem Gewahrsam den Aspekt der Herrenlosigkeit heranzuziehen. Die Herrenlosigkeit betrifft wie gesehen die Frage der Fremdheit der Sache. Beim Gewahrsam geht es darum, ob fremder Gewahrsam gebrochen wird oder eben möglicherweise der Gegenstand im Alleingewahrsam des Täters steht oder eventuell gewahrsamslos ist. Gewahrsams- und Eigentumsfragen („Fremdheit") sind strikt voneinander zu trennen.

61 Es spielt keine Rolle, ob eine Person in Bezug auf den Gegenstand berechtigt ist oder nicht und in welcher Form sie die tatsächliche Sachherrschaft erlangt hat. Auch ein Dieb hat daher Gewahrsam in Bezug auf die von ihm gestohlene Sache.

62 Da ein Sachherrschaftswille vorliegen muss, können nur **natürliche Personen** Gewahrsam innehaben. Es ist daher nicht korrekt, vom Gewahrsam „des Verkehrsunternehmens" oder der „Bank" zu sprechen; vielmehr geht es um den jeweiligen Leiter (natürliche Person) des Unternehmens oder der Bank.

63 Da es auf den natürlichen Sachherrschaftswillen ankommt, können diesen auch **Kinder** oder Personen mit geistiger Behinderung aufweisen. Auf die Geschäftsfähigkeit im Sinne des Zivilrechts kommt es nicht an. Der Herrschaftswille endet aber mit dem Tod.

64 Der generelle Gewahrsamswille genügt, er muss nicht jeweils bezogen auf einen spezifischen Gegenstand bestehen. So hat der Kaufhausinhaber Gewahrsamswillen bezogen auf sämtliche in seinem Geschäft befindlichen Produkte, ohne dass er überhaupt weiß, ob und wie viele der einzelnen Gegenstände sich in dem Laden befinden (BGH, BeckRS 2015, 5557). Die Person braucht sich noch nicht einmal des Gewahrsams im Zeitpunkt der Wegnahme konkret bewusst sein. Auch haben Wohnungsinhaber entsprechenden Gewahrsam über die Gegenstände in der Wohnung oder über die in den Briefkasten eingeworfenen Sendungen. Bezüglich Sachen, die jemand am Körper trägt, hat der Betreffende Alleingewahrsam, selbst wenn er sich in einer fremden Gewahrsamssphäre (siehe dazu Rdn. 77 ff.) befindet.

65 Auch **Schlafende** haben den entsprechenden Gewahrsamswillen. Umstritten ist aber, ob ein **Bewusstloser** einen Sachherrschaftswillen aufweist, falls er ohne Wiedererlangung des Bewusstseins verstirbt.

Beispiel: 66
Bei einem Verkehrsunfall wird O so stark verletzt, dass er bewusstlos wird. A nutzt diese Gelegenheit und nimmt die Geldbörse des O an sich. O verstirbt, ohne zuvor das Bewusstsein wiedererlangt zu haben.
Die Rechtsprechung (BGH, NJW 1985, 1911) und das Schrifttum (Schröder, JR 1961, 189) gehen davon aus, dass O trotz Bewusstlosigkeit, die ohne Unterbrechung zum Tod führt, Gewahrsam hat und damit A einen Diebstahl begeht (anders BayObLGSt 1960, 329, 330: Gewahrsam ende mit der Bewusstlosigkeit). Für den BGH spricht entscheidend, dass sich die Gewahrsamsverhältnisse vor dem Hintergrund des Art. 103 Abs. 2 GG nach den im Zeitpunkt der Tathandlung maßgeblichen Umständen richten müssen und nicht erst nachträglich entschieden werden kann (Hatte er nachträglich das Bewusstsein wiedererlangt?), ob es um Diebstahl oder Unterschlagung geht.

Einig ist man sich, dass **Tote keinen Gewahrsam** haben. Zu prüfen ist aber dann, ob sich die Sachen des Verstorbenen nicht in der **Gewahrsamssphäre eines anderen** befinden. 67

Beispiel: 68
O ist im örtlichen Krankenhaus auf der Intensivstation verstorben. Nach dem Tod nimmt A die Geldbörse der O an sich.
Bei der Geldbörse handelt es sich um eine für den A fremde bewegliche Sache; sie steht im Eigentum der Erben der O. Fraglich ist, ob A die Geldbörse weggenommen hat, also fremden Gewahrsam gebrochen und neuen begründet hat. O übt mit dem Tod keinen Gewahrsam mehr aus. Der bloße Erbenbesitz gemäß § 857 BGB begründet nicht bereits Gewahrsam. Jedoch befindet sich die Geldbörse in der Gewahrsamssphäre des Leiters der Intensivstation. Daher bricht A diesen fremden Gewahrsam und begründet neuen. Eine Wegnahme liegt vor.

Verstirbt eine Person, ohne dass ein anderer über die Sachen des Betreffenden Gewahrsam ausübt, fehlt es an einer Wegnahme. 69

Beispiel: 70
Der alleinstehende O ist in seiner Wohnung verstorben. Der Sanitäter A nimmt aus der Wohnung ein Radio mit.
Mit dem Tod hat O den Gewahrsam verloren. Der Erbenbesitz (§ 857 BGB) begründet keinen Gewahrsam. Andere Gewahrsamsinhaber sind nicht ersichtlich. Eine Wegnahme des A ist daher zu verneinen.

Vor dem Hintergrund, dass zur Beurteilung der Reichweite des Gewahrsams auch die **Verkehrsanschauung** heranzuziehen ist, mag eine Person selbst dann über eine Sache Gewahrsam haben, wenn sie darauf keinen unmittelbaren Zugriff hat. So übt zum Beispiel eine Person den Gewahrsam über die in ihrer Wohnung befindlichen Gegenstände selbst in dem Fall aus, dass sie die Wohnung zum Einkauf verlässt oder für mehrere Wochen in den Urlaub fährt. Auch hat jemand Gewahrsam über sein geparktes Auto oder das abgestellte Fahrrad, selbst wenn er sich von seinem Fahrzeug entfernt. Durch die Heranziehung der Verkehrsanschauung erfolgt daher eine gewisse Normativierung der grundsätzlich **faktisch zu beurteilenden Gewahrsamsverhältnisse**. 71

Anmerkung: 72
Hier wird die ***faktisch*** *orientierte Begriffsbestimmung des Gewahrsams befürwortet, indem im Ausgangspunkt auf die tatsächlichen Sachherrschaftsverhältnisse abgestellt wird. Auch diese Betrachtung, die der h. M. entspricht (BGHSt*

41, 198, 205; Rengier, BT I, § 2 Rdn. 23 ff.), kommt jedoch nicht ganz ohne eine im Einzelfall wertende Beurteilung aus, was dann über den Gesichtspunkt der Heranziehung der Verkehrsanschauung erfolgt.
Die Befürworter eines sozial-normativen Gewahrsamsbegriffs stellen dagegen auf die soziale Zuordnung einer Sache zu einer Person ab (Rönnau, JuS 2009, 1088, 1089; Wessels/Hillenkamp/Schuhr, BT 2, Rdn. 123 f.*), ziehen aber letztlich wiederum die faktischen Umstände als Indiz für die soziale Zuordnung heran; diese Auffassung kommt daher in der Regel zu übereinstimmenden Ergebnissen (vgl. Hecker, JuS 2020, 1083, 1084). Zudem weist sie mit dem Abstellen auf die „sozial-normative Zuordnung" der Sache (siehe Wessels/Hillenkamp/Schuhr,* BT 2, Rdn. 123) *jedenfalls kein Mehr an Bestimmtheit auf.*

73 **Vergisst** jemand einen Gegenstand, weiß jedoch, wo sich dieser befindet, übt der Betreffende weiterhin darüber Gewahrsam aus, sofern keine äußeren Umstände der Wiedererlangung entgegenstehen. Solche äußeren Umstände, die dazu führen, dass der Gewahrsam endet, könnte man etwa bejahen, wenn jemand in einem Geschäft eine Sache vergisst, das nunmehr wegen Betriebsaufgabe schließt.

74 Wird eine Sache **verloren**, das heißt der Betreffende weiß nicht, wo sich die Sache befindet, übt der Verlierende keine Sachherrschaft mehr aus. Die Sache ist also gewahrsamslos, sofern sie nicht in einer fremden Gewahrsamssphäre (z. B. im Bus oder in der Bahn, in Geschäften, Behördenräumen, Schulen, Kinos oder Theatern) verloren wurde. Weiß der Betreffende aber, wo der Verlust eingetreten ist, übt er nach zutreffender Sicht noch den Gewahrsam darüber aus. Insoweit überzeugt folgende Entscheidung des BGH nicht:

75 **BGH, NStZ 2020, 483:**
O war bei einem Gerangel mit dem A sein Handy aus der Tasche gefallen. Bereits während seiner Flucht bemerkte O den Verlust und entschloss sich, später zu dem Ort zurückzukehren, um das Handy an sich zu nehmen. Als er zurückkehrte, musste er feststellen, dass A das Handy eingesteckt hatte. War von A fremder Gewahrsam gebrochen worden?
Der BGH meint, im Zeitpunkt der Mitnahme des Handys habe O keinen Gewahrsam mehr gehabt. Dieser war nicht am Ort des Geschehens und so tatsächlich nicht in der Lage, auf das im öffentlichen Raum liegende Mobiltelefon einzuwirken. Hier habe das Handy in einem öffentlichen, mithin in einem für jede Person zugänglichen Bereich gelegen, wobei der ortsabwesende O nicht in der Lage gewesen sei, auf die Sache einzuwirken und so die Sachherrschaft gemäß seinem Willen auszuüben. Daher habe sich A nicht wegen Diebstahls, sondern wegen Unterschlagung strafbar gemacht (in diese Richtung auch BGH, NStZ 2021, 42 f.).
Diese Ausführungen vermögen jedoch nicht zu überzeugen. O wusste, wo ihm das Handy aus der Tasche gefallen war. Dorthin konnte er ungehindert gehen. Das spricht für den fortbestehenden Gewahrsam des O, sodass A das Handy weggenommen und sich nach § 242 StGB strafbar gemacht hat (ebenso Hecker, JuS 2020, 1083, 1085). Dass das Handy sich in einem für jeden zugänglichen Bereich befand, spielt keine Rolle. Insofern verhält es sich nicht anders als in dem Fall, dass jemand sein Fahrrad auf einem öffentlichen Platz abstellt und den Ort (vorübergehend) verlässt; auch dann bleibt das Fahrrad in seinem Gewahrsam (Zieschang, JA 2024, 265, 268 f.).

76 Entsprechend ist beim bloßen **Vergessen**, bei dem der Betreffende weiß, wo sich die Sache befindet, weiterhin Gewahrsam zu bejahen. Ist der Gegenstand in einer fremden Gewahrsamssphäre vergessen worden, etwa in einer Wartehalle im Bahnhof, hat der Bahnhofsvorsteher zudem Mitgewahrsam.

Auch beim (endgültigen) Verlust einer Sache ist stets zu beachten, ob dieser nicht möglicherweise in einer fremden Gewahrsamssphäre erfolgte (siehe bereits Rdn. 74). 77

Beispiel: 78
O ist beim Einkauf in der Bäckerei des B ihr Handy aus der Tasche gefallen. O weiß nicht, wo sie ihr Mobiltelefon verloren hat. Am Abend entdeckt die Reinigungskraft A das Handy unter einem Regal in der Bäckerei und steckt es ein.
In diesem Fall hat O, da sie nicht weiß, wo sie ihr Handy verloren hat, keinen Gewahrsam mehr. Der Verlust erfolgte jedoch in einer fremden Gewahrsamssphäre, nämlich in der des B. Der Ladeninhaber hat Gewahrsam und einen entsprechenden generellen Gewahrsamswillen über alle Gegenstände, die gewöhnlicherweise in seinem Geschäft verloren oder zurückgelassen werden. Daher bricht A den Gewahrsam des B. Sollte O wissen, wo sie ihr Handy verloren hat, kann zudem Mitgewahrsam der O vorliegen.

Gegenbeispiel: 79
Drogendealer B wird von der Polizei verfolgt. Um nicht überführt zu werden, steckt er kurzentschlossen die in seinem Besitz befindlichen Betäubungsmittel in den Briefkasten des C.
Zwar hat ein Wohnungsinhaber grundsätzlich Gewahrsam an der in seinen Briefkasten eingeworfenen Post, selbst wenn er vom konkreten Posteinwurf nichts weiß. In diesem Fall übt C aber keinen Gewahrsam über die Betäubungsmittel aus, denn es handelt sich um Sachen, mit deren Einwurf in den Briefkasten man gewöhnlicherweise nicht rechnen muss.

Grundsätzlich genügt der Bruch von **Mitgewahrsam**. Dieser ist etwa anzunehmen bei Ehepartnern bezüglich derjenigen Sachen, die sich für beide zugänglich in der gemeinsamen Wohnung befinden. Allein der Umstand, dass sich jemand in einer fremden Gewahrsamssphäre aufhält, bedeutet jedoch noch nicht bereits Mitgewahrsam eines anderen. 80

Beispiel: 81
A befindet sich zum Einkauf im Supermarkt des B. In diesem Fall hat B keinen (Mit-)Gewahrsam über die in der Hand- oder Jackentasche befindlichen Gegenstände des A, also über solche, die sich in der Sphäre des A befinden.
Vielmehr besteht in Bezug auf diese Sachen eine Gewahrsamsinsel des A: Es handelt sich hierbei um eine Sphäre, auf die B nicht ohne Behinderung durch den A zugreifen kann. A ist insofern Alleingewahrsamsinhaber.

Beim Mitgewahrsam ist zu unterscheiden zwischen **übergeordnetem, untergeordnetem sowie gleichrangigem Gewahrsam**. Der Bruch des übergeordneten sowie gleichrangigen Gewahrsams genügt. Eine Wegnahme scheidet hier nur dann aus, wenn die anderen Gewahrsamsinhaber ein tatbestandsausschließendes Einverständnis abgegeben haben. Keine Wegnahme stellt der Bruch des untergeordneten Gewahrsams durch den übergeordneten Gewahrsamsinhaber dar. 82

Beispiele: 83
A und B betreiben gemeinsam ein Spielwarengeschäft; beide üben dann über die im Geschäft befindlichen Waren gleichrangigen Gewahrsam aus. Oder: X und Y sind Ehegatten und haben gleichrangigen Gewahrsam über die Gegenstände in der Wohnung. Nehmen nun A oder X Sachen an sich, liegt ein Gewahrsamsbruch vor, sofern B oder Y nicht einverstanden sind.

84 **Abwandlung:**
A ist Geschäftsinhaber des Spielwarenladens, B ist in dem Geschäft als Verkäufer angestellt. Nimmt B nun Sachen mit, bricht er den übergeordneten Gewahrsam des A.

85 Andererseits ist zu beachten, dass ein Kassierer, der für den Kassenbestand alleinverantwortlich ist, in der Regel Alleingewahrsam an dem Geld hat (BGH, NStZ-RR 2001, 268). Entsprechendes gilt für den Kellner, der alleinverantwortlich abkassiert.

86 **Weitere Fallabwandlung:**
A ist Geschäftsinhaber, B ist in dessen Geschäft als Verkäufer angestellt. Nimmt nun A Sachen an sich, bricht er allenfalls den untergeordneten Gewahrsam von B, was für eine Wegnahme nicht ausreicht.
Vertretbar ist es auch, den B lediglich als Gewahrsamsdiener (Gewahrsamshüter, -gehilfe) anzusehen, der selbst schon gar keinen Gewahrsam hat.

87 Zum Teil wird auch vertreten (siehe etwa *Schünemann*, GA 1969, 46, 52), die Figur des mehrstufigen Gewahrsams (übergeordneten Gewahrsams) sei abzulehnen, vielmehr habe nur der Übergeordnete überhaupt Gewahrsam.

88 Grundsätzlich gilt: Bei kleineren und mittelgroßen Geschäften, die unter Mitwirkung des Geschäftsinhabers geführt werden, hat dieser den Alleingewahrsam an den in dem Geschäft befindlichen Sachen. Die Angestellten sind bloße Gewahrsamsgehilfen (so *Wessels/Hillenkamp/Schuhr*, BT 2, Rdn. 139). Gut vertretbar ist es aber auch, untergeordneten Mitgewahrsam dieser Personen anzunehmen. Entsprechendes gilt in größeren Geschäften hinsichtlich des Verhältnisses des Abteilungsleiters zu den Angestellten. Ein Filialleiter hat dagegen Alleingewahrsam im Verhältnis zum Inhaber der Ladenkette.

89 Auch Hausangestellte sind in der Regel nur Gewahrsamsgehilfen.

90 Nicht ganz unproblematisch sind auch die Gewahrsamsverhältnisse bei der **Verwahrung**.

91 **Beispiel:**
O hat bei dem Gaststättenbetreiber A einen in der Wand verankerten Glücksspielautomaten aufgestellt, wobei allein O den Schlüssel hat, um den Automaten zu öffnen. A bricht nun den Automaten auf und entnimmt das eingeworfene Geld.
Jedenfalls bei schwer beweglichen Gegenständen (zum Beispiel auch einem schweren Tresor) wird angenommen, dass der Schlüsselinhaber Alleingewahrsam hat (BGHSt 22, 180, 182). A nimmt daher fremde bewegliche Sachen weg.

92 Zweifelhaft sind die Gewahrsamsverhältnisse jedoch, wenn ein Behältnis „ziemlich mühelos" (BGHSt 22, 180, 184) fortgeschafft werden kann.

93 **Beispiel:**
O stellt zu karitativen Zwecken eine verplombte Sammelbüchse in die Bäckerei des A. A, der sich in finanziellen Schwierigkeiten befindet, nimmt die Büchse an sich.
Der BGH nimmt bei fortschaffbaren, abgeschlossenen Behältnissen Alleingewahrsam des Verwahrers (also hier des A) am Behältnis und am Inhalt an (BGHSt 22, 180, 183 f.). Das gelte nur dann nicht, wenn der Schlüsselinhaber unabhängig vom Verwahrer jederzeit ungehinderten Zutritt zu dem Behältnis habe; dann befinde sich das Behältnis im Gewahrsam des Schlüsselinhabers. Angesichts der jeweiligen Öffnungszeiten der Bäckerei hatte O keinen jederzei-

tigen ungehinderten Zutritt; folglich liegt nach der Rechtsprechung Alleingewahrsam des A vor.

Unter Zugrundelegung dieser Ansicht ist in der Konsequenz ebenfalls Alleingewahrsam des Verwahrers anzunehmen bei der Gepäckaufbewahrung oder bei der Abgabe von Kleidung an der Garderobe. Mietet jemand ein Schließfach und deponiert dort Sachen, ist es vertretbar, Alleingewahrsam des Zweigstellenleiters der Bank zu bejahen, falls der Betreffende nur mit Zustimmung und Mitwirkung eines Bankmitarbeiters in den Raum hineingelangen und das Schließfach öffnen kann (dagegen Mitgewahrsam des Niederlassungsleiters sowie des Schließfachmieters an den im Schließfach befindlichen Sachen annehmend *Joecks/Jäger*, StGB § 242 Rdn. 33). 94

bb) Bruch fremden Gewahrsams

Fremder Gewahrsam wird gebrochen, wenn die tatsächliche Sachherrschaft ohne oder gegen den Willen des bisherigen Sachherrschaftsinhabers aufgehoben wird. 95

Maßgeblich ist also objektiv ein Handeln **ohne oder gegen den Willen des Gewahrsamsinhabers**. Ist der bisherige Gewahrsamsinhaber mit dem Gewahrsamswechsel **einverstanden**, fehlt es an dem Bruch fremden Gewahrsams, es liegt dann ein **tatbestandsausschließendes Einverständnis** vor. Hierbei genügt der natürliche Wille, die Geschäftsfähigkeit ist nicht erforderlich. Das Einverständnis muss aber vor der Tat erteilt worden sein, die nachträgliche Zustimmung genügt nicht. 96

Beispiel: 97
A fragt ihren Freund O, ob sie seine Skibrille für den Urlaub nehmen dürfe. O stimmt zu. Dann entfällt ein Gewahrsamsbruch, da O einverstanden ist, wenn sich A daraufhin die Skibrille nimmt.

Die **Beobachtung** der Tat bedeutet nicht automatisch ein Einverständnis. Es kommt – wie stets – auf den Einzelfall an. 98

Beispiel: 99
Ladeninhaber O beobachtet, wie A einen Schal aus der Auslage in seine Tasche steckt. Am Ausgang stellt O den A zur Rede.
Die bloße Beobachtung bedeutet noch kein Einverständnis. Auch ist der Diebstahl nach zutreffender Auffassung kein „heimliches Delikt" (BGHSt 16, 271, 274); die reine Beobachtung schließt also den Gewahrsamsbruch nicht aus. Vielmehr hat A durch das Einstecken des Schals fremden Gewahrsam gebrochen und neuen begründet (Gewahrsamsinsel).

Abwandlung: 100
Schon seit längerem hat der Ladeninhaber O seinen Angestellten A in Verdacht, Geld aus der Kasse zu entnehmen. O präpariert daher einen 50-Euro-Schein mit spezieller Tinte, die bei Tageslicht nicht erkennbar ist, um A später zu überführen. Wie von O gewollt, ergreift A den Geldschein. Am Abend stellt der O den A zur Rede.
Bei dieser „Diebesfalle" ist O mit der Ansichnahme des Scheins durch A einverstanden. Nur so kann O den A überführen. Damit scheidet mangels Bruchs fremden Gewahrsams objektiv eine Wegnahme aus. A ist strafbar wegen eines versuchten Diebstahls (untauglicher Versuch; OLG Celle, JR 1987, 253, 254), der die gleichzeitig vorliegende vollendete Unterschlagung verdrängt (§ 246 Abs. 1 a. E. StGB; Eisele, BT II, Rdn. 53; a. A.: klarstellende Idealkonkurrenz). Andere Autoren meinen, das Einverständnis beziehe sich auch auf die Zueignung (Ren-

gier, BT I, § 2 Rdn. 68), sodass lediglich eine versuchte Unterschlagung vorliege, die dann von §§ 242, 22, 23 StGB verdrängt werde.

101 Der vorangehende Beispielsfall macht gleichzeitig deutlich, dass der Täter von dem Einverständnis nichts wissen muss. Objektiv fehlt es dann dennoch an der Wegnahme. Es bleibt aber ein untauglicher Diebstahlsversuch.

102 **Dazu auch folgendes Beispiel:**
A nimmt aus der Geldbörse seiner Großmutter O 20 Euro. O ist, was A nicht weiß, innerlich damit einverstanden, um ihren geliebten Enkel zu unterstützen. Objektiv liegt dann aufgrund des Einverständnisses mangels Gewahrsamsbruchs keine Wegnahme vor, jedoch bleibt ein (untauglicher) Diebstahlsversuch bestehen.

103 Möglich ist, dass das Einverständnis unter einer **Bedingung** steht oder an mehrere Bedingungen geknüpft wird.

104 **Beispiel:**
A wirft in einen Warenautomaten Falschgeld. Der Automat wirft eine Süßigkeit aus.
A hat kein Eigentum erlangt, da die Übereignung unter der Bedingung der ordnungsgemäßen Zahlung steht. Auch liegt ein Gewahrsamsbruch vor, denn das Einverständnis des Warenautomatenbetreibers steht ebenfalls unter der Bedingung der Zahlung mit echtem Geld.

105 **Abwandlung:**
A tankt Benzin. Das Benzin bleibt dann bis zur Kaufpreiszahlung fremd (siehe Rdn. 37). In diesem Fall liegt nun keine Wegnahme vor, da das Einverständnis mit der Gewahrsamsübertragung zwar unter dem Vorbehalt der ordnungsgemäßen Bedienung der Tanksäule steht, die jedoch tatsächlich erfolgt. Entschließt sich A daher nach dem Tanken dazu, sich zu entfernen, greift § 242 StGB nicht, jedoch § 246 StGB. Hatte A von vornherein den Entschluss gehabt, nicht zu zahlen, geht es um § 263 StGB, sofern eine natürliche Person getäuscht wird, wobei § 246 StGB dahinter zurücktritt (BGH, NJW 2012, 1092 f.).

106 **Weiteres Beispiel:**
A benutzt unberechtigt die Geldkarte des O und hebt am Automaten Geld mit der zutreffenden PIN ab. Auch in diesem Fall ist das Geld nach Auffassung des BGH für den Täter fremd (siehe Rdn. 35). Der BGH hat aber bei funktionsgerechter (äußerlich korrekter) Bedienung eine Wegnahme verneint (anders als etwa bei Manipulationen am Automaten). Die Bank habe ihr tatsächliches Einverständnis mit der Gewahrsamsübertragung an jeden Benutzer erteilt, der über die korrekte Karte und die richtige PIN verfügt (BGHSt 35, 152, 160; anders etwa Mitsch, BT 2, S. 29, 156, der eine Wegnahme bejaht). Folglich scheidet § 242 StGB mangels Wegnahme aus. Der BGH hat daher § 246 StGB bejaht. Dieser wiederum tritt hinter § 263a Abs. 1 Var. 3 StGB zurück.
Eine Wegnahme im Sinne des § 242 StGB sei aber gegeben, wenn jemand ordnungsgemäß den Geldautomaten bedient und nunmehr ein anderer, der den Geldautomaten nicht bedient hat, das Geld aus dem Ausgabefach entnimmt; er breche dann den beim Geldautomatenbetreiber noch vorhandenen Gewahrsam (so der 3. Strafsenat, BGH, NStZ 2019, 726, 727; BGH, NStZ 2025, 158; anders der 2. Strafsenat, BGH, NStZ 2018, 604, 605, wonach die Wegnahme zu verneinen sei, da die tatsächliche Ausgabe der Scheine mit dem Willen des Geldinstituts erfolge). Nach dem 4. Strafsenat hat jedenfalls der Kunde, der die

Karte und die ordnungsgemäße PIN eingegeben hat, im Zeitpunkt der Entnahme des Geldes durch den Täter Gewahrsam an dem Geld im Ausgabefach, sodass § 242 StGB zu bejahen sei (BGHSt 66, 55, 57 ff.). Dem ist zuzustimmen, sofern der Kunde die faktische Möglichkeit hat, das Geld zu ergreifen, was nicht mehr der Fall ist, wenn er zuvor vom Täter gewaltsam weggestoßen wird (Zieschang, JA 2024, 265, 270).

Eine Wegnahme ist zu bejahen, wenn der Täter eine gefälschte Codekarte benutzt (anders und nicht überzeugend BGHSt 38, 120, 122 f., wo von einem Einverständnis ausgegangen wird). Die Wegnahme fehlt aber, wenn jemand lediglich einen technischen Defekt eines Geräts ausnutzt (*Vogt/Brand*, Jura 2008, 305, 307; anders etwa *Rengier*, BT I, § 2 Rdn. 74; *Schmitz*, MK, StGB, § 242 Rdn. 100, die eine Wegnahme bejahen). 107

Scannt jemand an der Selbstbedienungskasse den Code einer Ware nicht oder einen unzutreffenden anderen Code, ist kein Einverständnis des Ladeninhabers anzunehmen, sodass Diebstahl vorliegt (LG Kaiserslautern, BeckRS 2021, 24059). 108

Das erste Erfordernis der Wegnahme, also der Bruch fremden Gewahrsams, ist auch der Ort, an dem die **Abgrenzung des Diebstahls vom Betrug** erfolgt. 109

Nach zutreffender Auffassung schließen sich **Diebstahl und Betrug gegenseitig aus** (Exklusivitätsverhältnis). Entweder liegt eine Wegnahme und damit § 242 StGB vor (Fremdschädigungsdelikt) oder eine Vermögensverfügung und folglich § 263 StGB (Selbstschädigungsdelikt). 110

Eine **Vermögensverfügung** im Sinne des Betrugstatbestands, also ein Handeln, Dulden oder Unterlassen, das sich unmittelbar vermögensmindernd auswirkt, ist in Abgrenzung zur Wegnahme gegeben, wenn eine **Sache freiwillig, bewusst und unmittelbar** übertragen wird. Dann ist für den Diebstahl von einem tatbestandsausschließenden Einverständnis auszugehen. Fehlt eine dieser drei Voraussetzungen, geht es um einen Diebstahl. 111

Zunächst ein **Beispiel zu fehlender Freiwilligkeit:** 112

A gibt sich gegenüber der 80-jährigen O als Kriminalbeamter aus und gaukelt der O vor, ihr sei soeben in der Bank Falschgeld ausgehändigt worden, das er beschlagnahmen müsse. O sieht keinen anderen Weg als das Geld an A herauszugeben.

In diesem Fall fühlt sich O dem falschen Kriminalbeamten ausgeliefert, der das Geld „beschlagnahmt." O hat keine Entscheidungsalternative. Die Herausgabe des Geldes erfolgt daher nicht freiwillig (BGHSt 18, 221, 223; Geppert, JuS 1977, 69, 70; kritisch zum Freiwilligkeitskriterium Rengier, BT I, § 13 Rdn. 84 ff., der meint, im Beschlagnahme-Fall fehle bereits die Willensbildung, ohne dass auf den Gesichtspunkt der Freiwilligkeit abzustellen sei). Zwar liegen eine Täuschung und ein Irrtum vor, jedoch scheitert die Vermögensverfügung an der fehlenden Freiwilligkeit. Vielmehr geht es um eine Wegnahme, sodass sich A nach § 242 StGB strafbar macht.

Ergänzender Hinweis: 113

Selbst wenn ein gewisser Zwang vorliegt, muss das nicht automatisch fehlende Freiwilligkeit bedeuten. So kann Freiwilligkeit bei der Überlassung einer Sache noch zu bejahen sein, wenn jemand die Beschlagnahme lediglich androht, sofern die Sache nicht herausgegeben wird (Wessels/Hillenkamp/Schuhr, BT 2, Rdn. 622).

Das **Verfügungsbewusstsein** ist in folgendem **Beispiel** problematisch: 114

A versteckt im Kaufhaus des O in einer Großpackung Windeln ein Handy, das er zuvor aus dem Regal genommen hat. Mit der Packung Windeln geht A zur Kasse. Kassiererin B kassiert den Preis für die Windeln ab. A verlässt so unbemerkt mit dem Handy in dem Karton das Geschäft.

In diesem Fall ist zu untersuchen, ob eine Vermögensverfügung und damit ein Betrug oder eine Wegnahme des Handys und damit ein Diebstahl vorliegt. Für eine Vermögensverfügung könnte sprechen, dass B möglicherweise die Windelpackung samt Inhalt an A bewusst überträgt; das Verfügungsbewusstsein ist danach nicht in Bezug auf den Inhalt der Großpackung teilbar (eine Vermögensverfügung bejahend etwa OLG Düsseldorf, NJW 1988, 922, 923 f.; Fahl, NStZ 2014, 244, 247). Diese Sicht ließe jedoch unberücksichtigt, dass B gar keine Kenntnis von dem Mobiltelefon in dem Karton hat. Verfügungsbewusstsein hat sie nur bezüglich der Windeln. Mangels Verfügungsbewusstseins liegt daher im Hinblick auf das Handy kein Betrug vor, sondern eine Wegnahme und folglich ein Diebstahl (Vitt, NStZ 1994, 133, 134; zu beachten ist: Das Verstecken im Windelkarton schon für sich genommen schafft noch keine Gewahrsamsenklave und stellt daher noch keine Wegnahme dar). Nichts anderes gilt, wenn die Waren im Karton vollständig ausgetauscht werden (Eisele, BT II, Rdn. 55; Hefendehl, MK, StGB, § 263 Rdn. 422 f.; dagegen Betrug bejahend etwa Rengier, BT I, § 13 Rdn. 99).
Verfügungsbewusstsein der Kassiererin ist im Übrigen erst recht zu verneinen, wenn der Kunde Waren im Einkaufswagen mit Kleidung überdeckt und so die Kasse passiert (BGHSt 41, 198, 203; Rengier, BT I, § 13 Rdn. 94; anders und nicht überzeugend OLG Düsseldorf, NJW 1993, 1407, 1408).

115 Zudem kann die **Unmittelbarkeit** fehlen wie in folgendem **Beispiel:**
A lässt sich bei dem Juwelier J ein wertvolles Schmuckstück zur genaueren Begutachtung übergeben. A bittet darum, das Stück bei Tageslicht betrachten zu dürfen. J ist einverstanden; gemeinsam mit A tritt J vor die Tür des Geschäfts. In einem günstigen Augenblick rennt A nun wie von vornherein geplant mit dem Schmuckstück weg.
Die Übergabe des Schmuckstücks an A stellt hierbei eine bloße ***Gewahrsamslockerung*** *dar. Sie ändert nichts an den Gewahrsamsverhältnissen. J ist daher weiter Gewahrsamsinhaber. Als A wegrennt, setzt er einen eigenständigen deliktischen Zwischenschritt. Damit fehlt dem J nicht nur das Verfügungsbewusstsein, sondern es mangelt auch an der Unmittelbarkeit einer etwaigen Verfügung. Daher nimmt A in diesem Fall das Schmuckstück weg und macht sich wegen Diebstahls strafbar.*

116 **Anders** ist folgender Sachverhalt zu beurteilen (angelehnt an BGH in Zivilsachen, NJW 2020, 3711):
Der Autohändler O überlässt dem angeblichen Kaufinteressenten A, der gefälschte Papiere vorlegt, ein Kraftfahrzeug für eine einstündige unbegleitete Probefahrt. Wie von vornherein geplant, bringt A das Fahrzeug nicht mehr zurück.
In diesem Fall handelt es sich bei der Überlassung des Autos um eine freiwillige, bewusste und unmittelbare Gewahrsamsübertragung. Da die Probefahrt unbegleitet durchgeführt wurde, auch nicht anders überwacht wurde und O nicht wusste, welche Fahrtstrecke der A nimmt, liegt nicht lediglich eine bloße Gewahrsamslockerung vor, sondern eine vollständige freiwillige Gewahrsamsübertragung seitens des O, also eine Vermögensverfügung. Daher macht sich A nicht wegen Diebstahls, sondern wegen Betrugs gegenüber und zu Lasten des O strafbar (in diesem Sinne auch BGH, BeckRS 2000, 30149106).

117 Bei **Kurierfahrten** gilt: Handelt es sich um eine von vornherein festgelegte Fahrtroute oder um eine mittels GPS überwachte Fahrt, übt neben dem Fahrer auch der Arbeitgeber über die Gegenstände in dem Fahrzeug Gewahrsam aus. Bei nicht festgelegter Strecke, wobei das Fahrzeug auch nicht per GPS geortet werden kann, hat der Fahrer

Alleingewahrsam. Entgegen der überwiegenden Ansicht ist es jedoch dabei unerheblich, ob es sich um eine auf einen Ort begrenzte Fahrt oder eine Fernfahrt handelt, denn in beiden Fällen fehlt dem Arbeitgeber die Zugriffsmöglichkeit (bei der Fernfahrt Alleingewahrsam des nicht beaufsichtigten Fahrers annehmend etwa BGH, GA 1979, 390 f.).

cc) Begründung neuen Gewahrsams

Neuer Gewahrsam ist begründet, wenn der Betreffende die tatsächliche Sachherrschaft über die Sache derart erlangt hat, dass er sie ohne Behinderung durch den bisherigen Gewahrsamsinhaber ausüben kann. 118

Der alte Gewahrsamsinhaber kann also nicht mehr auf die Sache zugreifen, ohne die Herrschaft des Täters zu brechen. Bei der Frage der Begründung neuen Gewahrsams geht es vor allem um den Zeitpunkt der Vollendung der Wegnahme. 119

Nach der Kontrektationstheorie genügt ein bloßes Berühren der Sache für die Wegnahme. Die Ablationstheorie verlangt ein Fortschaffen der Sache, die Illationstheorie sogar ein Bergen. Durchgesetzt hat sich letztlich im Grundsatz die **Apprehensionstheorie**, wonach es für die Vollendung darauf ankommt, ob der Täter die Sache ergriffen hat (*Duttge*, Dölling/Duttge/König/Rössner, Gesamtes Strafrecht, § 242 Rdn. 27). Die Kontrektationstheorie ist eher maßgeblich für den Versuch, dagegen die Illationstheorie für die Beendigung des Diebstahls. Die Ablationstheorie hat Bedeutung für die Vollendung in Bezug auf größere Gegenstände. Im Einzelnen bedeutet das: 120

Bei größeren oder schwereren Gegenständen (etwa einem Bürocontainer oder einem Tresor) genügt zur Vollendung noch nicht das Ergreifen in einer fremden Gewahrsamssphäre, sondern der Gegenstand muss fortgeschafft werden, indem er zum Beispiel in einen Lkw verbracht oder die Beute zumindest vom Grundstück des Opfers entfernt wird. 121

Anders sieht dies bei **kleineren, leicht fortzuschaffenden Gegenständen** aus (zum Beispiel Geld, Handys, Hygieneartikel, Kleidung, Lebensmittel). Hier spielt der Gesichtspunkt der **Gewahrsamsenklave** eine besondere Rolle: Zur **Vollendung** des Diebstahls genügt nämlich in einem solchen Fall, dass der Täter die Sache **in seine Kleidung** oder in eine Akten-, Einkaufs- oder **Handtasche** oder etwa einen Beutel einsteckt (BGHSt 16, 271, 273 f.). Bei unauffälligen, leicht beweglichen Sachen wie Geld oder Schmuck kann auch schon das Ergreifen und Festhalten genügen (BGH, NStZ 2011, 158, 159). 122

Mit dem Einstecken in die Kleidung oder Tasche schafft der Betreffende eine **Gewahrsamsinsel oder -enklave**, also eine persönliche Sphäre, auf die ein anderer nicht ohne Weiteres zugreifen kann. Es handelt sich insofern um einen Tabubereich. Der bisherige Gewahrsamsinhaber ist nicht mehr in der Lage, über die Sache zu verfügen, ohne die Herrschaftsgewalt des Täters zu brechen. Daran ändert sich auch nichts dadurch, dass der Täter eventuell bei der Tat beobachtet wird. Der Diebstahl ist **keine heimliche Tat** (BGH, NStZ 1987, 71; BGH, NStZ 2008, 624, 625; *Wittig*, BeckOK, StGB, § 242 Rdn. 27; anders *Bosch*, TK, StGB, § 242 Rdn. 40; siehe bereits Rdn. 99). 123

Beispiel: 124

A steckt im Kaufhaus des O eine Armbanduhr aus der Auslage in seine Jackentasche.

Mit dem Ergreifen der Sache wird die tatsächliche Sachherrschaft des O ohne dessen Willen aufgehoben und damit der Gewahrsam des O gebrochen. Fraglich ist, ob A auch bereits mit dem Einstecken neuen Gewahrsam begründet hat; immerhin befindet sich A noch in der Gewahrsamssphäre des O. Insofern ist jedoch zu beachten, dass A durch das Einstecken eine Gewahrsamsenklave schafft, auf die der O nicht ungehindert zugreifen kann. Die Begründung neuen Gewahrsams ist daher bereits mit dem Einstecken in die Jackentasche verwirklicht. Der Diebstahl ist zu diesem Zeitpunkt vollendet.

125 Dagegen reicht zur Gewahrsamsbegründung nicht schon aus, dass ein Gegenstand im Geschäft bloß in den Einkaufswagen gelegt und dort etwa mit einem Kleidungsstück überdeckt wird (OLG Köln, NJW 1984, 810). Hier tritt Vollendung erst mit dem Passieren des Kassenbereichs ein. Das gilt auch, wenn der Täter die Ware in eine von dem Supermarktbetreiber zur Verfügung gestellte Tüte steckt (anders AG Lübeck, BeckRS 2012, 21362: Vollendung schon mit dem Einstecken der Ware in die Tüte). Wird ein Gegenstand in der fremden Gewahrsamssphäre versteckt, ist eher Versuch anzunehmen, selbst wenn der Täter freien und ungehinderten Zugang zu dem Versteck im Machtbereich des anderen hat (anders etwa *Bosch*, TK, StGB, § 242 Rdn. 39; *Rengier*, BT I, § 2 Rdn. 58: dann Vollendung).

126 Merken kann man sich jedenfalls als Grundsatz: Bei **kleineren, leicht fortzuschaffenden Gegenständen** ist bereits neuer Gewahrsam begründet und damit der Diebstahl vollendet, wenn der Täter diese Sache in seine **Sphäre** bringt, also in seine Kleidung oder in seine Tasche steckt.

127 Geht es um **größere, nicht leicht zu transportierende Gegenstände** (z. B. ein schweres Möbelstück, ein großer Fernsehapparat oder ein Geldautomat), wird neuer Gewahrsam wie erwähnt (Rdn. 121) erst mit dem **Abtransport** (Fortschaffen) begründet und damit erst der Diebstahl vollendet. Das ist etwa in der Regel mit dem Verlassen der Wohnung oder des Gebäudes zu bejahen oder bei einem Geschäft mit dem Passieren des Kassenbereichs, wobei dies im Einzelfall auch erst nach dem vollständigen Verlassen des Geschäfts der Fall sein kann, so, wenn sich der Täter selbst hinter der Kasse noch weiterhin im Geschäftsraum befindet.

128 **Beendet** ist der Diebstahl dagegen erst, wenn der Täter die Beute **endgültig gesichert** hat. Die Tat ist dann abgeschlossen. Der Gewahrsam an den weggenommenen Sachen muss dafür gefestigt und gesichert sein (BGH, NStZ 2008, 152).

129 **Beispiel:**

A ergreift im Supermarkt des O eine Flasche Schnaps, die er in die Jackentasche steckt, und verlässt das Geschäft. Vollendung ist dann bereits mit dem Einstecken der Flasche gegeben, Beendigung aber erst, wenn er die Beute gesichert hat, was man annehmen kann, sofern er sich im sicheren Abstand von dem Geschäft befindet, jedenfalls dann, wenn er zu Hause ankommt oder die Gegenstände in ein Versteck gebracht hat.

130 Die Beendigung spielt u. a. für die Frage des Beginns der Verjährung eine Rolle (§ 78a S. 1 StGB), aber auch etwa für die Beteiligung und für den Gesichtspunkt, ob noch im Sinne des § 252 StGB von einer frischen Tat gesprochen werden kann (dazu Rdn. 502 f.).

dd) Ergänzender Hinweis

131 Der hier vorgestellte Begriff der Wegnahme in § 242 StGB unterscheidet sich nach überwiegender Ansicht von der „Wegnahme" bei der Pfandkehr gemäß § 289 StGB. Dort ist nämlich kein Bruch fremden Gewahrsams erforderlich, sondern ein räumliches Entfernen aus dem tatsächlichen Macht- und Zugriffsbereich des Rechteinhabers ausreichend (*Wessels/Hillenkamp/Schuhr*, BT 2, Rdn. 527). Dementsprechend kommt eine Wegnahme im Sinne des § 289 StGB zum Beispiel auch beim besitzlosen Vermieterpfandrecht (§ 562 BGB) in Betracht.

2. Der subjektive Tatbestand

Im subjektiven Tatbestand sind beim Diebstahl mehrere Gesichtspunkte anzusprechen. Zuvörderst muss der Täter natürlich (siehe § 15 StGB) **Vorsatz** aufweisen. Darüber hinaus ist mit dem Diebstahl ein **besonderes subjektives Merkmal** verbunden, nämlich die **Zueignungsabsicht**. Erst nach Bejahung dieser Absicht kann dann geprüft werden, ob die erstrebte **Zueignung objektiv rechtswidrig** ist. Im Anschluss bedarf es schließlich der Untersuchung, ob der Täter **Vorsatz hinsichtlich dieser objektiven Rechtswidrigkeit der Zueignung** aufweist. 132

Daraus ergibt sich also folgender Aufbau im subjektiven Tatbestand: 133

Vorsatz
Zueignungsabsicht
Objektive Rechtswidrigkeit der erstrebten Zueignung
Vorsatz hinsichtlich der Rechtswidrigkeit der erstrebten Zueignung

a) Vorsatz

Vorsatz definiert sich ganz allgemein als das Wissen und Wollen der objektiven Tatbestandsmerkmale. Bezogen auf § 242 StGB bedeutet dies, dass der Täter weiß, dass er eine fremde bewegliche Sache wegnimmt, und dies auch will. 134

Dabei können sich insbesondere Probleme in Bezug auf den Vorsatz hinsichtlich der Merkmale „fremd" sowie „Wegnahme" ergeben. 135

Beispiel: 136

A ist als Alleinerbe der O eingesetzt. Als O im Krankenhaus liegt, nimmt der sich in notorischen Geldschwierigkeiten befindende A 100 Euro aus der Schreibtischschublade in der Wohnung der O. Im Zeitpunkt der Ansichnahme des Geldscheins ist O bereits im Krankenhaus verstorben, was A nicht weiß.
Eine Strafbarkeit des A wegen vollendeten Diebstahls scheitert in diesem Fall daran, dass A im Zeitpunkt der Wegnahme (siehe § 8 StGB) im Wege der Universalsukzession gemäß § 1922 BGB bereits Eigentümer des Geldes war, sodass die 100 Euro objektiv für A nicht fremd sind. Es liegt jedoch ein strafbarer untauglicher Diebstahlsversuch vor, da A davon ausging, dass O im Zeitpunkt der Tathandlung noch lebt, und damit Tatentschluss hinsichtlich der Fremdheit und der Wegnahme der beweglichen Sache aufweist und Zueignungsabsicht besitzt.

Die Fremdheit ist ein **normatives, wertausfüllungsbedürftiges Merkmal**. Ausreichend ist daher, dass der Täter den rechtlich-sozialen Bedeutungsgehalt des Merkmals nach Laienart zutreffend erfasst (*Zieschang*, AT, Rdn. 118). 137

Beispiel: 138

A nimmt bei einem Besuch seiner Mutter heimlich 50 Euro aus deren Geldbörse. Selbst wenn A nun die exakte juristische Definition des Merkmals „fremd" nicht kennt, weiß er, dass das Geld seiner Mutter gehört und nicht ihm. Er erfasst damit zutreffend nach Laienart den rechtlich-sozialen Bedeutungsgehalt des Merkmals, sodass er in Bezug auf das Erfordernis der „Fremdheit" Vorsatz aufweist.

Irrt ein Täter hinsichtlich des Merkmals „fremd", ist danach zu fragen, ob es sich um einen Irrtum in **tatsächlicher oder rechtlicher Hinsicht** handelt. 139

140 **Beispiel:**
A ist gemeinsam mit dem B Miteigentümer eines Fahrrades. A meint, dass dann das Fahrrad für ihn nicht fremd sei. In diesem Fall zieht A bei zutreffender Tatsachenkenntnis rechtlich falsche Schlussfolgerungen. Er handelt vorsätzlich, da ihm die tatsächlichen Umstände bewusst sind, jedoch kann im Einzelfall der vorliegende Subsumtionsirrtum des A zu einem auf der Ebene der Schuld relevanten Verbotsirrtum nach § 17 StGB führen.

141 **Abwandlung:**
A geht in tatsächlicher Hinsicht irrtümlich davon aus, er sei Alleineigentümer des Fahrrades. Bei einem solchen Irrtum in tatsächlicher Hinsicht fehlt dem A der Vorsatz bezüglich des Merkmals fremd.

142 Bei einem Irrtum in rechtlicher Hinsicht kann im Einzelfall auch ein strafloses Wahndelikt vorliegen.

143 **Beispiel:**
A ist Alleinerbe der verstorbenen O und meint irrtümlich, dass das Vermögen der O trotz des Todesfalls nicht in seinem Eigentum steht. In diesem Bewusstsein nimmt er 100 Euro an sich. In diesem Fall zieht A rechtlich falsche Schlussfolgerungen. Es handelt sich dann um ein strafloses Wahndelikt.

144 Zu beachten ist, dass bei dem normativen Merkmal der Fremdheit je nach Fallgestaltung die **Abgrenzung** des strafbaren **untauglichen Versuchs** einerseits vom straflosen **Wahndelikt** andererseits schwierig sein kann.

145 **Beispiel:**
A geht irrtümlich davon aus, sein Pkw sei wirksam an den O zur Sicherung eines Darlehens übereignet worden, was tatsächlich mangels Begründung eines Besitzmittlungsverhältnisses nicht der Fall ist. In diesem Glauben veräußerte A den Pkw an einen Dritten. Das OLG Stuttgart NJW 1966, 65, 66, hat in diesem Fall kein strafloses Wahndelikt, sondern einen untauglichen Versuch (der Unterschlagung) bejaht. A habe sich nicht über den Begriff des Eigentums oder über das Institut der Sicherungsübereignung und damit auch nicht über das Merkmal „fremd" geirrt. Der Irrtum beziehe sich lediglich darauf, ob die Absprachen der Parteien den erstrebten Erfolg des Eigentumsübergangs gehabt haben. Die Strafnorm werde zutreffend erkannt, A irre sich nur über die rechtlichen Begleitumstände, was kein bloßes Wahndelikt sei.

146 **Weiteres Beispiel:**
Leichenbestatter A meint irrtümlich, dass das Zahngold bei der Einäscherung des Leichnams im Eigentum des Friedhofs stehe und nimmt es an sich (siehe dazu Rdn. 54 ff.). Das OLG Hamburg NJW 2012, 1601, 1604, geht insofern von einem untauglichen Diebstahlsversuch aus.

147 **Irrtümer** können auch in Bezug auf das Merkmal der **Wegnahme** in Betracht kommen.

148 **Beispiel:**
A nimmt 50 Euro aus der Geldbörse seiner Mutter O. A weiß dabei nicht, dass O insgeheim mit der Ansichnahme des Geldes durch A einverstanden ist.
In diesem Fall scheitert ein vollendeter Diebstahl am fehlenden Bruch fremden Gewahrsams; bei O liegt ein tatbestandsausschließendes Einverständnis vor, das nicht nach außen kundgetan werden muss. A macht sich jedoch strafbar wegen versuchten Diebstahls (untauglicher Versuch), denn er hatte keine Kenntnis von diesem Einverständnis.

Auch in Bezug auf die Wegnahme können Irrtümer in rechtlicher Hinsicht bestehen. 149

Beispiel: 150
A findet im Taxi des T ein Handy, das der O dort verloren hat. Irrtümlich meint A, das Handy sei aufgrund des Verlusts seitens des O gewahrsamslos.
Objektiv verwirklicht A § 242 StGB. Zwar ist nicht mehr O Gewahrsamsinhaber, jedoch der T (Verlust der Sache in fremder Gewahrsamssphäre, siehe Rdn. 77 f.), sodass eine Wegnahme zu bejahen ist. Fraglich ist, ob A hinsichtlich des Merkmals der Wegnahme vorsätzlich handelt. A zieht bei zutreffender Tatsachenkenntnis (A weiß, dass sich das Handy im Fahrgastraum des Taxis von T befindet) falsche rechtliche Schlussfolgerungen. Dieser Subsumtionsirrtum bezüglich der Wegnahme schließt wiederum den Vorsatz nicht aus.

Folgendes **Beispiel** verdeutlicht ein Wahndelikt bezüglich des Diebstahls: 151
A ist Kassierer bei dem Ladeninhaber O und allein für den Kassenbestand verantwortlich. A entnimmt der Kasse 200 Euro, wobei A meint, damit breche er den Mitgewahrsam des O.
Objektiv ist § 242 StGB nicht verwirklicht, denn A ist bezüglich des Geldes in der Kasse Alleingewahrsamsinhaber. In subjektiver Hinsicht zieht A rechtlich falsche Schlussfolgerungen, indem er irrtümlich meint, er breche den Mitgewahrsam des O. Insoweit handelt es sich bezüglich des Diebstahls um ein strafloses Wahndelikt. Verwirklicht bleibt natürlich § 246 StGB.

b) Zueignungsabsicht

Die **Zueignungsabsicht** ist ein **besonderes subjektives Merkmal**, das zusätzlich zum Vorsatz zu prüfen ist. Sie muss ebenso wie der Vorsatz im Zeitpunkt der Wegnahme, also der Tathandlung, gegeben sein. Weiß der Täter zu diesem Zeitpunkt noch nicht, was er überhaupt mit der Sache machen will, fehlt sie. Da die Zueignungsabsicht kein Pendant auf objektiver Seite hat, spricht man auch von einer „überschießenden Innentendenz“. Objektiv muss es also gar nicht zu einer Zueignung kommen. 152

Die Zueignungsabsicht setzt sich aus zwei Komponenten zusammen, nämlich der **Aneignungs**- sowie der **Enteignungskomponente**. 153

Hinsichtlich der **Aneignungskomponente** ist **dolus directus 1. Grades** erforderlich. **Aneignung bedeutet, dass der Täter die Sache oder den in ihr verkörperten Sachwert zumindest vorübergehend seinem Vermögen einverleiben will**. Darauf muss es dem Täter also ankommen, er muss dies erstreben. Die Aneignung ist sein Ziel. Andererseits genügt es, wenn die Aneignung Zwischenziel auf dem Weg zur Erreichung eines anderen Hauptziels ist. 154

In Bezug auf die **Enteignungskomponente** genügt **dolus eventualis. Sie liegt vor, wenn der Täter die Sache oder den in ihr verkörperten Wert so in sein Vermögen einverleibt, dass der bisherige Berechtigte dauerhaft aus seiner Vermögensposition verdrängt wird**. Der Täter rechnet also zumindest mit dieser Möglichkeit und nimmt sie in Kauf. 155

Dabei muss der Täter entweder **sich** die Sache zueignen wollen oder **einem Dritten**. Der Diebstahl erfasst seit dem 6. Strafrechtsreformgesetz vom 26.1.1998 (BGBl. I, 164) auch die Drittzueignungsabsicht. Zunächst ist aber zu klären, was überhaupt zugeeignet werden kann. 156

aa) Gegenstand der Zueignung

Vom Ausgangspunkt geht es darum, dass der Täter sich eine eigentümerähnliche Verfügungsgewalt über die Sache anmaßt (**se ut dominum gerere**). Dieser Aspekt reicht für 157 sich genommen jedoch nicht aus, denn etwa auch derjenige, der eine Sache zerstört, geriert sich als Eigentümer. Im Einzelnen ist umstritten, was überhaupt Gegenstand der Zueignung ist. Nach der **Substanztheorie** ist dies nur das Objekt seiner Substanz nach. Nach der **Sachwerttheorie** kommt es dagegen auf den der Sache innewohnenden wirtschaftlichen Wert an. Heute gilt im Einklang mit den obigen Definitionen der Merkmale der Aneignung und Enteignung die **Vereinigungsformel** (Vereinigungstheorie), wonach **Gegenstand der Zueignung entweder die Substanz (Sache) selbst oder der in ihr verkörperte Sachwert** ist (RGSt 61, 228, 233; ebenso der BGH, etwa BGHSt 4, 236, 238). Diese Auffassung wird – abgesehen von Nuancen – von der überwiegenden Ansicht im Schrifttum geteilt (*Eisele*, BT II, Rdn. 65; *Joecks/Jäger*, StGB, Vor § 242 Rdn. 36). Manche Autoren meinen jedoch, mit einer modifizierten Substanztheorie arbeiten zu können, wonach Gegenstand der Zueignung die umfassende Verfügungsgewalt über die Sache (*Kindhäuser/Hoven*, NK, StGB, § 242 Rdn. 69 ff.), die Herrschaftsmacht des Eigentümers über die Sache ist (*Rudolphi*, GA 1965, 33, 38 f.).

158 **Beispiel:**

A nimmt das Sparbuch des O an sich, hebt davon bei der Bank 100 Euro ab und legt es wie von vornherein geplant wieder zurück. Liegt ein Diebstahl des Sparbuchs vor?

Nach der Substanztheorie würde die Zueignung scheitern, da A das Sparbuch selbst wieder zurückbringen und es nicht endgültig in sein Vermögen einverleiben will. Es fehlt die Enteignungskomponente. Nach der Sachwerttheorie ist hingegen maßgeblich, dass sich A das in dem Sparbuch verkörperte Guthaben aneignen und den O insofern enteignen wollte. Darauf kann im Übrigen auch die Vereinigungsformel abstellen. Nach der (modifizierten) Substanztheorie maßt sich der Täter mit der Verwendung des Sparbuchs das Innehaben der entsprechenden Forderung an, was gleichzeitig die Anmaßung bedeute, Eigentümer des Sparbuchs zu sein (siehe Kindhäuser/Hilgendorf, LPK, § 242 Rdn. 88). Diese letztgenannte Theorie macht jedoch zu wenig deutlich, dass es im Sparbuchfall maßgeblich um den in der Sache liegenden wirtschaftlichen Wert geht. Daher ist die Vereinigungsformel zu befürworten. Richtigerweise muss es dabei aber unter Sachwertgesichtspunkten zur notwendigen Eingrenzung um den spezifisch in der Sache verkörperten Wert gehen (lucrum ex re), nicht aber um den wirtschaftlichen Vorteil aus dem Gebrauch der Sache (lucrum ex negotio cum re). Es ist eine enge Sachwerttheorie zu befürworten (Zieschang, JA 2025, 265, 268; siehe dazu auch Rdn. 166).

159 Die Vereinigungsformel liefert im Übrigen auch sinnvolle Lösungen bei wertlosen Gegenständen.

160 **Beispiel:**

A zieht aus der Mülltonne des O einen wertlosen Plastikbehälter, um ihn als Aufbewahrungsbox zu nutzen. O ist nicht einverstanden, dass andere seinen Müll „durchsuchen".

Der Plastikbehälter ist dann für A fremd (siehe Rdn. 47), auch hat er die bewegliche Sache weggenommen. Er handelt vorsätzlich. Die Sachwerttheorie könnte insoweit jedoch mangels Wertes der Box die Zueignungsabsicht nicht bejahen. Das gelingt nur nach der Substanztheorie oder wiederum über die Vereinigungsformel, indem sich der Täter den Gegenstand selbst dauerhaft einverleibt. Insoweit ist zu beachten, dass es beim Diebstahl nicht darauf ankommt, ob eine andere Person einen Vermögensschaden erleidet.

161 Im Einzelnen mag es natürlich problematisch sein, ob und was der in einer Sache verkörperte Wert ist.

Beispiel: 162
Benutzt A unberechtigt die Bankkarte des O, um damit am Automaten Geld abzuholen, ist zu beachten, dass die Bankkarte eine bloße Schlüsselfunktion aufweist, ohne dass darin das Geld verkörpert ist (anders als bei einem Sparbuch oder bei einer Telefon- oder Geldkarte, auf der ein bestimmtes Guthaben abgespeichert ist). Legt A die Karte zurück, fehlt es hinsichtlich der Bankkarte an der Zueignungsabsicht (Enteignungskomponente), da A sich weder die Substanz noch einen Sachwert der Karte zueignet (BGHSt 35, 152, 156). Es greift jedoch im Hinblick auf die unbefugte Verwendung § 263a Abs. 1 Var. 3 StGB, der § 246 StGB bezüglich des Geldes (siehe dazu Rdn. 106) verdrängt.

Weiteres Beispiel: 163
A benutzt den Mitarbeiterausweis des O, um einen Lohnvorschuss zu erhalten. Dann legt er den Ausweis zurück (angelehnt an OLG Hamm, JMBlNW 1952/53, 153 f.). § 242 StGB bezüglich des Ausweises scheitert in diesem Fall daran, dass der Lohnvorschuss keinen in dem Ausweis verkörperten Wert darstellt.

Nicht unproblematisch ist folgender **Fall:** 164
A nimmt das Handy des O an sich, um darauf nach kompromittierenden Fotos zu suchen, die er kopiert. Dann gibt er das Handy zurück.
Hinsichtlich der Substanz des Handys fehlt es zwar nicht an der Aneignungskomponente, da A sich das Handy zumindest vorübergehend der Substanz nach einverleibt (zutreffend Jäger, JA 2012, 709; nicht überzeugend die Aneignungskomponente hingegen verneinend BGH, NStZ 2012, 627), aber vor dem Hintergrund des Rückgabewillens ist die Enteignungskomponente zu verneinen. Im Hinblick auf die auf dem Handy gespeicherten Fotos wird man eine Zueignung des Sachwerts des Handys abzulehnen haben, zumal die Fotos sich noch weiterhin auf dem Handy befinden (beachte aber § 202a StGB). Werden die Fotos nach der Kopie auf dem Handy des O gelöscht, geht es um eine Datenveränderung gemäß § 303a StGB.

Fraglich ist, was im Fall des **Verkaufs des gestohlenen Gutes an den Eigentümer** gilt. 165

Beispiel: 166
A stiehlt dem O eine wertvolle Uhr. A gibt sich als Eigentümer aus und bietet die Uhr wie von vornherein geplant dem O zum Kauf an. Ohne zu wissen, dass es sich tatsächlich um seine Uhr handelt, erwirbt der O die Uhr von A zum Preis von angemessenen 10.000 Euro.
A verwirklicht den objektiven Tatbestand des § 242 StGB und handelt auch insofern vorsätzlich. Fraglich ist nun, ob der Verkaufswert in Höhe von 10.000 Euro einen in der Uhr verkörperten Wert darstellt. Teilweise wird das verneint, da der Sache durch die Rückveräußerung kein Sachwert entzogen werde (Klesczewski, BT, § 8 Rdn. 61; Seelmann, JuS 1985, 288, 290). Die herrschende Gegenauffassung bejaht hingegen bei der Veräußerung an den Eigentümer die Zueignungsabsicht (BGHSt 24, 115, 119; RGSt 57, 199). Der allgemeine Verkaufswert der Sache sei als spezifischer Sachwert (lucrum ex re) anzusehen (Bosch, TK, StGB, § 242 Rdn. 50; Wessels/Hillenkamp/Schuhr, BT 2, Rdn. 227 f.; *den Entzug der Substanz bejaht Rengier, BT I, § 2 Rdn. 132).*
Zugunsten der erstgenannten Auffassung, welche die Zueignungsabsicht verneint, spricht einmal, dass die Sache als solche zurückgegeben wird. Zum anderen geht es bei dem Veräußerungserlös nicht um den spezifischen Sachwert der Sache (lucrum ex re), sondern nur um den Wert, der mit der Verwendung der Sache erzielt werden kann (lucrum ex negotio cum re), sodass auch unter Sachwertgesichtspunkten keine Zueignung vorliegt. Die Sache selbst

bleibt ihren Preis wert (Zieschang, JA 2025, 265, 269). Allein der Umstand, dass sich der Täter als Eigentümer geriert, reicht richtigerweise für sich genommen nicht aus, um die Zueignungsabsicht bejahen zu können. Die Zueignungsabsicht ist daher zu Recht zu verneinen.

167 Fraglich ist, ob die Zueignungsabsicht dann vorliegt, wenn jemand im Supermarkt **Leergut** in der Absicht entwendet, es einzulösen.

168 Für die Eigentumsverhältnisse am Leergut ist zunächst zu bemerken (BGHSt 63, 215, 216 f.): Handelt es sich um eine Flasche mit einer besonderen, dauerhaften Kennzeichnung, wonach sie einem bestimmten Hersteller zuzuordnen ist (Individualflasche), verbleibt das Eigentum bei dem Hersteller. Sofern die Flasche solche individuellen Merkmale nicht aufweist, sondern von unbestimmt vielen Herstellern verwendet wird (Einheitsflasche), geht das Eigentum an Inhalt und Flasche auf den jeweiligen Erwerber über. In jedem Fall sind die Flaschen für denjenigen, der sie im Supermarkt entwendet, fremd.

169 Löst nun der Täter dieses für ihn fremde Leergut ein, ist nach dem BGH (BGHSt 63, 215, 218) das Pfandgeld zwar nicht der unmittelbar im Pfandgut verkörperte Wert, da es lediglich den Anreiz zur Rückgabe der Flasche bilde. Nach dem BGH ist dennoch Zueignungsabsicht zu bejahen, wenn der Täter davon ausgeht, dass die Flaschen im Eigentum eines anderen stehen, denn bei Rückgabe der Flaschen geriere er sich wie ein Eigentümer. Weiß der Täter jedoch, dass bei Individualflaschen der Hersteller Eigentümer bleibt, sei die Zueignungsabsicht zu verneinen, da er sich dann nicht als Eigentümer geriere.

170 Insofern ist jedoch kritisch anzumerken: Das Gerieren als Eigentümer genügt für sich genommen nicht, um die Zueignungsabsicht zu bejahen, vielmehr muss sich der Täter auch die Substanz der Sache oder deren Sachwert zueignen; beides erfolgt jedoch in dem Fall nicht, dass er sie wie von vornherein geplant an den Eigentümer zurückgibt (Einheitsflasche), sofern man das Pfandgeld nicht als in der Sache verkörperten Wert erachtet.

171 Auch im „**Finderlohnfall**" ist die Zueignungsabsicht zu verneinen:
A entwendet bei dem Finder F die Katze des O. A gibt sich nun gegenüber O als angeblicher Finder der Katze aus und erhält den Finderlohn.
In diesem Fall ist festzustellen, dass der Finderlohn keinen in der Katze verkörperten Wert darstellt (siehe Krey/Hellmann/Heinrich, BT II, Rdn. 85; Rengier, BT I, § 2 Rdn. 118). Zudem geriert sich A nicht wie ein Eigentümer. Es fehlt also die Zueignungsabsicht. Es kommt aber eine Strafbarkeit des A wegen Betrugs zum Nachteil des O in Betracht.

172 Umstritten ist der Fall, in dem der Täter einem Hersteller O ein Paket entwendet, um es dem Empfänger E als **angeblicher Bote** zu überbringen und den Kaufpreis zu vereinnahmen. Zum Teil wird die Zueignungsabsicht verneint, da der Bote sich nicht als Eigentümer geriert (*Rudolphi*, JR 1985, 252, 253). Die Gegenansicht bejaht unter Sachwertgesichtspunkten (BayObLG, JR 1965, 26) oder unter dem Aspekt, die Absicht sei auf die Substanz gerichtet, mit welcher der Betreffende wie ein Eigentümer verfahren will (*Vogel/Brodowski*, LK, StGB, § 242 Rdn. 169), die Zueignungsabsicht. In der Tat wird dem bisherigen Eigentümer O die Substanz der Sache entzogen, was für die Zueignungsabsicht spricht; tatsächlich agiert A wie ein Eigentümer. Es verhält sich nicht anders als in dem Fall, dass der Täter einem anderen von vornherein eine Sache in der Absicht entwendet, sie an einen Dritten weiterzugeben.

173 Entwendet jemand eine Sache in der Absicht, sie gegen Lösegeld später dem Eigentümer wieder zurückzugeben (oder sie als Pfand zur Durchsetzung einer Forderung zu benutzen), geht es nicht um eine erstrebte Zueignung, sondern (möglicherweise) um Erpressung (dazu Rdn. 808).

Auch in dem bekannten **Dienstmützenfall** (BGHSt 19, 387; OLG Frankfurt, NJW 1962, 1879; OLG Hamm, NJW 1964, 1427; siehe auch BayObLG, BeckRS 2020, 37990) ist die Zueignungsabsicht problematisch: 174
Soldat A hat seine Dienstmütze verloren und entwendet nun die Dienstmütze des Soldaten O, die er nach Dienstende zurückgibt, um keinen Schadensersatzansprüchen ausgesetzt zu werden.
In diesem Fall geriert sich A nicht als Eigentümer der Dienstmütze. Auch sind die Schadensersatzansprüche und die Befreiung von der Verbindlichkeit keine in der Dienstmütze verkörperten Sachwerte, sodass die Zueignungsabsicht zu verneinen ist (Wessels/Hillenkamp/Schuhr, BT 2, Rdn. 231; a. A. OLG Frankfurt, NJW 1962, 1879 f.; OLG Hamm, NJW 1964, 1427, 1429). Es ist vielmehr Betrug zu erörtern.

bb) Aneignungsabsicht

Zunächst ist zu beachten, dass die **Aneignungsabsicht** vor allem der **Abgrenzung zur bloßen Sachbeschädigung** dient. 175

Beispiel: 176
In der Fußgängerzone hat A es auf das Geld des Passanten O abgesehen. Geschickt zieht A die Geldbörse aus der Gesäßtasche des O. Wie von vornherein geplant, entnimmt er unmittelbar das Geld und wirft die Börse sofort in einen Abfalleimer, um nicht überführt werden zu können.
A verwirklicht hinsichtlich des Geldes und der Geldbörse den objektiven Tatbestand des § 242 StGB. Er handelt insoweit auch vorsätzlich. Die Aneignungsabsicht besitzt er aber nur im Hinblick auf das Geld, sie fehlt ihm bezüglich der Geldbörse. Es kommt insofern nur § 303 StGB in Betracht. In der objektiv vorliegenden Wegnahme ist nicht bereits eine vorübergehende Aneignung zu sehen, anderenfalls hätte dieses Erfordernis keine selbstständige Bedeutung. Die Aneignungsabsicht fehlt also, wenn es dem Täter nur darauf ankommt, die Sache zu zerstören, zu vernichten, preiszugeben, wegzuwerfen, beiseitezuschaffen oder zu beschädigen (BGH, NStZ 2019, 345).

Problematisch sind Fälle, in denen ein Gegenstand zunächst als **Transportmittel** dient, es dem Täter aber letztlich auf den **Inhalt** ankommt. 177

Beispiel: 178
A entwendet bei O ein in eine Schatulle eingepacktes Schmuckstück. A kommt es allein auf das Schmuckstück an, er nutzt aber die Verpackung zum Schutz des Schmuckstücks zum Transport bis zu seiner Wohnung. Dort schmeißt A die Schatulle weg und behält das Schmuckstück.
Fraglich ist hierbei die Aneignungskomponente hinsichtlich der Schatulle. Insofern könnte man zweifeln, da A die Schatulle wegwirft. Andererseits hat A die Schatulle zumindest vorübergehend in sein Vermögen einverleibt, als er sie als Transportmittel nutzte. Verwendet also der Täter eine Sache, bevor er sich ihrer entledigt, wie hier etwa als Transportmittel, ist die Aneignungsabsicht gegeben (Duttge, Dölling/Duttge/König/Rössner, Gesamtes Strafrecht, § 242 Rdn. 44). Daher besteht die Aneignungsabsicht nicht nur hinsichtlich des Schmuckstücks, sondern kann auch in Bezug auf die Schatulle bejaht werden. An die zeitliche Komponente (zumindest vorübergehend) werden also keine besonders hohen Anforderungen gestellt (Hilgendorf/Valerius, BT II, § 2 Rdn. 70).

Die Aneignungsabsicht liegt folglich auch bei der Flucht in Gefängniskleidung vor, 179
obwohl sich der Ausbrecher der Kleidung später entledigen will, denn vorübergehend

nutzt er sie, was ein notwendiges Zwischenziel auf dem Weg zur Erreichung des Hauptziels darstellt (anders etwa *Krehl*, Jura 1989, 646, 650: Dem Täter komme es auf die Kleidung nicht an).

180 Die **zumindest vorübergehende Einverleibung** in das Vermögen genügt also. Es schadet folglich nicht, wenn der Täter von vornherein plant, den Gegenstand später wegzuwerfen. Die Aneignungsabsicht liegt also zum Beispiel auch vor, wenn jemand einen Schlüssel entwendet, um eine Geldkassette zu öffnen, wobei er von vornherein beabsichtigt, im Anschluss den Schlüssel wegzuwerfen. Will er ihn dem Opfer zurückgeben, ist die Aneignungsabsicht gegeben, jedoch bedarf dann die Enteignungskomponente genauerer Untersuchung.

181 Die stärkste Form der Aneignung ist der **Verbrauch der Sache**.

182 **Beispiel:**
A nimmt einen Schokoriegel aus dem Regal im Supermarkt des O und verzehrt den Riegel sogleich.

183 Keine Aneignungsabsicht liegt dagegen bei der **bloßen Sachentziehung** vor.

184 **Beispiel:**
A nimmt seiner ehemaligen Freundin O eine Halskette allein aus dem Grund weg, sie zu ärgern (vgl. OLG Köln, NJW 1997, 2611).
Dies stellt eine bloße Sachentziehung dar, indem A allein beabsichtigt, die Kette der Verfügungsmacht der O zu entziehen. Die Aneignungsabsicht ist daher nicht gegeben.

185 Es ist nochmals zu betonen: Allein durch das Innehaben der Sache aufgrund der Wegnahme ist die Aneignungskomponente noch nicht gegeben; anderenfalls wäre die Aneignungskomponente als Element der Zueignungsabsicht überflüssig.

186 Weiß der Täter im Zeitpunkt der Wegnahme nicht, was er mit dem Gegenstand machen will (Behalten, Wegwerfen oder Zurückgeben), fehlt ihm die Aneignungsabsicht. Entschließt er sich später, ihn zu behalten, geht es um § 246 StGB, denn die Zueignungsabsicht muss beim Diebstahl im Zeitpunkt der Wegnahme vorliegen (BGH, NStZ-RR 2007, 15). Fasst er später hingegen den Entschluss, ihn wegzuwerfen, ist § 303 StGB zu prüfen.

cc) Enteignungsvorsatz

187 Die **Enteignungskomponente** dient der **Abgrenzung** des Diebstahls **von der Gebrauchsanmaßung** (furtum usus). Die Gebrauchsanmaßung ist lediglich im Fall des § 248b StGB unter Strafe gestellt, also in Bezug auf Kraftfahrzeuge im Sinne des § 248b Abs. 4 StGB sowie hinsichtlich Fahrrädern, und in § 290 StGB (Unbefugter Gebrauch von Pfandsachen). Im Übrigen ist sie straflos.

188 **Beispiel:**
A nimmt das wertvolle Küchenmesser des O an sich, um damit Fleisch zu tranchieren. Danach legt A das Messer wie von vornherein beabsichtigt zurück.
Eine Strafbarkeit des A wegen Diebstahls scheitert am Enteignungsvorsatz. A wollte weder im Hinblick auf die Sache selbst noch bezüglich eines in der Sache wohnenden Werts den O endgültig aus seiner Vermögensposition verdrängen. Es handelt sich um eine bloße Gebrauchsanmaßung, die nicht strafbar ist, da dieser Fall nicht von den §§ 248b, 290 StGB erfasst wird.

189 Dann, wenn ein Gegenstand wieder zurückgelegt wird, muss geprüft werden, ob ihm nicht ein in ihm verkörperter Wert entzogen worden ist.

Beispiel: 190

A nimmt das Sparbuch des O, hebt davon 100 Euro ab und legt es wieder zurück. Hat sich A wegen Diebstahls des Sparbuchs strafbar gemacht?

In diesem Fall ist das Sparbuch in seiner Substanz wieder an O zurückgelangt, jedoch hat der Täter dem Sparbuch durch die Abhebung des Geldes einen in ihm wohnenden Wert entzogen (Sachwertentzug). Sparbücher sind qualifizierte Legitimationspapiere, wobei die Bank an den jeweiligen Inhaber mit befreiender Wirkung leisten kann. A macht sich daher wegen Diebstahls des Sparbuchs strafbar. Das Abheben des Geldes stellt einen Betrug dar, wenn man davon ausgeht, dass sich der Bankmitarbeiter bei der Auszahlung über die Legitimation Gedanken macht (siehe Rdn. 603); dieser Betrug tritt aber als mitbestrafte Nachtat hinter § 242 StGB zurück.

Vergleichbares gilt für Fahrkarten, Warengutscheine oder Eintrittskarten. 191

Problematisch ist, ob die vorübergehende Nutzung eines Gegenstandes einen Sachwertentzug darstellen kann. 192

Beispiel: 193

A entwendet in der Buchhandlung des O einen Krimi, wobei er das Buch – wie von vornherein geplant – nach dem Lesen wieder heimlich zurück in die Buchhandlung bringt.

In diesem Fall hat A durch die Mitnahme des Buches den objektiven Tatbestand des § 242 StGB verwirklicht und handelt vorsätzlich. Fraglich ist die Zueignungsabsicht. Die Aneignungskomponente ist zu bejahen. Bei der Enteignungskomponente ist zweifelhaft, ob ein dem Buch innewohnender Wert entzogen worden ist. Teilweise wird vertreten, der Neuwert sei ein eigenständiger Wert (OLG Celle, NJW 1967, 1921, 1922). Die Gegenposition meint, es fehle an dem Entzug des Sachwerts, da das Buch in der Gebrauchsfähigkeit nicht beeinträchtigt sei (Schröder, JR 1967, 390, 392).

Insoweit ist jedoch festzustellen, dass es bei einem Buch eine relevante wirtschaftliche Funktion darstellt, ob es neu oder bereits gebraucht ist. Daher erscheint es richtig, die Neuwertigkeit als in der Sache verkörpert anzusehen, sodass die Zueignungsabsicht zu bejahen ist und A sich wegen Diebstahls strafbar gemacht hat.

Zweifelhaft sind zudem Fälle, in denen der Täter das Fahrzeug eines anderen benutzt. Hier bedarf es der Abgrenzung im Rahmen der §§ 242, 246, 248b StGB. 194

Beispiel: 195

A nimmt das Auto des O, um damit zur Post zu fahren, wobei er von vornherein vorhat, das Auto wieder zurückzugeben, es also ohne besonderen Aufwand wieder in den Herrschaftsbereich des O gelangen kann.

In diesem Fall scheitert § 242 StGB am fehlenden Enteignungsvorsatz. A will den rechtmäßigen Zustand alsbald wieder herstellen (siehe Wessels/Hillenkamp/Schuhr, BT 2, Rdn. 223). *Es ist § 248b StGB verwirklicht.*

Abwandlung: 196

Während der Fahrt kommt A die Idee, das Fahrzeug zu behalten.

§ 242 StGB scheitert daran, dass A im Zeitpunkt der Wegnahme des Fahrzeugs die Zueignungsabsicht fehlt. Als er sich nunmehr entschließt, das Fahrzeug zu behalten, ist er Alleingewahrsamsinhaber; er macht sich daher nach § 246 StGB strafbar.

Fasst A erst nach Ende des Gebrauchs den Entschluss, das Fahrzeug preiszugeben, bleibt es bei § 248b StGB.

197 **Weitere Abwandlung:**

A will das Fahrzeug des O nutzen und dann irgendwo abstellen.

Sollte es vom Zufall abhängen, ob O das Fahrzeug zurückbekommt, wovon man etwa in einer Großstadt ausgehen kann, handelt A mit Enteignungsvorsatz, wofür dolus eventualis genügt. A macht sich dann also wegen Diebstahls strafbar. Entsprechendes gilt, falls das Fahrzeug – unverschlossen – dem beliebigen Zugriff Dritter preisgegeben wird. Anders ist dies aber etwa, wenn das Fahrzeug vor der Polizei abgestellt wird oder besonders auffällig ist.

198 Problematisch sind auch Fälle, in denen eine Sache nicht alsbald wieder zurückgegeben werden soll.

199 **Beispiel:**

Bauer A weiß, dass O stolzer Eigentümer eines modernen Traktors ist. Da die Wetteraussichten für die kommenden Wochen sehr gut sind, nimmt A den Traktor an sich, um ihn für zwei Monate für Erntearbeiten zu nutzen. Wie von vornherein geplant, gibt A den Traktor danach zurück.

A hat in diesem Fall eine fremde bewegliche Sache, nämlich den Traktor, weggenommen. Er handelt insofern auch vorsätzlich. Fraglich ist, ob er Zueignungsabsicht aufweist. Sicherlich ist die Aneignungskomponente zu bejahen, problematisch ist insofern aufgrund des Rückgabewillens die Enteignungskomponente: Hier geht man davon aus, dass diese vorliegt, wenn nach den Anschauungen des täglichen Lebens der Verlust als endgültig anzusehen und eine Ersatzbeschaffung als unumgänglich zu erachten ist (Wessels/Hillenkamp/Schuhr, BT 2, Rdn. 226; siehe BGHSt 34, 309, 312: Geräte wurden zwei Jahre vorenthalten). Das kann man bei einem Zeitraum von zwei Monaten bejahen.

dd) Sich oder einem Dritten zueignen

200 Der Täter muss sich nicht persönlich die Sache zueignen wollen, die beabsichtigte Zueignung an einen Dritten (Drittzueignungsabsicht) genügt. Bevor man jedoch zur Drittzueignungsabsicht gelangt, ist zunächst zu prüfen, ob der Täter sich nicht möglicherweise selbst die Sache zueignen will.

201 Ein Sich-Zueignen liegt vor, wenn der Täter zumindest vorübergehend die Sachsubstanz oder einen in der Sache verkörperten Wert seinem Vermögen einverleiben will.

202 **Beispiel:**

A entwendet bei dem O eine wertvolle Damenarmbanduhr, wobei er von vornherein beabsichtigt, diese Uhr seiner gutgläubigen Freundin B zu schenken.

Obwohl A die Uhr nur weitergeben will, verleibt er sie zunächst seinem Vermögen in ihrer Substanz ein. Er handelt, um die Sache sich zuzueignen, erspart sich bei der Schenkung eigene Aufwendungen und maßt sich eine eigentümerähnliche Stellung an. Das gilt ebenso beim Verkauf der Sache oder in der Konstellation, dass der Täter gegenüber einem anderen als Spender auftritt.

203 Problematisch sind dagegen Fälle der anonymen, rein altruistischen Spende.

204 **Beispiel:**

A entwendet bei O Geld und wirft dieses, wie von vornherein geplant, unbemerkt in die Spendendose der gemeinnützigen Organisation G, ohne Mitglied in dieser Organisation zu sein.

Teilweise wird vertreten, jedes Verhalten zugunsten eines Dritten setze zunächst voraus, dass der Täter sich zuvor die Sache selbst zueignet (siehe Rudolphi, GA

1965, 33, 41, 52). Danach hätte aber die Drittzueignungsabsicht letztlich keine eigenständige Bedeutung, was schon angesichts des heutigen Gesetzeswortlauts nicht zu überzeugen vermag.
Nach der Rechtsprechung ist bereits von einem Sich-Zueignen auszugehen, wenn der Täter, sei es auch nur mittelbar, irgendwie geartete Vorteile erhält (BGHSt 4, 236, 238) oder zumindest einen solchen wirtschaftlicher Art (BGHSt 41, 187, 194; kritisch Rengier, BT I, § 2 Rdn. 159 ff.). Danach wäre aber ein Sich-Zueignen zu verneinen, da A nicht Mitglied in der Organisation G ist, welcher er anonym spendet.
Im Fall der anonymen Spende ist daher ein Sich-Zueignen zu verneinen (Zieschang, JuS 1999, 49, 52; a. A. Rengier, BT I, § 2 Rdn. 153) und eine Drittzueignungsabsicht anzunehmen.

Drittzueignungsabsicht ist auch in folgendem **Beispiel** gegeben: **205**
A bittet den B, für ihn – A – bei der O eine Vase zu entwenden. B macht dies aus Freundschaft zu dem A.
In diesem Fall fehlt dem B die Absicht, sich die Sache zuzueignen. B handelt indes mit Drittzueignungsabsicht. A ist wegen Anstiftung zu dem Diebstahl des B zu bestrafen.

Handelt B aber in dem vorangehenden Fall etwa ausschließlich in der Absicht, die O **206** zu schädigen, fehlt dem B die Zueignungsabsicht. Dann stellt sich die Frage, ob A mittelbarer Täter unter Benutzung eines absichtslos-dolosen Werkzeugs ist (siehe bereits *Zieschang*, AT, Rdn. 679 ff.):
Teilweise wird diese Figur bejaht (*Jescheck/Weigend*, AT, § 62 II 7; *Rengier*, BT I, § 2 **207** Rdn. 175). Danach wäre A gemäß §§ 242, 25 Abs. 1 Alt. 2 StGB zu bestrafen und B wegen Beihilfe zu diesem Diebstahl gemäß §§ 242, 27 StGB.
Die Gegenansicht lehnt zutreffend eine solche Figur der mittelbaren Täterschaft ab **208** (*Otto*, AT, § 21 Rdn. 97). Tatsächlich hat nämlich der A gar keine Tatherrschaft inne. Daher ist A im Hinblick auf die Annahme der Vase gemäß § 246 StGB zu bestrafen und B wegen Beihilfe zu dieser Unterschlagung (möglich ist auch, B als Täter des § 246 StGB zu bestrafen, falls man bei der Unterschlagung für die Zueignung dolus eventualis ausreichen lässt; *Rengier*, BT I, § 2 Rdn. 176).
Drittzueignungsabsicht ist zu verneinen, wenn es dem Handelnden ausschließlich **209** darum geht, dass der Dritte die Sache beschädigt oder zerstört (*Rengier*, BT I, § 2 Rdn. 167) oder dem Gewahrsamsinhaber wieder zurückgibt.

c) Objektive Rechtswidrigkeit der erstrebten Zueignung

Ungewöhnlich im Aufbau muss dieses objektive Merkmal beim Diebstahl erst im sub- **210** jektiven Tatbestand angesprochen werden. Seinen Grund hat dies darin, dass die Zueignungsabsicht als überschießende Innentendenz kein Pendant auf objektiver Ebene hat, sodass logischerweise die Rechtswidrigkeit der erstrebten Zueignung erst nach Bejahung der Zueignungsabsicht untersucht werden kann.
Die **objektive Rechtswidrigkeit der erstrebten Zueignung** ist zu **verneinen**, wenn der **211** Täter einen **fälligen und durchsetzbaren Anspruch auf Übereignung konkret in Bezug auf den weggenommenen Gegenstand** hat. Auch entfällt sie, wenn der Täter ein gesetzliches Aneignungsrecht wie etwa nach § 910 BGB hat.
Der Anspruch muss also **fällig** sein, wobei es insofern um den Zeitpunkt geht, ab dem **212** die Leistung verlangt werden kann (siehe insofern etwa §§ 271, 556b Abs. 1, 587, 604 BGB). Zudem ist erforderlich, dass der Anspruch **durchsetzbar** ist, mit anderen Worten darf kein Leistungsverweigerungsrecht des Schuldners bestehen (siehe etwa §§ 275 Abs. 2, 3 [Leistungsverweigerungsrecht], 273 Abs. 1, 2 [Zurückbehaltungs-

recht], 320 Abs. 1 [Einrede des nichterfüllten Vertrags], 214 Abs. 1 [Verjährungseinrede] BGB).

213 Der Anspruch muss gerade bezogen auf den **konkreten Gegenstand** bestehen. Bei Gattungsschulden darf insofern das Auswahlrecht des Schuldners nicht beeinträchtigt werden.

214 **Beispiel:**
A hat bei dem O 10 kg Äpfel der Sorte Boskoop gekauft. Nachdem O trotz mehrmaliger Nachfrage und Kaufpreiszahlung durch A nicht wie vereinbart liefert, geht A kurzerhand in das Geschäft des A und entnimmt den Auslagen 10 kg Äpfel der Marke Boskoop.
Nach § 243 Abs. 1 BGB hat derjenige, welcher eine nur der Gattung nach bestimmte Sache schuldet, eine Sache von mittlerer Art und Güte zu leisten. Indem nun A sich die Äpfel selbst nimmt, verletzt er dieses Auswahlrecht des Schuldners. Damit ist die erstrebte Zueignung objektiv rechtswidrig.

215 Problematisch ist, was in Bezug auf **Geld** gilt. Hier ist vom Ausgangspunkt zu beachten, dass **Geldschulden Gattungsschulden** sind.

216 **Beispiel:**
A hat gegen seinen Bekannten O einen fälligen und durchsetzbaren Anspruch auf Zahlung von 100 Euro. Da O nach wiederholter Aufforderung nicht zahlt, entnimmt der A aus der Geldbörse des O einen 100-Euro-Schein.
Stellt man darauf ab, dass Geldschulden Gattungsschulden sind (BGHSt 17, 87, 88 ff.), hat A das Auswahlrecht des O verletzt, sodass die Zueignung objektiv rechtswidrig ist. Besonderer Prüfung bedarf dann, ob der Täter auch in Bezug auf die Rechtswidrigkeit vorsätzlich handelt (siehe dazu Rdn. 219).
*Dieses Ergebnis – also die Annahme der objektiven Rechtswidrigkeit der Zueignung – wird jedoch von den Befürwortern der **Wertsummentheorie** (etwa Kretschmer, AnwK, StGB, § 242 Rdn. 68; Kudlich, Satzger/Schluckebier/Werner, StGB, § 242 Rdn. 51) bestritten. Nach dieser Auffassung kommt es bei Geld nicht maßgeblich auf den einzelnen Schein an, sondern auf die Forderungshöhe (die Wertsumme). Da A nun einen entsprechenden Anspruch auf Zahlung von 100 Euro gegen O hat, wäre nach dieser Theorie die Zueignung objektiv nicht rechtswidrig.*
Die Wertsummentheorie berücksichtigt jedoch den Charakter des Geldes als Gattungsschuld nicht hinreichend. Es kann für den Einzelnen durchaus aufgrund unterschiedlicher Beweggründe von besonderer Bedeutung sein, mit welchen Scheinen und Münzen eine Schuld beglichen wird. Ebenso wie bei anderen Gattungsschulden wird daher das Auswahlrecht des Schuldners verletzt. Daher ist in solchen Fällen von der objektiven Rechtswidrigkeit der Zueignung auszugehen.

d) Vorsatz hinsichtlich der Rechtswidrigkeit der erstrebten Zueignung

217 Liegt die objektive Rechtswidrigkeit der erstrebten Zueignung vor, ist weitere Voraussetzung, dass der Täter diesbezüglich Vorsatz aufweist. Hierbei genügt dolus eventualis.

218 Nimmt der Täter irrtümlich an, einen fälligen und durchsetzbaren Anspruch auf die Sache zu haben, fehlt ihm logischerweise der Vorsatz. Problematisch ist, was zu gelten hat, falls der Täter meint, er dürfe bei einer bestehenden Forderung Geld des Schuldners wegnehmen.

Beispiel: 219
A hat gegen O einen fälligen und durchsetzbaren Anspruch auf Zahlung von 100 Euro. Da O nach wiederholter Aufforderung nicht zahlt, entnimmt der A aus der Geldbörse des O einen 100-Euro-Schein. A ist der Ansicht, dass er sich den 100-Euro-Schein nehmen darf.
A verwirklicht den objektiven Tatbestand, zudem handelt er vorsätzlich und mit Zueignungsabsicht. Die erstrebte Zueignung ist objektiv rechtswidrig (Rdn. 216).
Fraglich ist, ob A vorsätzlich bezüglich der Rechtswidrigkeit der Zueignung handelt.
Die Rechtsprechung und Teile des Schrifttums verneinen dann den Vorsatz in Bezug auf die Rechtswidrigkeit der Zueignung, gehen also von einem Tatbestandsirrtum im Sinne des § 16 Abs. 1 S. 1 StGB aus (BGHSt 17, 87, 90f.; BGH, NJW 1990, 2832; Kindhäuser/Hoven, NK, StGB, § 244 Rdn. 120). Demgegenüber ist aber zu bedenken, dass der Täter zutreffende Tatsachenkenntnis aufweist, jedoch rechtlich falsche Schlussfolgerungen zieht; dann aber hat er Vorsatz, es fehlt jedoch die Einsicht, Unrecht zu tun, was von § 17 StGB erfasst wird (Zieschang, JA 2025, 265, 272). A handelt danach also vorsätzlich bezüglich der Rechtswidrigkeit der Zueignung, indes ist bei Unvermeidbarkeit des Verbotsirrtums die Schuld zu verneinen.

3. Die Rechtswidrigkeit

Auch der Diebstahl kann natürlich gerechtfertigt sein. Insofern besteht vornehmlich die Schwierigkeit darin, ob die Rechtswidrigkeit als allgemeines Verbrechensmerkmal fehlt oder die Rechtswidrigkeit der Zueignung. Möglich ist auch, dass bei einer Zustimmung bereits die Fremdheit der Sache zu verneinen ist oder der objektive Tatbestand daran scheitert, dass keine Wegnahme vorliegt. 220

Beispiel: 221
A benötigt dringend Geld. Die urlaubsabwesende Freundin O stimmt zu, dass A sich aus der Geldbörse der O 100 Euro nimmt.
In diesem Fall wird man von einer Eigentumsübertragung ausgehen können, sodass das Geld für A schon nicht fremd ist.

Abwandlung: 222
A nimmt aus der Geldbörse seiner Freundin O 100 Euro. O ist damit, was A nicht weiß, einverstanden.
In dieser Konstellation liegt ein Einverständnis der O vor, sodass die Wegnahme zu verneinen ist. Es bleibt in Bezug auf A ein untauglicher Diebstahlsversuch.

Beispiel für das Entfallen der Rechtswidrigkeit der Zueignung: 223
A hat gegen O einen Anspruch auf Zahlung von 1.000 Euro. Zufällig sieht der A den O am Flughafen, als O in Begriff ist, sich aus dem Staub zu machen. A entnimmt der Geldbörse des O in einem unbeobachteten Augenblick 1.000 Euro.
A hat eine fremde bewegliche Sache weggenommen. A handelt vorsätzlich und mit Zueignungsabsicht. Die Rechtswidrigkeit der Zueignung entfällt nicht aufgrund des Anspruchs des A, da Geldschulden Gattungsschulden sind (siehe zu diesem Problemkreis Rdn. 216). Die Rechtswidrigkeit der Zueignung entfällt jedoch aufgrund von Selbsthilfe gemäß § 229 BGB.

224 Auch etwa aufgrund (mutmaßlicher) Einwilligung kann die Rechtswidrigkeit der Zueignung entfallen.

225 **Beispiel für das Entfallen der Rechtswidrigkeit als allgemeines Verbrechensmerkmal:**
B hat den O niedergeschlagen. A nimmt dem B, der mit seinem Wagen fliehen will, die Fahrzeugschlüssel weg.
A hat mit der Ansichnahme der Fahrzeugschlüssel eine fremde bewegliche Sache weggenommen. A handelt vorsätzlich und mit Zueignungsabsicht. Die Zueignung ist auch objektiv rechtswidrig, was A weiß. Das allgemeine Verbrechensmerkmal der Rechtswidrigkeit entfällt jedoch, da die Wegnahme der Fahrzeugschlüssel über § 127 Abs. 1 StPO gerechtfertigt ist; das vorläufige Festnahmerecht rechtfertigt nämlich auch geringere Maßnahmen als das Festhalten.

4. Die Schuld

226 Keine Besonderheiten gelten im Hinblick auf die Schuld. Insofern ist also zu prüfen, ob zugunsten des Täters Schuldausschließungsgründe oder Entschuldigungsgründe einschlägig sind.

227 **Beispiel:**
A und O sind mit ihrem Fahrzeug in einer sehr einsamen Waldgegend bei großer Hitze liegengeblieben. Beiden droht der Verdurstungstod. A nimmt nun die Wasserflasche des O und trinkt dessen Wasservorrat.
A hat eine fremde bewegliche Sache weggenommen. Er handelt vorsätzlich und mit Zueignungsabsicht. Eine Rechtfertigung über § 34 StGB scheitert an dem fehlenden Interessenübergewicht auf Seiten des A. A ist jedoch über § 35 StGB entschuldigt.

5. Strafantragserfordernisse

228 Die §§ 247, 248a StGB sehen in bestimmten Fällen ein Strafantragserfordernis beim Diebstahl vor. Der Antrag selbst findet seine Regelung wiederum in den §§ 77 ff. StGB. Er ist eine Strafverfolgungsvoraussetzung.

229 Oftmals findet sich in Klausursachverhalten der Hinweis, dass etwaige erforderliche Strafanträge gestellt sind. Dann muss darauf nicht mehr gesondert eingegangen werden, allenfalls kann der Hinweis erfolgen, dass ein Strafantrag erforderlich, jedoch gestellt ist. Sollte ein solcher Bearbeitervermerk fehlen, muss im Einzelnen untersucht werden, ob der Antrag erforderlich ist. Bejahendenfalls hat der Bearbeiter darauf hinzuweisen, dass der Strafantrag vom Verletzten noch (fristgemäß) zu stellen ist. Steht im Sachverhalt, dass kein Strafantrag gestellt worden ist, fehlt im Fall der Erforderlichkeit des Strafantrags eine Strafverfolgungsvoraussetzung.

a) § 247 StGB

230 Die Vorschrift des § 247 StGB gilt zunächst einmal für den „Diebstahl". Damit ist nicht nur § 242 StGB gemeint, sondern auch der Diebstahl in einem besonders schweren Fall gemäß §§ 242, 243 StGB sowie § 244 StGB und § 244a StGB.

Die Regelung gilt darüber hinaus auch für die Unterschlagung gemäß § 246 StGB sowie u. a. kraft ausdrücklicher Verweisung beim Betrug (§ 263 Abs. 4 StGB), der Untreue (§ 266 Abs. 2 StGB) und der Hehlerei (§ 259 Abs. 2 StGB). 231

Es kommt einmal darauf an, wer **Verletzter** im Sinne der Vorschrift ist. Das ist, da § 242 StGB sowohl das Eigentum als auch den Gewahrsam schützt (Rdn. 2), nicht nur der Eigentümer, sondern auch der Gewahrsamsinhaber. Für § 247 StGB müssen sie dann beide in dem besonderen Verhältnis zum Täter stehen. Handelt es sich nun bei dem Verletzten um einen Angehörigen (§ 11 Abs. 1 Nr. 1 StGB), den Vormund (§§ 1773 ff. BGB) oder den Betreuer (§§ 1896 ff. BGB), wird die Tat nur auf dessen Antrag verfolgt. Das Antragsrecht geht mit dem Tod nicht gemäß § 77 Abs. 2 StGB auf die Angehörigen über, denn § 247 StGB enthält keine mit § 230 Abs. 1 S. 2 StGB vergleichbare Regelung (BGH, NStZ-RR 2017, 211). 232

Zum anderen ist der Diebstahl Antragsdelikt, sofern der Verletzte mit dem Täter im Zeitpunkt der Tat in **häuslicher Gemeinschaft** lebt. Das ist insbesondere anzunehmen beim Zusammenleben von Personen, die nicht schon Angehörige sind (Wohngemeinschaften; Kloster; Altersheim). Es muss ein freier und ernstlicher Wille zu einem Zusammenleben auf gewisse Dauer bestehen, was nicht der Fall ist, wenn jemand von vornherein das Zusammenleben zu Diebstählen ausnutzen will (BGHSt 29, 54, 57), oder bei einem Zusammenleben in Kasernen oder in der JVA. 233

b) § 248a StGB

Auch § 248a StGB sieht ein Strafantragserfordernis vor. Er gilt anders als § 247 StGB nur beim Diebstahl gemäß § 242 StGB (also nicht in den Fällen des §§ 242, 243 StGB sowie §§ 244, 244a StGB) und bei der Unterschlagung (§ 246 StGB) sowie kraft ausdrücklicher Verweisung auch bei bestimmten anderen Delikten (siehe etwa wiederum § 263 Abs. 4 StGB oder § 266 Abs. 2 StGB). 234

Die Tat ist im Grundsatz Antragsdelikt, sofern es um einen **Diebstahl geringwertiger Sachen** geht. Das ist allein aufgrund der objektiven Sachlage zu beurteilen und wird bei einem Verkehrswert bis ca. 50 Euro angenommen. Die Regelung gilt nicht bei Sachen ohne Verkehrswert. Ein entsprechender subjektiver Bezug ist bei § 248a StGB nicht erforderlich, Irrtümer des Täters sind unbeachtlich. 235

Ausnahmsweise bedarf es jedoch selbst bei geringwertigen Sachen keines Strafantrags, nämlich dann, wenn die Strafverfolgungsbehörde wegen des **besonderen öffentlichen Interesses** an der Strafverfolgung ein Einschreiten von Amts wegen für geboten erachtet. Hierbei handelt es sich um eine Ermessensentscheidung der Staatsanwaltschaft, die gerichtlich nicht überprüfbar ist. Ein besonderes öffentliches Interesse kann dabei etwa angenommen werden, wenn der Täter einschlägig vorbestraft ist, menschenverachtend vorgegangen ist oder der Antragsteller aus Furcht keinen Strafantrag stellt. 236

II. Diebstahl in einem besonders schweren Fall gemäß §§ 242, 243 StGB

237 Nicht wenigen Studierenden bereitet die Vorschrift des § 243 StGB Schwierigkeiten. Schlagwortartig wird von „Regelbeispielen" gesprochen, ohne sich hinreichend mit der Systematik der Bestimmung zu beschäftigen. Daher erfolgen zunächst einige allgemeine Bemerkungen zu § 243 StGB.

1. Allgemeines

238 Bei der Regelung des **§ 243 StGB** handelt es sich **nicht** um einen eigenständigen Tatbestand wie bei den §§ 242, 244, 244a StGB, sondern seit dem 1. Strafrechtsreformgesetz (1. StrRG) vom 25.6.1969 (BGBl. I, 645), das am 1.1.1975 in Kraft getreten ist, nur noch um eine **bloße Strafzumessungsvorschrift** (BGHSt 23, 254, 256; *Schramm*, BT II, § 2 Rdn. 79; *Hoyer*, SK, StGB, § 243 Rdn. 1; a. A. etwa *Eisele*, JA 2006, 309, 312; *Kindhäuser/Böse*, BT II, § 3 Rdn. 4: Tatbestand; dies ist indes unvereinbar mit der aktuellen gesetzlichen Ausgestaltung). Daher darf § 243 StGB **nie isoliert** erörtert werden, sondern immer **nur im Zusammenhang mit § 242 StGB**. Es geht also dann um die Frage, ob „ein Diebstahl in einem besonders schweren Fall gemäß §§ 242, 243 StGB" vorliegt. Konkret für die Prüfung bedeutet dies, dass man zunächst § 242 StGB im Hinblick auf die Erfüllung des objektiven und subjektiven Tatbestands sowie Rechtswidrigkeit und Schuld untersucht. **Im Anschluss an die Schuld** ist dann unmittelbar zu erörtern, ob möglicherweise ein Diebstahl in einem besonders schweren Fall gegeben ist, also die Voraussetzungen der Strafzumessungsvorschrift des § 243 StGB vorliegen.

239 Es geht in § 243 StGB um besonders schwere Fälle, also um bloße **Strafzumessung**. Entsprechend greift im Hinblick auf diese Vorschrift **§ 12 Abs. 3 StGB** ein, das heißt sie bleibt als besonders schwerer Fall bei der Einteilung in Verbrechen und Vergehen außer Betracht. Da es sich nicht um einen Tatbestand (Qualifikation) handelt, gibt es in der Konsequenz auch keine Regelung zur Versuchsstrafbarkeit. Die Frage der Strafbarkeit des Versuchs bestimmt sich allein nach § 242 StGB, wobei in § 242 Abs. 2 StGB ausdrücklich die Versuchsstrafbarkeit vorgesehen ist.

240 Zum Verständnis des Inhalts der Vorschrift selbst ist zu beachten: § 243 Abs. 1 S. 1 StGB bestimmt, dass in besonders schweren Fällen der Diebstahl mit Freiheitsstrafe von drei Monaten bis zu zehn Jahren bestraft wird. § 243 Abs. 1 S. 2 StGB zählt hierbei Konstellationen auf, in denen „in der Regel" ein besonders schwerer Fall vorliegt; insofern hat dann der Begriff „Regelbeispiel" seine Berechtigung. Zur Verdeutlichung: Hat jemand eine Sache gestohlen, die durch eine Schutzvorrichtung gegen Wegnahme besonders gesichert ist (siehe § 243 Abs. 1 S. 2 Nr. 2 StGB; man denke etwa an ein abgeschlossenes Fahrrad), dann ist **normalerweise**, also **in der Regel**, von einem Diebstahl in einem besonders schweren Fall auszugehen. Das ist jedoch keineswegs zwingend. Im Einzelfall darf der Richter nämlich von dieser „Regelwirkung" abweichen, wenn besondere Umstände vorliegen, die es als angebracht erscheinen lassen, „lediglich" den Strafrahmen des § 242 StGB heranzuziehen. Besondere Umstände, die insbesondere mit der Tat oder der Person des Täters verbunden sind, können den Unrechts- und Schuldgehalt der Tat folglich so mindern, dass eine **Abweichung von der Indizwirkung** geboten ist. Hier wäre etwa daran zu denken, dass die Schutzvorrichtung besonders leicht zu überwinden war.

Umgekehrt erlaubt es § 243 StGB, **selbst dann** einen **besonders schweren Fall des Diebstahls** zu bejahen, wenn **keines der Regelbeispiele erfüllt** ist, der zu entscheidende Fall aber vom Unrechts- und Schuldgehalt vergleichbar ist. Das gesamte Tatbild einschließlich der Täterpersönlichkeit weicht dann vom Durchschnitt der erfahrungsgemäß gewöhnlich vorkommenden Fälle so sehr ab, dass die Anwendung des Strafrahmens des § 243 StGB geboten erscheint (BVerfG, NJW 2008, 3627, 3628). Hierbei geht es dann um einen **unbenannten besonders schweren Fall gemäß § 243 Abs. 1 S. 1 StGB**. 241

Beispiel: 242
Ladeninhaber O hat seine Waren mit einem Sicherungsetikett versehen, das beim Verlassen des Geschäfts Alarm schlägt. A steckt nun im Laden des O Kleidung in seine Tasche, wobei im Augenblick des Verlassens des Geschäfts das Alarmsignal ertönt.
A vollendet den Diebstahl bereits mit dem Einstecken der Ware im Geschäft (Gewahrsamsenklave; siehe Rdn. 122 f.). Das Etikett an der Kleidung dient damit nicht der Sicherung gegen Wegnahme, sondern allein der Wiedererlangung des Diebesguts nach bereits vollendeter Wegnahme (BGH, NStZ 2019, 212; OLG Stuttgart, NStZ 1985, 76; OLG Dresden, NStZ-RR 2015, 211, 212); diesen Fall erfasst § 243 Abs. 1 S. 2 Nr. 2 StGB von seinem Wortlaut nicht. Hier argumentiert man nun, dass diese Konstellation vom Unrechtsgehalt mit derjenigen in § 243 Abs. 1 S. 2 Nr. 2 StGB vergleichbar sei, sodass von einem unbenannten besonders schweren Fall gemäß § 243 Abs. 1 S. 1 StGB auszugehen ist. § 243 StGB ist also im Gegensatz zu einem Tatbestand weder zwingend noch abschließend.

Dass ein solches Ergebnis mit **Art. 103 Abs. 2 GG** schwerlich zu vereinbaren ist, da mit einer solchen Technik das Analogieverbot umgangen wird, ist hier besonders zu beachten (siehe die Kritik an der Regelbeispielstechnik bei *Zieschang*, Jura 1999, 561). Das BVerfG jedoch hat die Regelbeispielstechnik als verfassungsgemäß erachtet (BVerfGE 45, 363, 372 f.; BVerfG, NJW 2008, 3627, 3628). Dennoch wäre es de lege ferenda dringend anzuraten, die Vorschrift wieder wie vor 1975 in eine Qualifikation umzuwandeln (anders etwa *Wessels/Hillenkamp/Schuhr*, BT 2, Rdn. 243, 248). 243

2. Die Regelbeispiele des § 243 Abs. 1 S. 2 StGB

Die Darlegungen haben gezeigt, dass der Begriff des „Regelbeispiels“ im Zusammenhang mit § 243 Abs. 1 S. 2 StGB von Relevanz ist. Im Folgenden sollen nun die einzelnen Regelbeispiele des § 243 StGB erläutert werden. 244

a) § 243 Abs. 1 S. 2 Nr. 1 StGB

Bei der Nr. 1 handelt es sich um eine Konstellation, die in Prüfungsarbeiten im Zusammenhang mit dem Diebstahl häufig von Relevanz ist. Hierbei wird jedoch §§ 242, 243 Abs. 1 S. 2 Nr. 1 StGB inzwischen häufig von den Qualifikationen des § 244 Abs. 1 Nr. 3 StGB sowie des § 244 Abs. 4 StGB verdrängt. Nach zutreffender Sicht erfasst § 243 Abs. 1 S. 2 Nr. 1 StGB insbesondere auch Wohnräume, jedoch ist dann § 244 StGB lex specialis zu §§ 242, 243 StGB (*Fahl*, NJW 2001, 1699, 1700; anders und Subsidiarität bejahend etwa *Hoyer*, SK; StGB, § 243 Rdn. 15). Im Einzelnen gilt: 245

246 Oberbegriff der Nr. 1 ist der **umschlossene Raum** (*Küper/Zopfs*, BT, Rdn. 425). Bei dem Gebäude, dem Dienst- oder Geschäftsraum handelt es sich lediglich um besonders hervorgehobene Beispiele für umschlossene Räume.

247 Der **umschlossene Raum** ist ein Gebilde, das zum Betreten von Menschen geeignet und bestimmt und (zumindest teilweise) durch künstliche Vorrichtungen abgegrenzt ist, die das Eindringen erschweren und Unbefugte abwehren sollen (BGHSt 1, 158, 164). Letzteres ist etwa beim Telefonhäuschen nicht der Fall. Der Raum braucht nicht abgeschlossen zu sein und kann Türen sowie andere Eingänge aufweisen. Er muss aber so gestaltet sein, dass dem Betreten nicht unerhebliche Hindernisse entgegenstehen. Ein sehr niedriger Zaun würde also nicht genügen (*Hilgendorf/Valerius*, BT II, § 3 Rdn. 13).

248 Bei dem Begriff des umschlossenen Raums spielt es keine Rolle, ob dieser beweglich ist; daher ist er auch bei einem Wohnmobil, einem Wohnwagen, einem Schiff, einem Eisenbahnwaggon sowie bei dem Fahrgastinnenraum des Autos gegeben, nicht aber bei dessen Kofferraum. Dagegen wird beim Lkw sowohl die Fahrerkabine als auch der Laderaum erfasst.

249 Ob die Räume auf Dauer erstellt sind oder nur vorübergehend (Zelte), spielt keine Rolle. Fraglich ist, ob aus dem Begriff des umschlossenen Raums folgt, dass die Objekte nach oben durch ein Dach geschlossen sein müssen. Das wird jedoch von der Rechtsprechung und Literatur nicht verlangt, sodass umzäunte Gärten oder Lagerplätze vom Begriff des umschlossenen Raums erfasst sind (siehe RGSt 39, 104, 105; *Rengier*, BT I, § 3 Rdn. 10). Das Material, mit dem die Umschließung hergestellt wird, braucht im Übrigen nicht besonders robust sein.

250 Das ausdrücklich erwähnte **Gebäude** ist dadurch gekennzeichnet, dass es Wände und ein Dach sowie eine feste Verbindung mit dem Erdboden aufweist, wobei es oftmals Wohnzwecken dient (Privatwohnung, Hotelzimmer), dies aber keine zwingende Voraussetzung ist. Erfasst sind insofern auch zum Betreten vorgesehene Räume wie zum Beispiel Museen, Garagen, Gartenhäuser, Kühlhäuser, Keller- und Tresorräume. Unter **Geschäftsräume** fallen etwa Kaufhäuser, Juweliergeschäfte oder Supermärkte. **Diensträume** sind zum Beispiel der Personalaufenthaltsraum oder Büroräume. Hier geht es also um einen Bezug zu einer beruflichen oder geschäftlichen Tätigkeit.

251 **Einbrechen** bedeutet das gewaltsame Öffnen einer Umschließung, die dem Zutritt entgegensteht. Darunter fällt zum Beispiel das Eintreten einer Eingangstür oder das Einschlagen eines Fensters. Verlangt wird, dass der Täter nicht ganz unerhebliche Kraft aufwendet, was etwa beim leichten Aufstoßen einer Tür zu verneinen ist. Erfasst ist etwa auch das Durchbrechen einer Mauer oder das Aufhebeln einer Terrassentür. Es geht jeweils um die Einwirkung auf die Umschließung, sodass etwa Gewalt gegen eine Person, die den Zutritt versperrt, nicht darunter fällt. Nicht erforderlich ist beim Einbrechen, dass der Täter den Raum betritt (BGH, NStZ 1985, 217, 218), vielmehr ist §§ 242, 243 Abs. 1 S. 2 Nr. 1 StGB auch dann erfüllt, wenn der Täter nach der gewaltsamen Öffnung der Umschließung bloß mit der Hand oder einem Werkzeug einen Gegenstand ergreift. Auch ist Nr. 1 zu bejahen, wenn der Täter den umschlossenen Raum nach dem Einbrechen selbst stiehlt, was etwa beim Entwenden eines Kraftfahrzeugs in Betracht kommt, in das zuvor eingebrochen wird.

252 **Einsteigen** bedeutet das Hineingelangen durch eine für den ordnungsgemäßen Zutritt nicht vorgesehene Öffnung, wobei Hindernisse überwunden werden müssen. Typisch dafür ist das Einsteigen über ein offenes Fenster, einen Balkon, eine Kelleröffnung oder eine Dachluke oder das Übersteigen einer höheren Mauer, wohingegen das bloße Überschreiten eines niedrigen Jägerzauns nicht genügt. Nicht erfasst ist das Hineingelangen über eine gekippte Terrassentür, da diese für den ordnungsgemäßen Zutritt vorgesehen ist (BGHSt 61, 166, 169ff.). Beim Einsteigen genügt anders als beim Einbrechen ein bloßes Hineingreifen nicht (BGH BeckRS 2014, 6840), der Täter muss vielmehr in dem Raum einen Stützpunkt gewonnen haben (*Wessels/Hillenkamp/*

Schuhr, BT 2, Rdn. 266), was aber wiederum nicht zwingend bedeutet, dass er sich dort mit seinem ganzen Körper befindet. Es schadet nicht, wenn in einen Raum eingestiegen wird, aber in einem anderen (angrenzenden) Raum Sachen gestohlen werden.

Bei der dritten Variante geht es um den **falschen Schlüssel**. Hier ist der Widmungs- 253
zweck des Schlüssels entscheidend: Falsch ist ein Schlüssel, wenn er vom Berechtigten nicht oder nicht mehr zum Öffnen der Umschließung vorgesehen ist. Bedient sich ein Täter lediglich unbefugt eines Schlüssels, ist dieser folglich nicht falsch. Ein richtiger Schlüssel wird damit erst dann falsch, wenn der Berechtigte die Widmung zur Öffnung ausdrücklich oder konkludent aufhebt. Das ist etwa der Fall, wenn der Vermieter die Räume nach Beendigung des Mietverhältnisses wieder übernimmt (BGH, NJW 1959, 948). Würde der ehemalige Mieter nun einen noch bei ihm befindlichen Schlüssel benutzen, wäre dies ein falscher Schlüssel. Entsprechendes gilt, wenn das Arbeitsverhältnis eines Hausangestellten beendet wird (BGHSt 20, 235, 237). Umgekehrt ist ein Schlüssel falsch, den ein Vermieter ohne Wissen des Mieters bei der Vermietung zurückbehält (BGH, NStZ 2022, 408, 409). Beim Diebstahl des Schlüssels ist von einer Entwidmung ab dem Zeitpunkt auszugehen, zu dem der Berechtigte den Diebstahl bemerkt (BGHSt 21, 189). Im Hinblick auf einen vergessenen Schlüssel hat der BGH entschieden, dass dieser erst dann als falsch anzusehen ist, wenn er wieder in das Bewusstsein des Berechtigten rückt und dann ausdrücklich oder konkludent als endgültig verloren betrachtet und so seiner Bestimmung zur ordnungsgemäßen Öffnung entzogen wird; solange das nicht der Fall ist, er also lediglich vergessen ist, handelt es sich nicht um einen falschen Schlüssel (BGHSt 65, 194, 197; a. A. etwa *Schmitz*, MK, StGB, § 243 Rdn. 28: „falsch" schon mit dem endgültigen Vergessen).

Ein anderes **nicht zur ordnungsgemäßen Öffnung bestimmtes Werkzeug** ist ein sol- 254
ches, das auf den Schließmechanismus einwirkt, ohne dafür vorgesehen zu sein. Das kann etwa ein „Dietrich" sein, ein Draht oder eine Geldkarte. Wirkt ein Täter mit einem Störsender derart ein, dass sich ein Auto beim Verlassen bei der Betätigung der Fernbedienung gar nicht erst verschließt, ist § 243 Abs. 1 S. 2 Nr. 1 StGB nicht erfüllt, denn dann geht es nicht um das Öffnen des Fahrzeugs, das ja unverschlossen bleibt; in Betracht kommt dann aber ein unbenannter besonders schwerer Fall gemäß § 243 Abs. 1 S. 1 StGB (BGH, NStZ 2018, 212). § 243 Abs. 1 S. 2 Nr. 1 StGB ist aber erfüllt, wenn durch ein Funksignal der bereits verschlossene Wagen geöffnet wird (siehe BGH, BeckRS 2022, 8071).

Zu beachten ist, dass etwa ein „Kuhfuß" als Brechstange nicht auf den Schließmecha- 255
nismus einwirkt, sodass in diesem Fall ein „Einbrechen" vorliegt.

Der Täter muss bei den letzten beiden Varianten **eindringen**, das heißt mit zumindest 256
einem Teil seines Körpers gegen oder ohne den Willen des Berechtigten in den geschützten Raumbereich hineingelangen. Das bloße Hineingreifen, um eine Sache zu entwenden, genügt hierfür aber nicht.

Schließlich nennt § 243 Abs. 1 S. 2 Nr. 1 StGB die Variante, dass sich der Täter zur 257
Ausführung der Tat in dem Raum **verborgen hält**, er also den Blicken des arglos Eintretenden entzogen ist. Der Betreffende versteckt sich folglich in dem Raum, um etwa nach Ladenschluss dort zu stehlen. Es spielt keine Rolle, ob das Hineingelangen und der Aufenthalt in den Raum rechtmäßig erfolgt oder nicht.

Aus dem Umstand, dass der Täter zur Ausführung des Diebstahls handelt, folgt, dass 258
er den Diebstahlsvorsatz bereits im Zeitpunkt des Einbrechens, Einsteigens usw. gefasst haben muss. Folglich reicht es auch beim Verbergen nicht aus, wenn der Täter den Diebstahlsvorsatz erst fasst, nachdem er sich verborgen hat (*Wessels/Hillenkamp/Schuhr*, BT 2, Rdn. 272; anders Maurach/Schroeder/Maiwald/*Hoyer*, BT I, § 33 Rdn. 87).

b) § 243 Abs. 1 S. 2 Nr. 2 StGB

259 Nr. 2 betrifft Fälle, in denen eine Sache gestohlen wird, die durch ein verschlossenes Behältnis oder durch eine andere Schutzvorrichtung gegen Wegnahme besonders gesichert ist.

260 Bei dem **verschlossenen Behältnis** (als Beispiel für eine Schutzvorrichtung) zeigt sich der Unterschied zur Nr. 1: Es geht zwar auch um ein Raumgebilde, das zur Aufnahme von Sachen bestimmt und geeignet ist, jedoch ist dieses im Unterschied zu Nr. 1 nicht zum Betreten von Menschen bestimmt. Nr. 1 und Nr. 2 schließen sich also gegenseitig aus. Möglich ist aber, dass jemand etwa in einen umschlossenen Raum einbricht, um dann etwas aus einem verschlossenen Behältnis (etwa einem Tresor) zu stehlen; dann liegen sowohl Nr. 1 als auch Nr. 2 vor.

261 Erfasst werden insbesondere Schließfächer, Geldspielautomaten, Tresore, Schränke, Kisten, der Kofferraum eines Kfz oder ein Koffer. Das Behältnis muss dabei **verschlossen**, also gegen den Zugriff Unberechtigter gesichert sein. Das ist nicht der Fall bei einem nicht abgeschlossenen Koffer und bei einer bloß mit einem Reißverschluss versehenen Tasche, jedoch bei einer abgeschlossenen Geldkassette, einer mit Klebeband umwickelten Schatulle oder bei einem mit einer Plombe versehenen Postsack.

262 Dabei muss die Sache durch das verschlossene Behältnis **gegen Wegnahme** besonders gesichert sein. Das Behältnis muss also geeignet sein, die Wegnahme erheblich zu erschweren, wie dies etwa bei einem Wandtresor der Fall ist. Dient hingegen das Behältnis ausschließlich zum Schutz, zur Aufbewahrung oder zum Transport, was man etwa bei einer Geldbörse annehmen kann, ist dieses Erfordernis nicht erfüllt. Im Einzelfall bedarf es daher jeweils der Prüfung, welchen Zweck das Behältnis hat. Insofern hat aber ein Kofferraum eines Kfz nicht nur Transport-, sondern auch Sicherungsfunktion, was auch bei einem zugeklebten Briefumschlag anzunehmen ist (siehe RGSt 54, 295; a. A. OLG Stuttgart, NJW 1964, 738).

263 Von einem Behältnis, das gegen Wegnahme **besonders sichert**, kann nicht ausgegangen werden, wenn die Sicherung ohne Weiteres überwindbar ist.

264 **Beispiel:**
O lässt den Schlüssel zu seinem Tresor aus Bequemlichkeit stets an der Tresortüre stecken.
In diesem Fall ist das Behältnis nicht gegen Wegnahme besonders gesichert. Der Tresor könnte ebenso offen sein. Das Regelbeispiel ist daher nicht verwirklicht.

265 Entsprechendes gilt, wenn einer Person der Schlüssel überlassen worden ist.

266 **Beispiel:**
O hinterlegt bei dem A einen Zweitschlüssel für seinen Tresor zur Verwahrung. Mit diesem öffnet A heimlich den Tresor.
Zwar ist dann das Behältnis ein solches, das allgemein gegen Wegnahme besonders sichert, nicht aber in Bezug auf A. Insofern ist das Regelbeispiel zu verneinen. Allein der Umstand, dass der Täter unbefugt handelt, genügt nicht zur Erfüllung des Regelbeispiels (a. A. Rengier, BT I, § 3 Rdn. 26 f.). Entsprechendes gilt, wenn jemand unberechtigt am Geldautomaten unter Kenntnis der Geheimnummer Geld abhebt, sofern man dieses Verhalten überhaupt als Diebstahl erachtet (dazu siehe Rdn. 106).

267 **Weiteres Beispiel:**
O hat den Schlüssel für seinen Tresor in der Wohnung versteckt, A sucht den Schlüssel, findet ihn in der unverschlossenen Küchenschublade und öffnet den Tresor im Wohnzimmer.

In diesem Fall liegt eine besondere Sicherung vor. Es kommt nicht darauf an, dass der Schlüssel in der unverschlossenen Schublade liegt, sondern maßgeblich ist, dass das Behältnis verschlossen ist, sodass Nr. 2 zu bejahen ist (siehe OLG Karlsruhe, NStZ-RR 2010, 48; KG, NJW 2012, 1093, 1094).

Bei einem Automaten (zum Beispiel Warenautomaten) müssen spezifische Siche- 268
rungsvorrichtungen überwunden werden, was nicht der Fall ist, wenn etwa Falschgeld eingeworfen wird (*Hilgendorf/Valerius*, BT II, § 3 Rdn. 31).

Streitig ist, ob § 243 Abs. 1 S. 2 Nr. 2 StGB greift, wenn der Täter die **Sache samt** 269
Behältnis wegnimmt.

Beispiel: 270
A entwendet einen verschlossenen Geldkoffer, den er in diesem Zustand weiterveräußern will.
Auch in diesem Fall bleibt das Geld gegen Wegnahme besonders gesichert. Daher fällt ebenfalls eine solche Konstellation unter Nr. 2 (BGHSt 24, 248; Rengier, BT I, § 3 Rdn. 29; a. A. Bosch, TK, StGB, § 243 Rdn. 25).

Andere Schutzvorrichtungen, die gegen Wegnahme besonders sichern, sind solche, 271
die dazu dienen, Sachen so zu schützen, dass ein Unberechtigter keinen ungehinderten Zugriff auf die Sache nehmen kann. Darunter fällt etwa das Fahrradschloss, eine Alarmanlage oder die angekettete Kleidung im Geschäft. Dagegen dient ein Sicherungsetikett an der Kleidung, das beim Verlassen des Geschäfts einen Alarm auslöst, nicht der Sicherung gegen Wegnahme, da die Wegnahme im Zeitpunkt des Verlassens in der Regel bereits vollendet ist; es geht dann um einen unbenannten besonders schweren Fall (siehe bereits Rdn. 242).

c) § 243 Abs. 1 S. 2 Nr. 3 StGB

Gewerbsmäßig handelt, wer sich aus wiederholter Tatbegehung eine fortlaufende Ein- 272
nahmequelle von einigem Umfang und einiger Dauer verschaffen will (BGHSt 1, 383). Bereits die erstmalige Tatbegehung genügt, wenn sie in der entsprechenden Absicht verübt wird. Es kommt also maßgeblich auf die Vorstellung des Täters an. Hierbei muss er eigennützig handeln, also nicht allein für Dritte (BGH, NStZ 2021, 235, 236).

Die Gewerbsmäßigkeit muss sich auf einen konkreten Gegenstand beziehen, also zum 273
Beispiel auf das wiederholte Entwenden von Computern. Werden dann auch – bei Gelegenheit – andere Gegenstände gestohlen (zum Beispiel Schreibwaren), ist insoweit § 243 Abs. 1 S. 2 Nr. 3 StGB nicht gegeben.

d) § 243 Abs. 1 S. 2 Nr. 4 StGB

Maßgeblich ist bei diesem Regelbeispiel, dass die Sache unmittelbar dem **Gottesdienst** 274
gewidmet ist oder der **religiösen Verehrung** dient. Das ist zum Beispiel der Fall beim Kreuz, beim Altar oder bei der Monstranz, nicht aber etwa in Bezug auf die Kirchenbänke, Gesangbücher oder den Opferstock. Auch der religiösen Verehrung dienende Heiligenstatuen werden erfasst, nicht aber sonstige Kunstgegenstände in der Kirche, bei denen jedoch Nr. 5 greifen kann.

e) § 243 Abs. 1 S. 2 Nr. 5 StGB

Maßgeblich für Nr. 5 ist, dass sich der Gegenstand in einer **allgemein zugänglichen** 275
Sammlung befindet oder **öffentlich ausgestellt** ist. Kunstgegenstände in einer rein privaten Sammlung, die der Öffentlichkeit versperrt ist, werden also nicht erfasst.

276 Der Zeitpunkt des Diebstahls spielt keine Rolle. Nr. 5 ist also auch dann erfüllt, wenn die Tat außerhalb der Öffnungszeiten erfolgt. Unter öffentlich ausgestellte Gegenstände können auch Denkmäler fallen, selbst dann, wenn nur Teile des Denkmals gestohlen werden, sofern diese im Sinne der Nr. 5 von Bedeutung sind.

277 Die Sache muss unmittelbar von Bedeutung für Wissenschaft, Kunst oder Geschichte sein. Wird etwa ein mobiles Klimagerät gestohlen, das in einem Museum für die dort ausgestellten Bilder das angemessene Raumklima gewährleistet, reicht das folglich nicht.

f) § 243 Abs. 1 S. 2 Nr. 6 StGB

278 Nr. 6 betrifft den Diebstahl unter Ausnutzung der **Hilflosigkeit einer anderen Person**, eines **Unglücksfalls** oder einer **gemeinen Gefahr**.

279 **Hilflos** ist eine Person, wenn sie nicht unerheblichen Gefahren für ihren Körper oder für Sachen von bedeutendem Wert ausgesetzt ist und sich selbst nicht aus dieser Situation befreien kann, also auf fremde Hilfe angewiesen ist. Der Betroffene kann sich dann nicht aus eigener Kraft gegen die dem Eigentum durch die Wegnahme drohende Gefahr schützen (BGH, NStZ-RR 2023, 390, 391). Grund dafür können etwa Krankheiten, Behinderungen, Trunkenheit, Unfälle oder Gebrechlichkeit aufgrund des Alters sein. Der bloße Schlaf genügt nicht, es sei denn, er hängt mit einer Krankheit oder einer erheblichen Alkoholisierung zusammen (BGH, NStZ 1990, 388; BGH BeckRS 2021, 20185). Die hilflose Person aber muss nicht unbedingt selbst Diebstahlsopfer sein, es genügt beispielsweise, wenn einem Helfer Sachen entwendet werden. Auch dann wird der Diebstahl unter Ausnutzung der besonderen Situation verwirklicht. Unerheblich ist, ob möglicherweise das Diebstahlsopfer selbst den Unglücksfall herbeigeführt hat.

280 Nicht erfasst ist der Fall, dass der Hilflose selbst stiehlt, da es um die Hilflosigkeit einer anderen Person geht.

281 Ein **Unglücksfall** ist ein plötzlich eintretendes Ereignis, das erhebliche Gefahren für Personen oder Sachen mit sich bringt. Darunter fällt typischerweise ein Verkehrsunfall, aber auch etwa eine sich plötzlich verschlechternde Krankheit. Es genügt, dass das Ereignis zumindest für eine Person plötzlich ist, sodass eine vorsätzliche Straftat zum Nachteil eines anderen ebenfalls erfasst sein kann. Der Begriff des Unglücksfalls entspricht dem in § 323c Abs. 1 StGB (siehe dazu *Zieschang*, AT, Rdn. 631). Auch in dieser Konstellation braucht sich der Diebstahl nicht notwendig gegen diejenige Person wenden, welche Gefahren ausgesetzt ist. Es genügt also etwa auch, wenn der Täter am Unglücksort Sachen aus dem Rettungswagen stiehlt.

282 Bei der **gemeinen Gefahr** geht es schließlich um einen Zustand, bei dem die Möglichkeit eines erheblichen Schadens an Leib oder Leben oder an bedeutenden Sachwerten für unbestimmt viele Personen naheliegt (*Lackner/Kühl/Heger*, StGB, § 323c Rdn. 3). Das kommt etwa bei Erdbeben oder Überschwemmungen in Betracht.

g) § 243 Abs. 1 S. 2 Nr. 7 StGB

283 Dieses erst durch das Gesetz vom 9.6.1989 (BGBl. I, 1059) eingeführte Regelbeispiel betrifft bestimmte aufgelistete **Waffen**, **Gewehre** sowie **Sprengstoff**. Insofern ist zu berücksichtigen, dass beim Diebstahl einer Waffe gleichzeitig die Qualifikation des § 244 Abs. 1 Nr. 1a StGB verwirklicht ist, sofern die Waffe auch einsatzbereit ist.

3. Die Geringwertigkeitsklausel gemäß § 243 Abs. 2 StGB

284 Eine **zwingende Ausschlussklausel** für die Nr. 1 bis 6 enthält § 243 Abs. 2 StGB, sofern die Tat sich auf eine geringwertige Sache bezieht. Objektiv ist die Geringwer-

tigkeit bei einem Verkehrswert bis ca. 50 Euro anzunehmen, wobei umstritten ist, ob ein etwaiges Affektionsinteresse berücksichtigt werden darf (dafür BGH, GA 1957, 17, 18). Bei mehreren Beutestücken im Rahmen einer Tat ist der Gesamtwert maßgeblich. Hat ein Gegenstand keinen Verkehrswert (z. B. ein Brief, eine Akte oder ein Ausweis), ist § 243 Abs. 2 StGB nicht anwendbar (BGH, NStZ 2012, 571).

Problematisch ist jedoch, ob es allein auf diesen objektiven Wert ankommt (dafür *Braunsteffer*, NJW 1975, 1570, 1571), die Geringwertigkeit möglicherweise rein subjektiv nach der Vorstellung des Täters zu beurteilen ist (so *Gribbohm*, NJW 1975, 1153) oder ob sie sowohl objektiv als auch subjektiv vorliegen muss (so etwa BGH, NStZ 2012, 571; *Fischer*, StGB, § 243 Rdn. 26). 285

Der Wortlaut der Norm ist insofern nicht ganz eindeutig. So spricht zwar die Formulierung „geringwertige Sache" mehr für eine objektive Betrachtung, jedoch kann der Begriff „beziehen" durchaus auch subjektiv interpretiert werden, indem insofern auf die Vorstellung des Täters abgestellt wird. In systematischer Hinsicht haben die Regelbeispiele des § 243 Abs. 1 S. 2 StGB zwar überwiegend objektiven Charakter, indessen steht insbesondere bei § 243 Abs. 1 S. 2 Nr. 3 StGB ein subjektiver Aspekt im Vordergrund. Letztlich ist zu beachten, dass § 243 Abs. 2 StGB eine Ausnahmevorschrift darstellt, die noch dazu auf Nr. 7 nicht anwendbar ist. Vor diesem Hintergrund erscheint es zutreffend, die Vorschrift nur dann zur Anwendung kommen zu lassen, wenn sowohl das Handlungs- als auch das Erfolgsunrecht gemindert sind, es sich also **objektiv** um eine geringwertige Sache handelt **und** der Täter dies auch **weiß** (dagegen genügt bei § 248a StGB als Verfahrensvorschrift die objektive Geringwertigkeit; siehe Rdn. 235). Geht der Täter also im Zusammenhang mit §§ 242, 243 StGB irrtümlich von einer geringwertigen Sache aus, die es objektiv nicht ist, scheidet § 243 Abs. 2 StGB aus. Das ist ebenso anzunehmen, wenn es sich umgekehrt objektiv um eine geringwertige Sache handelt, der Täter dies aber nicht weiß. In diesen Fällen kann aber u. U. aufgrund sonstiger Umstände von der Regelwirkung abgewichen werden. 286

Geht es dagegen sowohl objektiv als auch subjektiv um eine geringwertige Sache, verringert sich die Schwere der Tat in dem Maße, dass die Annahme eines besonders schweren Falls grundsätzlich zu verneinen ist. Das schließt indes vom Wortlaut der Norm nicht aus, dass der Richter im Einzelfall aus anderen Gründen einen unbenannten besonders schweren Fall gemäß § 243 Abs. 1 S. 1 StGB annehmen kann (BGH, NStZ-RR 2014, 141; *Mitsch*, ZStW 111 [1999] 65, 74; a. A. etwa *Lackner/Kühl/Heger*, StGB, § 243 Rdn. 4; *Rengier*, BT I, § 3 Rdn. 39a). 287

4. Weitere Hinweise

Greifen mehrere der in § 243 StGB aufgelisteten Fälle ein (etwa gewerbsmäßiger Einbruchsdiebstahl), ist im Ergebnis von nur einem Diebstahl in einem besonders schweren Fall auszugehen. 288

Obwohl es sich bei § 243 StGB um eine bloße Strafzumessungsvorschrift handelt, bejaht die Rechtsprechung in Bezug auf die dort genannten Umstände eine entsprechende Anwendung der §§ 15, 16 StGB, verlangt also Vorsatz (BGHSt 26, 244, 246; *Zopfs*, Jura 2007, 421). Kennt ein Beteiligter folglich die Umstände, die den besonders schweren Fall kennzeichnen, nicht, scheidet dieser aus. 289

Ebenso dogmatisch unsauber zieht die Rechtsprechung die Regelung des § 28 Abs. 2 StGB sinngemäß im Hinblick auf denjenigen Beteiligten heran, der in seiner Person das Regelbeispiel der Gewerbsmäßigkeit (§ 243 Abs. 1 S. 2 Nr. 3 StGB) nicht verwirklicht (BGH, StV 1996, 87; *Hoyer*, SK, StGB, § 243 Rdn. 57). 290

Da § 243 StGB eine bloße Strafzumessungsvorschrift ist, treten die Tatbestände nach §§ 123, 303 StGB nicht im Wege der Konsumtion zurück (so aber etwa *Wessels/Hillenkamp/Schuhr*, BT 2, Rdn. 285), sondern stehen mit §§ 242, 243 StGB in Idealkonkurrenz (siehe in diese Richtung BGHSt 63, 253). 291

5. Fragen des Vorsatzwechsels

292 Ist der Vorsatz des Täters darauf gerichtet, eine nicht geringwertige Sache zu stehlen, wird jedoch zwischen Versuch und Vollendung dieser Entschluss aufgegeben und nur eine geringwertige Sache gestohlen, stellt sich die Frage, wie der Täter zu bestrafen ist.

293 **Beispiel:**
A möchte in das Geschäft des O einbrechen und wertvollen Wein stehlen. Nachdem er in das Geschäft gelangt ist, entscheidet er sich um und ergreift lediglich eine Weinflasche im Wert von 5 Euro.
Die Rechtsprechung nimmt in diesem Fall, da sich der Vorsatz beim Einbruch auf eine nicht geringwertige Sache bezog, fortbesteht und einheitlich zu beurteilen sei, einen Diebstahl in einem besonders schweren Fall gemäß §§ 242, 243 Abs. 1 S. 2 Nr. 1 StGB an (BGHSt 26, 104, 105). Die Gegenansicht (etwa Kindhäuser/Böse, BT II, § 3 Rdn. 50) nimmt zwar auch einen Diebstahl in einem besonders schweren Fall an, jedoch soll die Strafe in entsprechender Anwendung der Versuchsregeln gemildert werden können.

294 **Abwandlung:**
Im umgekehrten Fall (Einbrecher A möchte Wein im Wert von 5 Euro stehlen, entscheidet sich dann aber um und nimmt einen Wein im Wert von 1.000 Euro) ist ebenfalls, wenn man den Vorgang wiederum als einheitliches Geschehen ansieht, aufgrund fortbestehenden Vorsatzes ein Diebstahl in einem besonders schweren Fall zu bejahen. Die Gegenansicht (Kindhäuser/Böse, BT II, § 3 Rdn. 51) erachtet es als sachgerecht, dann nur einen vollendeten (einfachen) Diebstahl nach § 242 StGB anzunehmen.

295 Anders liegen die Fälle, wenn der Täter seinen Vorsatz **endgültig aufgegeben** hatte und sich dann erneut entscheidet, etwas zu stehlen.

296 **Beispiel:**
A möchte in das Geschäft des O einbrechen und dort wertvollen Wein stehlen. Da A die Flaschen nicht finden kann, gibt er seinen Diebstahlsvorsatz endgültig auf. Beim Hinausgehen sieht er jedoch zufällig einen Korkenzieher im Wert von 15 Euro, den er mitnimmt.
In diesem Fall ist A wegen versuchten Diebstahls in einem besonders schweren Fall zu bestrafen, von dem er aufgrund Fehlschlags nicht zurücktreten konnte. Wegen des Korkenziehers macht er sich nach § 242 StGB strafbar, wobei § 248a StGB zu beachten ist.

6. § 243 StGB und Versuch

297 Zunächst ist nochmals nachdrücklich zu betonen, dass es begrifflich keinen Versuch des § 243 StGB gibt, denn es handelt sich bei dieser Vorschrift um eine bloße Strafzumessungsregel. Möglich ist nur ein versuchter Diebstahl in einem besonders schweren Fall gemäß §§ 242, 22, 23, 243 StGB.

298 Problematisch ist vielmehr, ob die **Indizwirkung eines Regelbeispiels** auch dann greift, wenn es **nicht vollständig verwirklicht** worden ist.

Beispiel: 299

A möchte in das Juweliergeschäft des O einbrechen, um dort unmittelbar bestimmte wertvolle Uhren zu stehlen. Als er sich an der Tür des Geschäfts zu schaffen macht, wird er vom Wachpersonal festgenommen.

Der Diebstahl des A ist nicht vollendet, der versuchte Diebstahl ist strafbar (§ 242 Abs. 2 StGB). A hatte Diebstahlsvorsatz sowie Zueignungsabsicht, sodass der Tatentschluss zu bejahen ist. Vor dem Hintergrund, dass A nach dem Öffnen der Tür unmittelbar wertvolle Uhren stehlen wollte, kann man auch von einem unmittelbaren Ansetzen zur Tatbestandsverwirklichung ausgehen. Es geht dabei immer um das unmittelbare Ansetzen zur Diebstahlsvorschrift, dagegen nicht zu § 243 StGB (BGH, NJW 2020, 2570, 2571). Zu beachten ist aber, dass regelmäßig in dem Beginn der Verwirklichung des Regelbeispiels ein unmittelbares Ansetzen zur Wegnahme im Sinne des § 242 StGB zu sehen ist (BGH, NJW 2020, 2570, 2571; BGH, BeckRS 2021, 12742).

A handelt rechtswidrig und schuldhaft. Aufgrund des Fehlschlags scheidet ein Rücktritt aus.

Fraglich ist nun, ob auch von einem versuchten Diebstahl in einem besonders schweren Fall ausgegangen werden kann, obwohl das Regelbeispiel nicht vollständig verwirklicht wurde, denn zu einem erfolgreichen Einbrechen ist es nicht gekommen. Greift also die Indizwirkung des Regelbeispiels auch bei dessen bloßer Teilverwirklichung?

Der BGH meint, dass auch in einem solchen Fall aufgrund der „Tatbestandsähnlichkeit" der Regelbeispiele ein besonders schwerer Fall anzunehmen ist (BGHSt 33, 370, 374 ff.; anders aber BGH, NStZ-RR 1997, 293 in Bezug auf § 176 Abs. 3 a. F. StGB sowie BGH, BeckRS 2007, 5 in Bezug auf § 263 Abs. 3 S. 2 Nr. 2 Var. 1 StGB).

Dem stehen große Teile des Schrifttums kritisch gegenüber (Graul, JuS 1999, 852, 854 ff.; Küper, JZ 1986, 518). In der Tat kann die Indizwirkung des Regelbeispiels eben nur dann greifen, wenn das Regelbeispiel vollständig verwirklicht ist. Anderenfalls wird der Unterschied zwischen Tatbeständen einerseits und bloßen Strafzumessungsvorschriften andererseits nicht hinreichend beachtet. Folglich liegt in einem solchen Fall allein ein versuchter Diebstahl vor. Mangels vollständiger Verwirklichung scheidet das Regelbeispiel aus.

Entsprechendes hat zu gelten, wenn der Diebstahl vollendet ist, das Regelbeispiel aber nicht verwirklicht wurde, also im Beispielsfall die Tür des Geschäfts wider Erwarten offen war und A Uhren stiehlt (Joecks/Jäger, StGB, § 243 Rdn. 50; offengelassen von BGHSt 33, 370, 376). Dann ist (nur) wegen vollendeten Diebstahls zu bestrafen.

Ist das Regelbeispiel hingegen vollständig verwirklicht, der Diebstahl aber nur versucht (im vorhergehenden Beispiel wird A nach dem gewaltsamen Öffnen der Tür noch vor der Wegnahme der Uhren gestellt), ist indes unproblematisch von einem versuchten Diebstahl in einem besonders schweren Fall auszugehen. 300

III.
Die Qualifikation des § 244 StGB (Diebstahl mit Waffen; Bandendiebstahl; Wohnungseinbruchsdiebstahl)

301 Bei § 244 Abs. 1 und Abs. 4 StGB handelt es sich um **eigenständige Tatbestände** und damit anders als bei § 243 StGB nicht um bloße Strafzumessungsvorschriften. Folglich ist es nicht möglich, die Norm bei Vorliegen der Voraussetzungen im Einzelfall dennoch nicht zur Anwendung kommen zu lassen. Umgekehrt verstößt es gegen Art. 103 Abs. 2 GG, die Vorschrift zu bejahen, obwohl ihre Voraussetzungen nicht gegeben sind, jedoch ein „ähnlicher Fall" vorliegt.

302 Die Vorschrift ist eine **Qualifikation** zu § 242 StGB, das heißt sie enthält sämtliche Merkmale des Grundtatbestands und darüber hinaus weitere spezielle Voraussetzungen, die zu einer Erhöhung der Strafe im Vergleich zu § 242 StGB führen. Hierbei bleibt zwar § 244 Abs. 1 StGB Vergehen (§ 12 Abs. 2 StGB), jedoch stellt § 244 Abs. 4 StGB ein Verbrechen (§ 12 Abs. 1 StGB) dar. Dagegen ist § 244 Abs. 3 StGB bloße Strafzumessungsvorschrift, für die § 12 Abs. 3 StGB gilt.

303 Im Hinblick auf die Prüfungsreihenfolge sollte man grundsätzlich mit § 242 StGB beginnen, dies insbesondere dann, wenn auch ein Diebstahl in einem besonders schweren Fall in Betracht kommt. Im Anschluss ist § 244 StGB zu erörtern. Ist der Diebstahl unproblematisch zu bejahen, kann man die Prüfung aber durchaus auch mit § 244 StGB eröffnen. § 244 StGB verdrängt jedenfalls den Diebstahl (in einem besonders schweren Fall) im Wege der Spezialität.

1. § 244 Abs. 1 Nr. 1a StGB

304 Diese Qualifikation betrifft den Fall, dass jemand einen Diebstahl begeht, bei dem er oder ein anderer Beteiligter **eine Waffe oder ein anderes gefährliches Werkzeug bei sich führt**. Hintergrund dafür ist, dass in einem solchen Fall die abstrakte Gefährlichkeit der Tat im Vergleich zu § 242 StGB erhöht ist.

a) Waffe

305 Unter einer **Waffe** versteht man einen Gegenstand, der **abstrakt dazu geeignet und bestimmt** ist, erhebliche Verletzungen herbeizuführen. Keine Waffen sind somit Gegenstände wie zum Beispiel ein Schraubenschlüssel, der erst zweckentfremdet werden muss, um als Angriffs- und Verteidigungsmittel zu dienen (*Wessels/Hillenkamp/Schuhr*, BT 2, Rdn. 306). Es geht also bei der Waffe um eine **Waffe im technischen Sinn**, die objektiv gefährlich sein muss. Darunter fällt insbesondere die **Schusswaffe**, bei der Geschosse durch den Lauf nach vorne getrieben werden (*Rengier*, BT I, § 4 Rdn. 8). Erfasst sind also vor allem Pistolen und Gewehre. Eine **Gaspistole** ist ebenfalls als Schusswaffe anzusehen, sofern das Gas nach vorne durch den Lauf austritt. Tritt es lediglich seitlich aus, geht es hingegen um ein gefährliches Werkzeug. Auch die geladene **Schreckschusswaffe**, bei der beim Abfeuern der Explosionsdruck aus dem Lauf nach vorne austritt, ist nach dem BGH Schusswaffe (BGHSt 48, 197; kritisch etwa *Fischer*, NStZ 2003, 569, 571 ff.: Es gehe insoweit um ein gefährliches Werkzeug). Neben der Schusswaffe sind **sonstige Waffen im technischen Sinn** erfasst, die also ebenfalls abstrakt bestimmt und geeignet sind, als Angriffs- oder Verteidigungsmittel erhebliche Verletzungen hervorzurufen. Darunter fallen Hieb-, Schlag-, Stoß- und Stichwaffen (zum Beispiel ein Springmesser oder ein Schlagring). Keine Waffe im technischen Sinne sind aber zum Beispiel Äxte oder klassische Taschenmes-

ser, da sie die beschriebene abstrakte Bestimmung nicht aufweisen. Auch das Pfefferspray zur Tierabwehr fällt nicht darunter.

Bei der Waffe ist § 244 StGB nur dann erfüllt, wenn diese auch **einsatzbereit** ist. Der Täter muss also in der Lage sein, die Waffe beim Diebstahl ohne nennenswerten Aufwand und ohne besondere Schwierigkeiten zu gebrauchen (BGHSt 31, 105). Das ist dann nicht der Fall, wenn sie funktionsuntüchtig oder ungeladen ist. Dann kommt aber § 244 Abs. 1 Nr. 1a Alt. 2 StGB (gefährliches Werkzeug) in Betracht. Ebenso wenig werden bloße Waffenattrappen erfasst. Andererseits genügt es für § 244 Abs. 1 Nr. 1a StGB, wenn der Täter Waffe und Munition getrennt (etwa in der Hosen- und Manteltasche) führt, die Waffe aber innerhalb kurzer Zeit einsatzbereit gemacht werden kann (BGH, NStZ 1985, 547 zu § 250 Abs. 1 Nr. 1 a. F. StGB; *Wessels/Hillenkamp/Schuhr*, BT 2, Rdn. 312; a. A. *Schmitz*, MK, StGB, § 244 Rdn. 9. Siehe aber auch BGHSt 45, 249, 251 f.; BGH, NStZ-RR 2008, 342, zum Verwenden einer Waffe bei § 250 Abs. 2 Nr. 1 StGB: Die Drohung mit einer ungeladenen Pistole reicht nicht, selbst wenn der Täter das mit Munition bestückte Magazin in seiner Jackentasche hat). 306

Umstritten ist, ob § 244 Abs. 1 Nr. 1a StGB auch beim „Berufswaffenträger" (etwa Polizisten, Soldaten, Wachdienst) Anwendung findet. 307

Beispiel: 308

A ist ein mit einer Waffe ausgerüsteter, uniformierter Beamter des Polizeidienstes. In der Mittagspause geht A in den Supermarkt des O und entwendet dort zwei Schokoriegel. Greift in diesem Fall § 244 Abs. 1 Nr. 1a StGB?

Zum Teil wird vorgeschlagen, § 244 Abs. 1 Nr. 1a StGB im Hinblick auf den Berufswaffenträger teleologisch zu reduzieren, da mit ihm nicht die typischerweise von der Qualifikation erfasste erhöhte Gefährlichkeit der Tat verbunden sei (Schroth, NJW 1998, 2861, 2864 f.).

Dagegen wenden Rechtsprechung (BGHSt 30, 44) und ganz überwiegende Ansicht im Schrifttum (Geppert, Jura 1992, 496, 498; Rengier, BT I, § 4 Rdn. 57) § 244 StGB auch auf den Berufswaffenträger an. Dafür spricht, dass auch er tatsächlich Zugriff auf eine Waffe hat und folglich die erhöhte Gefahr besteht, dass die Waffe im Fall der Eskalation benutzt wird. Man kann nicht pauschal davon ausgehen, dass bei allen Berufswaffenträgern von einer Ungefährlichkeit im Einzelfall auszugehen ist; vielmehr führen auch sie – wie jeder andere Täter in einem solchen Fall – eine Waffe bei sich. In subjektiver Hinsicht ist dann zu beachten, dass der Täter das Bewusstsein haben muss, eine funktionsbereite Waffe zur Verfügung zu haben (BGH, NStZ-RR 2014, 110).

b) Gefährliches Werkzeug

Besondere Probleme bereitet der Begriff des **gefährlichen Werkzeugs** in § 244 Abs. 1 Nr. 1a StGB. Der Gesetzgeber ist insofern davon ausgegangen, dass man sich an die Begriffsbestimmung in § 224 Abs. 1 Nr. 2 StGB anlehnen könne (BT-Drucks. 13/9064, S. 18). Dort versteht man unter einem gefährlichen Werkzeug einen Gegenstand, der nach seiner objektiven Beschaffenheit und der konkreten Art der Anwendung geeignet ist, erhebliche Verletzungen herbeizuführen. Diese Definition ist jedoch untauglich für § 244 Abs. 1 Nr. 1a Alt. 2 StGB, denn insofern geht es lediglich um das Beisichführen, und eine (konkrete Art der) Verwendung ist gerade nicht erforderlich. Vor diesem Hintergrund ist stark umstritten, was unter einem gefährlichen Werkzeug im Sinne des § 244 Abs. 1 Nr. 1a Alt. 2 StGB zu verstehen ist. Die nachträgliche Schaffung des § 244 Abs. 3 StGB (minder schwerer Fall) durch den Gesetzgeber hat das Problem nicht beseitigt. 309

Der **BGH** (BGHSt 52, 257, 266 ff.), der die Gesetzesfassung für missglückt erachtet, und Teile des Schrifttums (*Hilgendorf/Valerius*, BT II, § 4 Rdn. 17; *Zieschang*, JuS 1999, 49, 310

52) legen eine **rein objektive und abstrakte Sicht** zugrunde. Danach ist maßgeblich, ob der Gegenstand typischerweise – also unabhängig vom Einzelfall – objektiv geeignet ist, erhebliche Verletzungen herbeizuführen. Das ist etwa angenommen worden bei einer 90 cm langen Brechstange (BGH, BeckRS 2024, 21763), einem Taschenmesser (BGHSt 52, 257, 270), einem Schraubendreher (BGH, NStZ 2011, 158, 159; BGH BeckRS 2023, 16322), einem Zimmermannshammer (BGH, NStZ-RR 2021, 107) oder bei Pfefferspray (siehe BGH, NStZ 2018, 711). Abgelehnt wurde dies vom BGH bei einem Kunststoffband, das um den Hals des Opfers gelegt wurde (BGH, NStZ 2011, 211, 212). Ebenso ist nach dem BGH – nicht nachvollziehbar – ein PKW, der benutzt wird, um die Scheibe eines Juweliergeschäfts zu zerstören, kein gefährliches Werkzeug im Sinne des § 244 Abs. 1 Nr. 1a StGB (BGH, BeckRS 2023, 17514). Ein PKW sei trotz der von ihm ausgehenden erheblichen Bewegungsenergie bei objektiver Betrachtung kein Gegenstand, der dazu bestimmt ist, eine Kraft gegen ein anderes Objekt zu entfalten oder zu verstärken. Er unterscheide sich von Gegenständen wie einem Hammer oder Schraubendreher, die schon bei bestimmungsgemäßer Verwendung diesen Zweck haben und sich verbotenen Waffen ähnlich gegen Menschen einsetzen lassen.

311 Im Schrifttum wird – mit Unterschieden im Detail – vielfach eine **objektive Sicht** herangezogen, wobei zusätzlich geprüft wird, ob dem Gegenstand aus der Sicht eines objektiven Betrachters konkret eine **Waffenersatzfunktion** zukommt oder aber nur eine neutrale Gebrauchsfunktion (*Eisele*, BT II, Rdn. 198; *Fischer*, § 244 Rdn. 23). Danach haben etwa Kleidungsstücke oder das Arbeitsmaterial eines Handwerkers, der einen Diebstahl begeht, lediglich eine neutrale Gebrauchsfunktion, dagegen wäre § 244 Abs. 1 Nr. 1a Alt. 2 StGB erfüllt, wenn eine Person beim Diebstahl ein Beil mitnimmt.

312 Andere Autoren meinen, es sei von einem gefährlichen Werkzeug nur dann auszugehen, wenn der Täter den Gegenstand im Bedarfsfall notfalls verwenden will, also ein **innerer Verwendungsvorbehalt** besteht (*Rengier*, BT I, § 4 Rdn. 38 ff.; *Rönnau*, JuS 2012, 117, 119 f.; *Wessels/Hillenkamp/Schuhr*, BT 2, Rdn. 313 ff.).

313 Letztere Ansicht erscheint aber schon mit dem Wortlaut des § 244 Abs. 1 Nr. 1a StGB schwer vereinbar, zudem ergibt sich aus systematischer Sicht, dass subjektive Aspekte erst bei § 244 Abs. 1 Nr. 1b StGB eine Rolle spielen („um den Widerstand…"). Darüber hinaus genügt schon ein bloßes Beisichführen, ganz unabhängig von der konkreten Verwendung. Vorzugswürdig erscheint daher eine abstrakte Sicht, wie sie vom BGH vertreten wird. Selbst wenn zuweilen die Beurteilung im Einzelfall schwierig sein mag (man denke etwa an Pflastersteine oder an einen Bleistift), ist de lege lata die Situation so hinzunehmen. In Zweifelsfällen wird man darauf abzustellen haben, inwieweit diese Gegenstände noch mit der abstrakten Gefährlichkeit einer Waffe vergleichbar sind.

314 Der Deutlichkeit halber ist ergänzend hervorzuheben, dass Körperteile als gefährliche Werkzeuge ausscheiden.

c) Beisichführen

315 Der Täter oder ein Beteiligter muss die Waffe oder das gefährliche Werkzeug bei dem Diebstahl **bei sich führen**. Das bedeutet zunächst, dass nur **bewegliche Gegenstände** in Betracht kommen. In zeitlicher Hinsicht ist dieses Merkmal **jedenfalls** erfüllt, wenn der Täter in irgendeinem Zeitpunkt der Tat **vom Versuchsbeginn bis zur Vollendung** des Diebstahls auf den Gegenstand Zugriff hat. Es wird nicht verlangt, dass er den Gegenstand in der Hand hält, jedoch muss ihm der Gegenstand ohne wesentliche zeitliche und räumliche Zäsur zur Verfügung stehen. Befindet sich eine einsatzbereite Waffe in 200 m Entfernung vom Tatort, genügt dies nicht (BGHSt 31, 105, 108).

316 Nicht erforderlich ist, dass der Gegenstand über den gesamten Zeitraum bei sich geführt wird. § 244 Abs. 1 Nr. 1a StGB ist etwa auch dann erfüllt, wenn der Täter auf die Waffe nur im Versuchsstadium Zugriff hat, er am Tatort eine einsatzbereite Waffe deponiert hat oder sogar die einsatzbereite Waffe oder das gefährliche Werkzeug erst

den Diebstahlsgegenstand selbst bildet (zu Letzterem siehe BGH, NStZ 2015, 85, 86: Ansichnahme eines Messerblocks mit fünf Messern). Findet der Täter den Gegenstand am Tatort, muss er ihn ergreifen, damit § 244 Abs. 1 Nr. 1a StGB einschlägig ist (*Hilgendorf/Valerius*, BT II, § 4 Rdn. 27).

Während man sich einig ist, dass es nicht genügt, wenn dem Täter lediglich in der Vorbereitungsphase der Gegenstand zur Verfügung steht oder erst nach Beendigung der Tat, ist **umstritten**, ob es reicht, dass der Täter auf die Waffe oder das gefährliche Werkzeug **zwischen Vollendung und Beendigung** Zugriff hat. 317

Beispiel: 318
A hat im Kaufhaus des O eine Uhr entwendet. Er begibt sich mit der Uhr in das kaufhauseigene Parkhaus und dort zu seinem Auto, wobei A im Auto eine einsatzbereite Waffe liegen hat.
In diesem Fall hat A erst nach Vollendung, jedoch vor Beendigung des Diebstahls Zugriff auf die Waffe.
Im Schrifttum wird vielfach vertreten, dass § 244 Abs. 1 Nr. 1a StGB auf diesen Zeitraum nicht mehr anwendbar ist (Mitsch, JA 1997, 655, 658). Dagegen ist der BGH der Auffassung, auch zwischen Vollendung und Beendigung könne ein Beisichführen im Sinne des § 244 Abs. 1 Nr. 1a StGB gegeben sein (BGHSt 20, 194, 197; BGH, NStZ 2007, 332, 334; ebenso etwa Haft, JuS 1988, 364, 367 f.). Zuzugeben ist dieser Ansicht, dass auch im Zeitpunkt nach Vollendung der Tat der Zugriff auf eine Waffe eine erhöhte Gefährlichkeit mit sich bringen kann. Diese Phase ist jedoch der Regelung des § 252 StGB vorbehalten (Hohmann/Sander, BT, § 36 Rdn. 12). Der BGH dehnt folglich mit der Erstreckung auf die Beendigungsphase die Vorschrift des § 244 StGB mit ihrem erhöhten Strafrahmen zu weit aus und unterläuft damit die spezifischen Erfordernisse des § 252 StGB. Vor diesem Hintergrund erscheint eine restriktive Interpretation des § 244 StGB vorzugswürdiger, indem der Zeitraum nach Vollendung nicht mehr von der Regelung als erfasst anzusehen ist. Daher erfüllt A im Beispielsfall zwar § 242 StGB, nicht aber § 244 Abs. 1 Nr. 1a StGB.

Es genügt, wenn ein anderer Beteiligter (Täter oder Teilnehmer) die Waffe oder das gefährliche Werkzeug bei sich führt, was bedeutet, dass dieser dann bei der Tatausführung anwesend sein muss. Es reicht also nicht, dass der zur Tatzeit nicht am Tatort anwesende Anstifter eine Waffe hat. 319

2. § 244 Abs. 1 Nr. 1b StGB

In dieser Konstellation geht es darum, dass der Täter objektiv „sonst ein Werkzeug oder Mittel" bei sich führt, wobei der Täter in subjektiver Hinsicht handelt, um den Widerstand einer anderen Person durch Gewalt oder Drohung mit Gewalt zu verhindern oder zu überwinden. Zunächst fragt sich, was unter der Formulierung „sonst ein Werkzeug oder Mittel" zu verstehen ist. 320

a) Sonst ein Werkzeug oder Mittel

Klarheit schafft insofern zunächst einmal eine Abgrenzung zu § 244 Abs. 1 Nr. 1a StGB: Es darf sich bei § 244 Abs. 1 Nr. 1b StGB also nicht bereits um eine Waffe oder ein gefährliches Werkzeug im Sinne von Nr. 1a handeln; Nr. 1b und Nr. 1a schließen sich folglich gegenseitig aus (a. A. etwa *Rengier*, BT I, § 4 Rdn. 63: Nr. 1b sei in den Fällen der Nr. 1a erfüllt, soweit eine Verwendungsabsicht bestehe). Körperteile sind aber ebenso wie bei Nr. 1a nicht erfasst. 321

322 Aus dieser Negativabgrenzung folgt, dass etwa ein Schlüssel oder Handschellen, die typischerweise (abstrakt) nicht als gefährlich anzusehen sind, als sonstige Werkzeuge in Betracht kommen.

323 Zudem fallen insbesondere auch **Scheinwaffen** wie etwa eine Spielzeugpistole oder eine ungeladene Waffe grundsätzlich unter § 244 Abs. 1 Nr. 1b StGB. Um den Anwendungsbereich der Vorschrift nicht ausufern zu lassen, nimmt die Rechtsprechung jedoch eine **bedeutsame Einschränkung** vor: Danach scheiden als tatbestandliche Drohungsmittel solche Gegenstände aus, bei denen die Drohungswirkung nicht auf dem objektiven Erscheinungsbild des Gegenstands selbst, sondern auf täuschenden Erklärungen des Täters beruht (BGHSt 38, 116, 119; BGH, NStZ 2011, 703). Für einen objektiven Betrachter schon nach dem äußeren Erscheinungsbild **offensichtlich ungefährliche Gegenstände** werden daher aus dem Anwendungsbereich des § 244 Abs. 1 Nr. 1b StGB ausgenommen. Nicht maßgeblich ist insofern, ob auch das Opfer diese Ungefährlichkeit erkennen konnte. Die Vorschrift ist daher zum Beispiel in dem Fall abgelehnt worden, dass der Täter dem Opfer einen „Labello-Stift" (Lippenpflegestift) in den Rücken gedrückt hat (BGH, NJW 1996, 2663 zu § 250 StGB). Entsprechendes gilt für ein kurzes Plastikrohr, das der Täter unter der Jacke hält, um eine Bewaffnung vorzutäuschen (BGHSt 38, 116, 118 zu § 250 StGB), oder für eine grellbunte Wasserpistole (BGH, NStZ 2011, 703 zu § 250 Abs. 1 Nr. 1b StGB), selbst wenn das Opfer dies nicht wahrnehmen konnte. Erklärt jedoch ein Täter, in einer Tasche befinde sich eine Bombe, liegt nach dem BGH ein solcher Fall der offensichtlichen Ungefährlichkeit nicht vor, da die Gefährlichkeit für einen objektiven Beobachter gar nicht einzuschätzen sei (BGH, NStZ 2011, 278 zu § 250 Abs. 1 Nr. 1b StGB; kritisch etwa *Hecker*, JuS 2011, 757, 759; *Hilgendorf/Valerius*, BT II, § 4 Rdn. 39: Auch hier stehe die Täuschung im Vordergrund). Auch ist eine Luftpumpe, die der Täter verwendet, für einen objektiven Beobachter nicht offenkundig ungefährlich (BGH, BeckRS 2023, 8071).

b) Das Absichtsmerkmal

324 Der Täter muss bei einem bei sich geführten sonstigen Werkzeug oder Mittel weiterhin in der **Absicht** (dolus directus 1. Grades) handeln, den Widerstand einer anderen Person durch Gewalt oder Drohung mit Gewalt zu verhindern oder zu überwinden. Die bloße Absicht genügt, tatsächlich hingegen braucht es weder zur Gewaltanwendung oder zur Drohung mit Gewalt gekommen zu sein, zumal in diesen Fällen dann nicht selten § 249 StGB einschlägig wäre, sofern Gewalt gegen eine Person vorliegt oder eine Drohung mit gegenwärtiger Gefahr für Leib oder Leben.

325 Die Absicht liegt auch vor, wenn der Täter den Gegenstand nur im Bedarfsfall einsetzen will (BGH, StV 1996, 315). Auch kann die Absicht erst im Verlauf der Tat gefasst werden.

3. § 244 Abs. 1 Nr. 2 StGB

326 In dieser Variante der Qualifikation erhöht sich die Gefährlichkeit der Tat dadurch, dass der Betreffende als **Mitglied einer Bande unter Mitwirkung eines anderen Bandenmitglieds** stiehlt.

327 Unter der **Bande** versteht man den Zusammenschluss von **mindestens drei Personen** (seit BGHSt 46, 321, vorher – BGHSt 23, 239 – hatte der BGH zwei Personen für ausreichend erachtet; die h. M. im Schrifttum *Joecks/Jäger*, StGB, § 244 Rdn. 32; *Kindhäuser/Hilgendorf*, StGB, § 244 Rdn. 30 verlangt seit jeher drei Personen; a. A. aber etwa *Bosch*, TK, StGB, § 244 Rdn. 24: zwei genügen. – Dadurch würde aber die erhöhte Gefährlichkeit nicht hinreichend zum Ausdruck gebracht.), die sich durch

ausdrückliche oder konkludente Vereinbarung dazu verbunden haben, künftig für eine gewisse Dauer mehrere selbstständige, im Einzelnen noch ungewisse Taten des Raubes oder Diebstahls zu begehen. Erst ab einer Personenzahl von drei ist es gerechtfertigt, von einer erhöhten Gefährlichkeit zu sprechen. Der in § 244 Abs. 1 Nr. 2 StGB verwendete Begriff „fortgesetzt" hat dabei nichts zu tun mit der früheren „fortgesetzten Handlung" im konkurrenzrechtlichen Sinn, die der BGH faktisch aufgegeben hat (BGHSt 40, 138; siehe zu dieser Figur *Zieschang*, AT, Rdn. 779), sondern bedeutet, dass von der Bande eine wiederholte Tatbegehung geplant ist. Ein erster Diebstahl oder Raub genügt bereits, wenn eine Bandenabrede vorhanden ist, die eine wiederholte Tatbegehung vorsieht. Die Verabredung anderer Taten (z. B. Unterschlagung oder Betrug) genügt bei § 244 Abs. 1 Nr. 2 StGB nicht. Nicht ausreichend ist zudem, wenn sich eine Person nur einmal an der Tat von zwei anderen beteiligen will.

Eine Bande ist nach dem BGH auch dann gegeben, wenn eine oder zwei der drei Per- **328** sonen innerhalb der Bande lediglich Tätigkeiten in der Art eines Gehilfen ausüben (BGHSt 47, 214; BGH, NStZ 2008, 570, 571; *Rengier*, BT I, § 4 Rdn. 92; a. A. *Schmitz*, MK, StGB, § 244 Rdn. 45). Sämtliche Bandenmitglieder müssen sich auch nicht untereinander kennen. Möglich ist zudem, dass sie lediglich unter Pseudonymen miteinander handeln (BGH, NJW 2024, 2050, 2051).

Zu beachten ist im Übrigen, dass – nach Bejahung der Bandeneigenschaft – für jede **329** einzelne Tat nach den allgemeinen Regeln zu bestimmen ist, ob sich daran ein bestimmtes Bandenmitglied als Täter oder Teilnehmer beteiligt hat.

„Als Mitglied einer Bande" bedeutet, dass die Tat einen Bandenbezug aufweist (*Ren-* **330** *gier*, BT I, § 4 Rdn. 103), also Ausfluss der Bandenabrede ist (BGH, NStZ 2006, 342, 343; BGH, BeckRS 2011, 27456), was ausscheidet, wenn jemand ohne Beziehung zu der Bandenabrede einen Diebstahl begeht. Möglich ist zudem, dass sie lediglich unter Pseudonymen miteinander handeln (BGH, NJW 2024, 2050, 2051).

Beispiel: **331**
Verabredet ist der Diebstahl von Kraftfahrzeugen, Bandenmitglied A stiehlt aber nun während einer Erkundungstour aus einem Auto ein Handy, das er für sich behalten möchte (siehe BGH, NStZ 2000, 30).

Das Bandenmitglied muss zudem mindestens mit einem anderen Bandenmitglied **332** zusammenwirken. Dabei spielt die Art der Beteiligung nach dem BGH keine Rolle (BGHSt 46, 321, 333 f.). Eine „Mitwirkung" liegt danach auch dann vor, wenn das eine Bandenmitglied Täter, das andere dagegen bloß Anstifter oder Gehilfe und damit eventuell gar nicht am Tatort anwesend ist (ebenso etwa *Joerden*, JuS 2002, 329, 331 f.; a. A. etwa *Erb*, NStZ 2001, 561, 564 f.).

Beispiel: **333**
A, B und C bilden eine Bande, die sich verabredet hat, Diebstähle zu begehen. B stiftet den A nun zu einem Diebstahl an, von dem C gar nichts weiß.
Unter Zugrundelegung der Auffassung des BGH wird A nach § 244 Abs. 1 Nr. 2 StGB und B nach §§ 244 Abs. 1 Nr. 2, 26 StGB bestraft, obwohl nur A am Tatort anwesend war. Auch spiele es keine Rolle, dass C von der Tat nichts weiß.

Wirken zwei Bandenmitglieder zusammen, wird dabei im Übrigen nach dem BGH, **334** der Mittäterschaft bei bloßer Tätigkeit in der Vorbereitungsphase ausreichen lässt (siehe zu diesem Streit *Zieschang*, AT, Rdn. 653 ff.), auch derjenige nach § 244 Abs. 1 Nr. 2 StGB bestraft, der etwa als Bandenchef bei der eigentlichen Tatbegehung nicht vor Ort ist, aber den Plan entwickelt hat.

Nach der Rechtsprechung und h. M. wird die Bandenmitgliedschaft als besonderes **335** persönliches Merkmal eingestuft, sodass für Außenstehende § 28 Abs. 2 StGB greift

(BGHSt 46, 120, 128; *Lackner/Kühl/Heger*, StGB, § 244 Rdn. 7; a. A. etwa *Valerius*, Jura 2013, 15, 19: tatbezogen).

336 Zu beachten ist schließlich **§ 244a StGB**, wonach der Diebstahl unter den Voraussetzungen von § 243 Abs. 1 S. 2 StGB (hier sind die dortigen Voraussetzungen dann echte Tatbestandsmerkmale; die Indizwirkung spielt also keine Rolle) oder in den Fällen von § 244 Abs. 1 Nr. 1 oder Nr. 3 StGB zum Verbrechen wird, wenn jemand den Diebstahl als Mitglied einer Bande, die sich zur fortgesetzten Begehung von Raub oder Diebstahl verbunden hat, unter Mitwirkung eines anderen Bandenmitglieds begeht.

4. § 244 Abs. 1 Nr. 3 StGB

337 Nr. 3 betrifft den „Wohnungseinbruchsdiebstahl", den das 6. StrRG vom 26.1.1998 (BGBl. I, 164) in § 244 StGB eingestellt hat; zuvor wurde dieser Fall lediglich von §§ 242, 243 Abs. 1 S. 2 Nr. 1 StGB erfasst. Hierbei sind die Begriffe „Einbrechen", „Einsteigen", „mit einem falschen Schlüssel oder einem anderen nicht zur ordnungsgemäßen Öffnung bestimmten Werkzeug Eindringen" sowie das „Sichverborgenhalten" bereits im Zusammenhang mit § 243 Abs. 1 S. 2 Nr. 1 StGB erläutert worden (Rdn. 251 ff.).

338 Erläuterungen bedarf daher nur der Begriff der **Wohnung**. Hierbei handelt es sich um ein mit künstlichen Vorrichtungen versehenes Raumgebilde, das bestimmt und geeignet ist, zumindest vorübergehend als Unterkunft von Menschen zu dienen (BGH, NStZ 2020, 679; BGH, BeckRS 2021, 6275), und den Zutritt Unberechtigter verhindern soll. Entscheidendes Kriterium für die Heraufstufung eines umschlossenen Raums zur Wohnung ist also die Eignung und Bestimmung zur Unterkunft.

339 Neben der Hauptwohnung sind ebenfalls erfasst Ferienwohnungen, Gemeinschaftsunterkünfte, Schlafwagen, Schulunterkünfte, Unterkünfte in Kasernen und Krankenhäusern, Unterkünfte auf Schiffen, Wochenendhäuser, Wohnmobile, Wohnwagen (BGHSt 61, 285; a. A. *Wessels/Hillenkamp/Schuhr*, BT 2, Rdn. 343), Zelte, Zweitwohnungen und natürliche Behausungen, die der Unterkunft dienen (Erdloch, Iglu). Die vorübergehende Nichtnutzung einer Räumlichkeit als Wohnung ändert an der Wohnungseigenschaft nichts, sofern sie nicht als Wohnung entwidmet wird (BGH, NStZ 2020, 679 f.; BGH, NJW 2020, 1750, 1751; a. A. *Wessels/Hillenkamp/Schuhr*, BT 2, Rdn. 343). Verstirbt der Wohnungsinhaber oder zieht jemand aus der Wohnung aus, sodass diese trotz noch vorhandener Möbel aktuell nicht bewohnt ist, bejaht der BGH weiterhin die Wohnungseigenschaft, sofern sie nicht als Wohnstätte entwidmet wird (BGH, NStZ 2020, 484). Auch bei Personen, die etwa in der Haft oder im Maßregelvollzug zwangsweise untergebracht sind, ist die jeweilige Unterkunft als Wohnung einzuordnen. Ebenfalls das Hotelzimmer ist zur Unterkunft bestimmt und geeignet und daher nach zutreffender Ansicht Wohnung (BGH, NStZ-RR 2018, 14, 15; a. A. etwa *Eisele*, BT II, Rdn. 235; *Wessels/Hillenkamp/Schuhr*, BT 2, Rdn. 343).

340 Reine Transportmittel, etwa ein Kraftfahrzeug, sind grundsätzlich nicht als Wohnung einzustufen, es sei denn, sie werden im Einzelfall tatsächlich als Unterkunft genutzt. Entsprechendes gilt, wenn etwa Turnhallen in einzelne Unterkünfte umfunktioniert werden.

341 Vor dem Hintergrund des Art. 103 Abs. 2 GG fällt ein Gartenhäuschen, das keine Wohnzwecke hat, nicht unter den Wohnungsbegriff. Entsprechendes gilt für eine freistehende Garage, ein eigenständiges Kellerabteil (z. B. in einem Mehrfamilienhaus), einen eigenständigen Geschäftsraum (vom Wohnraum abgetrenntes Büro im Erdgeschoss) oder eine entsprechende Dachkammer. Sind solche Räume wie etwa ein Flur, ein Keller, ein Arbeitszimmer in einem Einfamilienhaus oder andere zu betrieblichen Zwecken in einem Gebäude genutzte Räume unmittelbar mit dem eigentlichen Wohnbereich so verbunden, dass eine räumliche und bauliche **geschlossene Einheit**

vorliegt (BGH, NStZ-RR 2018, 14, 15; *Rengier*, BT I, § 4 Rdn. 83), ist aber der Wohnungsbegriff erfüllt. Das ist jedoch nicht der Fall, wenn diese Räume wie etwa eine Werkstatt vom Wohnbereich getrennt sind, selbst wenn der Wohnraum von dort aus frei zugänglich ist (BGH, BeckRS 2021, 6275).

Dementsprechend liegt ein Wohnungseinbruch auch dann vor, wenn jemand in den Keller eines Einfamilienhauses oder in das Arbeitszimmer einbricht, um zu stehlen, sofern diese Räume mit den eigentlichen Wohnräumen unmittelbar zu einer Einheit verbunden sind; § 244 Abs. 1 Nr. 3 StGB ist dann erfüllt. Das gilt selbst dann, wenn etwa nur aus den Kellerräumen oder dem Arbeitszimmer gestohlen wird (BGH, NStZ 2013, 120, 121; BGH, NStZ-RR 2018, 14, 15). § 244 Abs. 1 Nr. 3 StGB scheitert aber, wenn jemand in den Geschäftsraum im Erdgeschoss einbricht, von dem aus der Zugang zu dem im Obergeschoss liegenden Wohnraum frei möglich ist, jedoch der Geschäftsraum vom Wohnbereich getrennt ist und damit keine geschlossene Einheit vorliegt. 342

Nicht zur Wohnung im Sinne des § 244 Abs. 1 Nr. 3 StGB gehören die Terrasse eines Hauses oder der Flur eines Mietshauses. 343

5. § 244 Abs. 4 StGB

Durch das 55. StrÄndG vom 17.7.2017 (BGBl. I, 2442) wurde der Wohnungseinbruchsdiebstahl zum Verbrechen im Sinne des § 12 Abs. 1 StGB heraufgestuft, wenn die Tat eine **dauerhaft genutzte Privatwohnung** betrifft. Die Qualifikation des § 244 Abs. 1 Nr. 3 StGB wird dadurch abermals qualifiziert. Der schwere Wohnungseinbruchsdiebstahl gemäß § 244 Abs. 4 StGB ist lex specialis zu § 244 Abs. 1 Nr. 3 StGB. 344

Vorausgesetzt wird also zunächst wie in § 244 Abs. 1 Nr. 3 StGB, dass der Täter in eine Wohnung einbricht, einsteigt usw. Eingeengt wird nun aber die Norm dadurch, dass es sich erstens um eine **Privatwohnung** handelt und zweitens diese **dauerhaft genutzt** werden muss. 345

Angesichts des Verbrechenscharakters des § 244 Abs. 4 StGB, ohne dass ein minder schwerer Fall vorgesehen ist, sodass § 244 Abs. 4 StGB strenger ist als § 244a StGB (selbst § 249 StGB sieht einen minder schweren Fall vor), wird man den Begriff der **Privatwohnung** restriktiv zu interpretieren haben. Eine solche ist nur dann anzunehmen, wenn die Unterkunft überwiegend der persönlichen Lebensgestaltung dient, also einen persönlichen Rückzugsort darstellt. Das ist zum Beispiel anzunehmen beim Eigenheim und grundsätzlich auch beim klassischen Wohnraummietvertrag. Dagegen fallen Räume, in denen einer dienstlichen Tätigkeit nachgegangen wird, nicht darunter. Hat jemand jedoch in seiner Wohnung auch ein Arbeitszimmer eingerichtet (räumliche Einheit), liegt dennoch eine Privatwohnung vor, sofern es dabei bleibt, dass die Unterkunft überwiegend der privaten Lebensgestaltung dient; § 244 Abs. 4 StGB ist dann erfüllt, nach zutreffender Ansicht selbst in dem Fall, dass nur Sachen aus dem Arbeitszimmer gestohlen werden. Kein Fall des § 244 Abs. 4 StGB ist jedoch anzunehmen, wenn jemand in eine Gaststätte einbricht, um von dort über eine Treppe in die im nächsten Geschoss liegende Privatwohnung zu gelangen (fehlende räumliche Einheit). 346

Nicht erfasst werden etwa Unterkünfte im Krankenhaus oder in der Justizvollzugsanstalt, da diese primär anderen Zwecken dienen (medizinische Versorgung; Vollzug einer Freiheitsstrafe). Anders ist dies wiederum bei einem Hotelzimmer, das für den Zeitraum der Anmietung in der Regel überwiegend der persönlichen Lebensgestaltung unterliegt; hier stellt sich vielmehr die Frage der Dauerhaftigkeit. 347

Privatwohnungen sind etwa auch Zweitwohnungen, Unterkünfte in Wohnmobilen oder in Zelten. Dagegen sind leerstehende Wohnungen, die aktuell keinen privaten Wohnzwecken dienen, nicht erfasst (BGH, NStZ 2020, 679, 680). § 244 Abs. 4 StGB 348 scheidet daher nach dem Tod des einzigen Bewohners aus. Weiß der stehlende Täter nicht, dass der Wohnungsinhaber verstorben ist, macht er sich wegen untauglichen Versuchs gemäß §§ 244 Abs. 4, 22, 23 StGB strafbar, der aus Klarstellungsgründen in Tateinheit mit dem vollendeten § 244 Abs. 1 Nr. 3 StGB steht (BGH, BeckRS 2022, 42168).

349 Die Privatwohnung muss **dauerhaft** als solche von der Person **genutzt** werden. Insofern führt also ein zeitlicher Aspekt zu einer weiteren Einschränkung. Um eine Überdehnung der Norm zu verhindern, erscheint es sinnvoll, vom Ausgangspunkt einen Zeitraum zu fordern, wonach der Betreffende bereits zumindest sechs Monate die Wohnung nutzt. Jedoch kann sich die Dauerhaftigkeit nicht nur aus dem objektiv zu bemessenden Zeitraum ergeben, sondern auch aus der Intention des Betreffenden: Bei einem Umzug etwa ist die Wohnung vom ersten Tag an eine dauerhaft genutzte Privatwohnung und über § 244 Abs. 4 StGB geschützt, sofern der Inhaber die Absicht hegt, sie für einen Zeitraum von zumindest sechs Monaten überwiegend zur privaten Lebensgestaltung zu nutzen. Dann kann man von einer dauerhaft genutzten Privatwohnung ausgehen.

350 Damit sind etwa Hotelzimmer, die nur für eine kürzere Zeit als Unterkunft dienen sollen, keine dauerhaft genutzten Privatwohnungen.

351 Andererseits ist eine ununterbrochene, ständige Nutzung nicht erforderlich. Auch eine Wohnung, die tatsächlich etwa als Zweitwohnung nur einige Wochen im Jahr bewohnt ist, aber schon länger als sechs Monate genutzt wird oder werden soll, stellt eine dauerhaft genutzte Privatwohnung dar. Folglich fallen auch Ferienwohnungen darunter. Entsprechendes gilt für Wohnwagen, die nicht ununterbrochen, jedoch immer wieder als Unterkunft benutzt werden.

IV. Unterschlagung gemäß § 246 StGB

1. Allgemeines

Der Tatbestand des § 246 StGB hat durch das 6. StrRG vom 26.1.1998 (BGBl. I, 164) wesentliche Änderungen erfahren. Während es früher darauf ankam, ob der Täter sich eine fremde bewegliche Sache rechtswidrig zueignet, die er in Gewahrsam hat (das damals ebenfalls aufgeführte Merkmal „Besitz“ hatte nach überwiegender Ansicht keine eigenständige Bedeutung), verlangt § 246 StGB in seiner heutigen Ausprägung lediglich, dass der Täter eine fremde bewegliche Sache „sich oder einem Dritten rechtswidrig zueignet“. Durch das bloße Abstellen auf die rechtswidrige Zueignung ist damit § 246 StGB zu einem allgemeinen Zueignungsdelikt und **Auffangtatbestand** geworden. Dementsprechend wurde der Gesetzestext um eine ausdrückliche **Subsidiaritätsklausel** ergänzt, wonach § 246 StGB im Wege der Gesetzeskonkurrenz zurücktritt, wenn die Tat „in anderen Vorschriften mit schwererer Strafe bedroht ist“. 352

Für die Fallbearbeitung bedeutet das, dass man die Prüfung zunächst mit Vorschriften beginnt, die möglicherweise in Betracht kommen und eine schwerere Strafe vorsehen (also etwa §§ 242, 249, 253, 255, 263 StGB, ebenfalls aber etwa auch § 212 StGB; siehe dazu Rdn. 392). Erst danach ist § 246 StGB anzusprechen. 353

Eigenständige Bedeutung hat § 246 StGB insbesondere dann, wenn sich der Täter eine **gewahrsamslose** fremde bewegliche Sache rechtswidrig zueignet. 354

> **Beispiel:** 355
> *O hat seine Uhr in der Fußgängerzone der Stadt S verloren. O weiß nicht, wo der Verlust eingetreten ist. Passant A findet die Uhr und behält sie für sich.*
> *Die Uhr, eine für den A fremde bewegliche Sache, ist im Zeitpunkt der Ansichnahme durch A gewahrsamslos. A macht sich strafbar gemäß § 246 StGB. Zueignung und Gewahrsamserlangung können dabei im Übrigen in einem Akt zusammenfallen. Die zur früheren Fassung des § 246 StGB umstrittene Frage, ob Gewahrsamserlangung und Zueignung in einer Handlung zeitlich zusammenfallen können (so die kleine berichtigende Auslegung; die große berichtigende Auslegung ließ jede Zueignung ohne Gewahrsamsbruch ausreichen) oder ob der Täter vor der Zueignung schon Gewahrsam haben muss (strenge Auslegung), hat sich durch die Streichung des Gewahrsamsmerkmals in § 246 StGB erledigt.*

Zudem hat § 246 StGB selbstständige Bedeutung, wenn jemand **Alleingewahrsamsinhaber** ist. 356

> **Beispiel:** 357
> *Kassierer A ist für den Kassenbestand alleinverantwortlich. A entnimmt der Kasse 100 Euro.*
> *A ist in Bezug auf das Geld Alleingewahrsamsinhaber. Durch die Ansichnahme des Geldes bricht er folglich keinen fremden Gewahrsam und macht sich daher nicht nach § 242 StGB strafbar. A verwirklicht aber § 246 StGB.*

Relevanz hat § 246 StGB auch, wenn jemand einen Gegenstand ohne Gewahrsamsbruch erlangt, wobei er sich diesen dann später zueignet. 358

359 **Beispiel:**
A hat sich das Fahrrad von O für drei Tage geliehen. Nach zwei Tagen kommt A die Idee, das Fahrrad zu veräußern.

360 Anders als bei § 242 StGB, der sowohl Eigentum als auch Gewahrsam schützt (Rdn. 2), geht es in § 246 StGB allein um den **Schutz des Eigentums**.

361 Taugliches Tatobjekt ist eine **fremde bewegliche Sache**. Im Hinblick auf dieses Merkmal kann auf die Erläuterungen zum Diebstahl verwiesen werden, die hier entsprechend gelten (Rdn. 3 ff.). In Bezug auf das Tatobjekt stimmen also Diebstahl und Unterschlagung überein. Dabei ist zu beachten, dass eine vollendete Unterschlagung bei Sachgesamtheiten (z. B. Äpfel im Lager des Obstbauern) erst anzunehmen ist nach Aussonderung des Zueignungsobjekts (*Wessels/Hillenkamp/Schuhr*, BT 2, Rdn. 352).

362 Die Tathandlung besteht darin, dass der Täter sich oder einem Dritten die fremde bewegliche Sache **rechtswidrig zueignet**. Im Unterschied zum Diebstahl, bei dem die Zueignungsabsicht genügt, muss es also bei § 246 StGB **objektiv zu einer rechtswidrigen Zueignung** kommen.

363 Für den **Aufbau** der Vorschrift der Unterschlagung bedeutet das: Im **objektiven Tatbestand** ist zunächst zu prüfen, ob es sich bei dem Tatobjekt um eine fremde bewegliche Sache handelt. Sodann bedarf es der Untersuchung, ob der Täter sich oder einem Dritten diese Sache objektiv zugeeignet hat. Im Anschluss ist die objektive Rechtswidrigkeit der Zueignung zu erörtern. Im **subjektiven Tatbestand** muss untersucht werden, ob der Täter Vorsatz im Hinblick auf die fremde bewegliche Sache hat. Sodann ist der Vorsatz bezüglich der Zueignung zu untersuchen, wobei anders als beim Diebstahl, der ja hinsichtlich der Aneignungskomponente dolus directus 1. Grades verlangt, bei der Unterschlagung sowohl hinsichtlich Aneignungs- als auch Enteignungskomponente dolus eventualis genügt (ebenso *Fischer*, StGB, § 246 Rdn. 20; *Rengier*, BT I, § 5 Rdn. 18; a. A. etwa *Klesczewski*, BT, § 8 Rdn. 77; *Küper/Zopfs*, BT, Rdn. 845). Im Anschluss verbleibt zu untersuchen, ob der Täter vorsätzlich hinsichtlich der Rechtswidrigkeit der Zueignung handelte. Dann ist auf die verbleibenden Verbrechensmerkmale der Rechtswidrigkeit und Schuld einzugehen.

2. Die Zueignung

364 Es ist umstritten, was unter der objektiv erforderlichen **Zueignung im Sinne des § 246 StGB** zu verstehen ist.

365 Nach der **weiten Manifestationstheorie** genügt jedes beliebige Verhalten des Täters, das für einen objektiven Beobachter als Betätigung des Zueignungswillens interpretiert werden kann (siehe BGHSt 14, 38, 41: Jede Willensäußerung genüge, die im Rahmen der Würdigung aller Tatumstände eine Zueignungsabsicht offenbart). Die herrschende **enge Manifestationstheorie** verlangt, dass es sich um eine Verhaltensweise handelt, die sich für einen die Umstände kennenden objektiven Dritten **eindeutig als Betätigung des Zueignungswillens** darstellt (siehe BGHSt 34, 309, 312: Das Verhalten müsse den „sicheren Schluss" zulassen, dass er den Gegenstand oder den in ihm verkörperten Wert seinem Vermögen einverleiben will; BGH, BeckRS 2024, 10417; BayObLG, NJW 1992, 1777, 1778). Diese enge Manifestationstheorie entspricht der überwiegenden Ansicht im Schrifttum (siehe etwa *Bosch*, TK, StGB, § 246 Rdn. 10 f.).

366 Dagegen ist für die Aneignungstheorie erforderlich, dass im Rahmen der Zueignung ein Aneignungserfolg stattgefunden hat (*Tenckhoff*, JuS 1980, 723, 726 f.). Die Enteignungstheorie verlangt hingegen, dass die Enteignung erfolgt ist oder zumindest insofern objektiv eine konkrete Gefahr besteht (*Gropp*, JuS 1999, 1041, 1045). Manche Autoren fordern schließlich, dass es sowohl zu einer Aneignung als auch zumindest der konkreten Gefahr der Enteignung gekommen ist (siehe *Hohmann*, MK, StGB, § 246

Rdn. 33 ff.). Auch der 6. Strafsenat des BGH (BGHSt 68, 113, 114 ff.) vertritt in einer jüngeren Entscheidung entgegen der bisherigen Rechtsprechung des BGH die Auffassung, dass eine bloße Manifestation des Zueignungswillens nicht genüge. Eine Zueignung im Sinne des § 246 StGB sei nur gegeben, wenn sich der Täter die Sache oder den in ihr verkörperten wirtschaftlichen Wert wenigstens vorübergehend in sein Vermögen einverleibt und den Eigentümer auf Dauer von der Nutzung ausschließt. Der 4. Strafsenat des BGH hat sich der Auffassung des 6. Strafsenats des BGH nicht angeschlossen und hält an der engen Manifestationstheorie fest (BGH, BeckRS 2024, 10417).

Gegen die Theorien, welche allein auf die Aneignung oder Enteignung abstellen, spricht jedoch, dass damit jeweils nur ein Teil der Zueignung abgebildet wird, obwohl sie sowohl aus der Aneignung als auch aus der Enteignung besteht. Sofern man beides verlangt, erreicht man zwar eine restriktive Interpretation der Vorschrift, beachtet aber nicht genügend, dass es bei § 246 StGB um den Zueignungswillen geht, der betätigt, also manifestiert wird. Bei der weiten Manifestationstheorie besteht die Schwierigkeit, strafloses von strafbarem Verhalten hinreichend abzugrenzen: So muss auch der ehrliche Finder einen Gegenstand aufheben und einstecken, selbst wenn er ihn zum Fundbüro bringen will. Nach der weiten Manifestationstheorie könnte die Ansichnahme aber schon eine Zueignung darstellen. Die enge Manifestationstheorie hingegen ist in der Lage, diese mehrdeutigen Verhaltensweisen auszuscheiden, gleichzeitig aber zu berücksichtigen, dass es um die Manifestation des Zueignungswillens geht. Sie ist daher zu befürworten. 367

Legt man diese **enge Manifestationstheorie** zugrunde, bedeutet das im Einzelnen: Findet eine Person einen verlorenen Gegenstand auf der Straße und nimmt ihn an sich, bedeutet das für sich genommen noch keine Zueignung. Diese ist erst dann anzunehmen, wenn das Verhalten für einen objektiven Beobachter eine eindeutige Betätigung des Zueignungswillens darstellt. Das ist etwa dann anzunehmen, wenn jemand einen gefundenen Geldschein in sein Geld einsortiert oder einen Gegenstand mit nach Hause nimmt und in seine persönliche Habe einreiht. 368

Typische Manifestationshandlungen sind etwa auch der Verbrauch, die Weiterveräußerung oder die Verarbeitung der Sache oder das Ableugnen des Besitzes. 369

Die bloße **Nichterfüllung einer Rückgabepflicht** stellt für sich genommen hingegen **nicht** bereits eine Zueignung dar (BayObLG, NJW 1992, 1777, 1778). 370

> **Beispiel:** 371
> *A gibt nach Leihfristende das in der Bücherei ausgeliehene Buch nicht zurück. Allein die Nichterfüllung der Schuldnerpflicht bedeutet keine Zueignung. Sie kann etwa auch nur auf bloßer Nachlässigkeit beruhen. Vielmehr muss eine eindeutige Betätigung des Zueignungswillens erfolgen. Das kann etwa darin liegen, dass das Buch verkauft oder zum Verkauf angeboten wird, die Signatur entfernt wird oder der Entleiher den Besitz leugnet oder den Gegenstand versteckt.*

Da § 246 StGB seit seiner Neufassung im Jahre 1998 nicht mehr verlangt, dass der Täter die fremde bewegliche Sache in seinem Gewahrsam hat, stellt sich das Problem, ob eine Zueignung auch in Bezug auf Sachen in Betracht kommt, über die der Täter **keine** irgendwie geartete **Sachherrschaftsbeziehung** ausübt. 372

> **Beispiel:** 373
> *A sieht am Straßenrand in der X-Straße das Cabrio des O stehen, der den Fahrzeugschlüssel auf dem Beifahrersitz vergessen hat. A ruft spontan seine Freundin F an, die Geburtstag hat, und sagt, „ihr neues Cabrio stehe abholbereit in der X-Straße". Hat sich A wegen Unterschlagung strafbar gemacht?*
> *Bei dem Fahrzeug handelt es sich um eine für A fremde bewegliche Sache. Durch das Telefonat hat A auch im Sinne der engen Manifestationstheorie ein-*

deutig den Willen zur Drittzueignung zum Ausdruck gebracht. Von daher könnte man durchaus den objektiven Tatbestand bejahen.
Andererseits hat A keine sachherrschaftliche Beziehung zu dem Zueignungsgegenstand. Zwar verlangt § 246 StGB nicht mehr, dass der Täter sich eine Sache zueignet, die er im Gewahrsam hat, jedoch macht der vorliegende Beispielsfall doch deutlich, dass in einer solchen Konstellation eher die böse Gesinnung als eine in die Außenwelt getretene Tat bestraft wird. Das geschützte Rechtsgut Eigentum wird hier letztlich noch nicht beeinträchtigt. Von daher ist es zu befürworten, dass man § 246 StGB in Bezug auf solche Sachverhaltsgestaltungen einschränkend interpretiert und verlangt, dass der Täter hinsichtlich der fremden beweglichen Sache zumindest eine sachenrechtsähnliche Herrschaftsbeziehung (wie unmittelbaren oder zumindest mittelbaren Besitz) aufweist (Bosch, TK, StGB, § 246 Rdn. 10; Rengier, BT I, § 5 Rdn. 30), was hier nicht der Fall ist. A macht sich daher nach zutreffender Sicht nicht nach § 246 StGB strafbar. Sein Verhalten stellt auch noch keinen (strafbaren) Versuch des § 246 StGB dar, da man in dem Telefonat noch kein unmittelbares Ansetzen zur Tatbestandsverwirklichung sehen kann.

374 Seit dem 6. StrRG ist auch die **Drittzueignung** von § 246 StGB erfasst. Historischer Hintergrund war, dass Mitarbeiter der Staatssicherheit in der ehemaligen DDR aus Postsendungen, die von West nach Ost geschickt wurden, das mitversendete Geld zugunsten des Staates herausgenommen hatten (siehe dazu BGHSt 41, 187, 194 ff.; hier musste der Große Senat § 246 StGB verneinen, da eine Selbstzueignung nicht vorlag und zum damaligen Zeitpunkt die Drittzueignung gesetzlich nicht unter Strafe gestellt war). Das hatte den Gesetzgeber dazu bewogen, strafrechtlich auch die Drittzueignung zu erfassen (BT-Drucks. 13, 8587, S. 43).

375 **Beispiel:**
A ist bei B zu Besuch. A nimmt nun aus dem Kellerregal des B einen im Eigentum des O stehenden Wein, den er dem B einschenkt.
Selbst dann, wenn B nicht weiß, dass es sich um den Wein des O handelt, eignet der A dem B den Wein zu. B muss also nach zutreffender Sicht nicht von der Zueignung wissen oder damit einverstanden sein (Wessels/Hillenkamp/Schuhr, BT 2, Rdn. 357; str.).

376 Problematisch ist, was zu gelten hat, wenn die fremde Sache nicht konkret einer bestimmten Person zugeeignet wird.

377 **Beispiel:**
A hat sich von O ein Buch geliehen. Nachdem A das Buch gelesen hat, gibt er es nicht zurück, sondern stellt es in einen „öffentlichen Bücherschrank" auf dem Marktplatz seiner Heimatstadt. Dort nimmt es einige Tage später der C an sich. Mit der Ansichnahme durch einen Dritten hat A gerechnet und dies in Kauf genommen.
Hier wird man mit dem Einstellen in den Bücherschrank durch A eine Drittzueignung bejahen können (a. A. Rengier, BT I, § 5 Rdn. 48).

378 Fraglich ist weiterhin, ob auch eine **wiederholte Zueignung** möglich ist.

379 **Beispiel:**
A hat bei dem O ein Gemälde gestohlen. Zwei Monate später entscheidet sich A, das Gemälde seiner Freundin B zu schenken.
A hat sich wegen Diebstahls strafbar gemacht; die mit dem Diebstahl gleichzeitig verwirklichte Unterschlagung tritt gemäß § 246 Abs. 1 a. E. StGB aufgrund

Subsidiarität hinter § 242 StGB zurück. Fraglich ist aber, ob sich A gemäß § 246 StGB strafbar macht, als er zwei Monate nach dem Diebstahl seiner Freundin B das Bild schenkt. Die in § 246 StGB formulierte Subsidiaritätsklausel hilft hier nicht weiter, da diese Unterschlagung zu dem zuvor erfolgten Diebstahl in Tatmehrheit stehen würde.
Nach der Rechtsprechung ist eine wiederholte Zueignung schon nicht tatbestandlich (Tatbestandslösung), sofern der Täter den Gegenstand zuvor bereits in strafbarer Weise erlangt hat (BGHSt 14, 38, 44; ebenso etwa Poller/Härtl, JuS 2004, 1075, 1077; Rengier, BT I, § 5 Rdn. 51).
Die Gegenmeinung im Schrifttum (Wessels/Hillenkamp/Schuhr, BT 2, Rdn. 375; Mitsch, JuS 1998, 307, 312) erachtet auch die Zweitzueignung als tatbestandlich, lässt sie jedoch als mitbestrafte Nachtat auf der Ebene der Konkurrenzen hinter das erste Zueignungsdelikt zurücktreten (Konkurrenzlösung).
Gegen die Auffassung des Schrifttums spricht zwar, dass danach jede erneute Manifestation des Zueignungswillens tatbestandlich ist und damit faktisch die Verjährung immer weiter hinausgezögert wird. Andererseits ist es dogmatisch nicht konsequent, dass die Rechtsprechung eine erneute Zueignung tatbestandlich nur dann ausscheidet, wenn die vorangegangene Zueignung strafbar war; entweder gibt es tatbestandlich eine Zweitzueignung oder es gibt sie nicht, aber dies ist unabhängig von der Strafbarkeit des Vorverhaltens: Nimmt also jemand versehentlich (vorsatzlos) abends an der Garderobe einer Gaststätte den Mantel eines anderen an sich und entdeckt er erst am nächsten Tag den Irrtum, entscheidet sich dann aber, den Mantel zu behalten, stellt sich ebenso das Problem, ob die wiederholte Zueignung tatbestandlich ist oder nicht. Insoweit muss man nun aber sagen, dass eine Person durchaus mit ihrem Verhalten – übereinstimmend mit der Definition der Zueignung – nochmals den Zueignungswillen eindeutig manifestieren kann, sodass die wiederholte Zueignung sehr wohl tatbestandlich ist. Nur tritt sie dann als mitbestrafte Nachtat hinter eine erste strafbare Zueignung zurück, hat also insofern keinen eigenständigen Bedeutungsgehalt. Die überwiegende Auffassung im Schrifttum ist daher zu befürworten. Ein Teilnehmer an der zweiten Unterschlagung kann sich damit durchaus strafbar machen, da eine vorsätzliche rechtswidrige Haupttat vorliegt.

3. Die Rechtswidrigkeit der Zueignung

Die Zueignung muss **objektiv rechtswidrig** sein. Das ist zu verneinen, sofern der Handelnde einen fälligen und durchsetzbaren Anspruch gerade auf diesen Gegenstand hat. Insoweit gelten die Ausführungen zur Rechtswidrigkeit der Zueignung beim Diebstahl entsprechend (siehe Rdn. 210 ff.). Im Unterschied zum Diebstahl ist aber dieser Prüfungspunkt bereits im objektiven Tatbestand anzusprechen. 380

4. Die veruntreuende Unterschlagung gemäß § 246 Abs. 2 StGB

§ 246 Abs. 2 StGB **qualifiziert** die Unterschlagung, wenn die fremde bewegliche Sache dem Täter **anvertraut** ist. Darunter versteht man, dass der Täter verpflichtet ist, den Gegenstand zu einem bestimmten Zweck im Sinne des Anvertrauenden zu verwenden (BGHSt 16, 280, 282). Das ist etwa anzunehmen, wenn jemand eine Sache gemietet oder geliehen hat oder aufbewahrt. Dabei verlangt § 246 Abs. 2 StGB anders als § 266 StGB keine Vermögensbetreuungspflicht. 381

382 Die Qualifikation kommt nicht in Betracht, wenn der Anvertrauende gegen die Interessen des Eigentümers handelt, indem zum Beispiel der Dieb einem anderen die gestohlene Sache in Verwahrung gibt (RGSt 40, 222, 223).

383 Das Anvertrautsein ist besonderes persönliches Merkmal im Sinne des § 28 Abs. 2 StGB.

384 Unterschiedlich wird beurteilt, ob das Merkmal auch dann angenommen werden kann, wenn die Sache zu gesetzeswidrigen Zwecken überantwortet worden ist.

385 **Beispiel:**
A erhält von B Geld, um damit Drogen zu kaufen. A behält das Geld für sich und kauft sich davon ein Auto.
Nach der Rechtsprechung (BGH, NJW 1954, 889; ebenso etwa Eisele, BT II, Rdn. 273) ist auch in einem solchen Fall § 246 Abs. 2 StGB einschlägig. Die Gegenansicht (Bosch, TK, StGB, § 246 Rdn. 30; Joecks/Jäger, StGB, § 246 Rdn. 29) verneint ein Anvertrautsein, da derartige Verhältnisse nicht schützenswert seien.

5. Die Subsidiaritätsklausel des § 246 Abs. 1 a. E. StGB

386 Die im ersten Absatz erwähnte Subsidiaritätsklausel gilt nicht nur für diesen Absatz, sondern auch für § 246 Abs. 2 StGB (BGH, NJW 2012, 3046).

387 Es handelt sich um eine **formelle Subsidiaritätsklausel** (ausdrückliche Subsidiarität), die auf der Ebene der Konkurrenzen Relevanz hat.

388 **Beispiel:**
A stiehlt die Geldbörse des O.
A verwirklicht in diesem Fall durch eine Handlung sowohl § 242 StGB als auch § 246 StGB. Aufgrund der Subsidiaritätsklausel des § 246 Abs. 1 StGB tritt jedoch die Unterschlagung hinter dem Diebstahl im Wege der Konkurrenz zurück.

389 Die Klausel greift nicht, wenn die Strafandrohungen die gleichen sind. So stehen etwa § 242 StGB und § 246 Abs. 2 StGB in Idealkonkurrenz. Bei dem Vergleich der Strafdrohungen sollen aber auch Schärfungen und Milderungen auf der Strafzumessungsebene Berücksichtigung finden. So verdränge § 266 StGB i. V. m. § 263 Abs. 3 S. 2 Nr. 1 StGB den § 246 Abs. 2 StGB (BGH, NJW 2012, 3046).

390 Es geht immer nur um in **Handlungseinheit verwirklichte Delikte**. Über die Subsidiaritätsklausel nicht lösbar ist daher der Fall der wiederholten Zueignung (siehe Rdn. 379), da in diesem Fall die Unterschlagung erst durch eine weitere Handlung zeitlich nach dem Diebstahl begangen wird. Insoweit geht es dann nach den Erläuterungen um die Konstellation der mitbestraften Nachtat.

391 Umstritten ist die Reichweite der Klausel.

392 **Beispiel:**
Filialleiter A setzt gleichzeitig mit der Unterschlagung von Geld das sich in einem Wohngebäude befindliche Büro in Brand, um Spuren zu verwischen. Das Gebäude brennt vollständig ab.
A verwirklicht in diesem Fall neben § 246 StGB u. a. auch § 306a Abs. 1 Nr. 1 StGB. Diese Vorschrift sieht eine Freiheitsstrafe nicht unter einem Jahr vor, also eine schwerere Strafe als § 246 StGB. Andererseits dient § 306a StGB dem Schutz von Menschenleben, nicht dem von Eigentum und Vermögen. Damit stellt sich die Frage, ob § 246 StGB nur subsidiär ist im Verhältnis zu Taten,

die ein vergleichbares Rechtsgut schützen (also Eigentum oder Vermögen wie zum Beispiel §§ 242, 249, 252, 253, 255, 263 StGB), oder gegenüber jedem mit einer schwereren Strafe bedrohten Delikt, das tateinheitlich verwirklicht wird.
Der BGH hat ausgehend vom Wortlaut solcher Klauseln entschieden, dass die Subsidiaritätsklausel unabhängig davon greift, welches Rechtsgut die andere Vorschrift schützt; maßgeblich sei allein die schwerere Strafdrohung (BGHSt 47, 243, 244; BGH, NStZ-RR 2018, 118, 119; Heghmanns, JuS 2003, 954, 955 ff.). Danach tritt § 246 StGB hinter § 306a Abs. 1 Nr. 1 StGB zurück.
Teile der Literatur sind hingegen der Auffassung, dass die Subsidiarität nur gegenüber Vorschriften mit einem vergleichbaren geschützten Rechtsgut, einer vergleichbaren Angriffsrichtung, greife (Freund/Putz, NStZ 2003, 242, 243 ff.; Küpper, JZ 2002, 1115 f.). Folglich bliebe hier § 246 StGB neben § 306a Abs. 1 Nr. 1 StGB in Idealkonkurrenz stehen.
In der Tat ist der Wortlaut des § 246 StGB eindeutig, auch wenn solche Fälle ungewöhnlich sein mögen: Alle gleichzeitig verwirklichten Vorschriften, die eine schwerere Strafe vorsehen, verdrängen § 246 StGB und dies unabhängig vom geschützten Rechtsgut. Der Rechtsprechung ist daher beizupflichten.

V. Unbefugter Gebrauch eines Fahrzeugs gemäß § 248b StGB

393 Fehlt dem Täter beim Diebstahl der Enteignungsvorsatz, scheidet eine Strafbarkeit nach § 242 StGB aus.

394 **Beispiel:**
A nimmt ohne Zustimmung des O dessen Fahrrad, um einen Brief zur Post zu bringen. Wie von Anfang an geplant, stellt A danach das Fahrrad an seinen Platz zurück.
Zwar hat A im Sinne des § 242 StGB eine fremde bewegliche Sache weggenommen, zudem handelt er vorsätzlich. Auch verleibt er sich zumindest vorübergehend das Fahrrad in sein Vermögen ein, sodass die Aneignungsabsicht zu bejahen ist. A fehlt jedoch der Enteignungsvorsatz, da er das Fahrrad zurückgeben will. Die Zueignungsabsicht ist damit zu verneinen.
Eine Strafbarkeit des A gemäß § 246 StGB scheitert bereits objektiv an der fehlenden Zueignung.
Einschlägig ist jedoch bei dieser Gebrauchsanmaßung die Vorschrift des § 248b StGB.

395 Der Gesetzgeber hat die **Gebrauchsanmaßung** (furtum usus) nur in § 248b StGB sowie in § 290 StGB (Unbefugter Gebrauch von Pfandsachen) unter Strafe gestellt.

396 Dabei sind **taugliche Tatobjekte** des § 248b StGB nur **Kraftfahrzeuge** (Legaldefinition in § 248b Abs. 4 StGB) sowie **Fahrräder**. Maßgeblich ist bei Kraftfahrzeugen die Bewegung durch Maschinenkraft, worunter etwa neben Autos, Lastkraftwagen, Motorrädern und Mofas auch Elektrokleinstfahrzeuge (z. B. Elektroroller) sowie Motorflugzeuge und -boote fallen. Der klassische Tretroller aber ist weder Kraftfahrzeug noch Fahrrad, die Anwendung des § 248b StGB auf ihn wäre eine verbotene Analogie (Art. 103 Abs. 2 GG). Elektrofahrräder wird man richtigerweise auch den Kraftfahrzeugen zuordnen müssen; wer dies verneint, muss jedenfalls die Eigenschaft als Fahrrad bejahen.

397 Entscheidend ist, dass der Täter das Tatobjekt **gegen den Willen des Berechtigten in Gebrauch nimmt**.

398 Das **Einverständnis** des Berechtigten ist also **tatbestandsausschließend**. Ein „mutmaßliches Einverständnis" (etwa bei der Rückführung an den Berechtigten) spielt erst auf der Ebene der Rechtswidrigkeit als (gegenüber der ausdrücklichen Einwilligung subsidiäre) mutmaßliche Einwilligung eine Rolle (*Kudlich*, JA 2014, 873, 874 f.; *Rengier*, BT I, § 6 Rdn. 12; anders wohl BGHSt 59, 260, 262: Tatbestandsebene). **Berechtigter** ist derjenige, der befugt ist, das Fahrzeug als Fortbewegungsmittel zu benutzen (BGHSt 11, 47, 51). Der Berechtigte kann dabei durchaus auch ein anderer als der Eigentümer sein (man denke etwa an den Mieter oder an die Sicherungsübereignung), was zur Konsequenz hat, dass sich im Einzelfall durchaus auch der Eigentümer nach dieser Norm strafbar machen kann (*Kindhäuser/Hoven*, NK, StGB, § 248b Rdn. 1; *Wessels/Hillenkamp/Schuhr*, BT 2, Rdn. 487; anders etwa *Hohmann*, MK, StGB, § 248b Rdn. 1 f.; *Kretschmer*, AnwK, StGB, § 248b Rdn. 1).

399 **In Gebrauch Nehmen** bedeutet vom Ausgangspunkt die bestimmungsgemäße Benutzung zum Zwecke der Fortbewegung, wobei die Herrschaftsgewalt über das Fahrzeug ausgeübt wird (BGHSt 11, 47, 50). Das bloße Benutzen zum Übernachten genügt daher nicht (BGHSt 11, 47, 49; BGHSt 59, 260, 261). Ebenso wenig sei erfasst, dass jemand als blinder Passagier in einem Bus mitfährt (BGHSt 11, 47, 49). Dennoch ist § 248b StGB kein eigenhändiges Delikt, sodass mittelbare Täterschaft in Betracht kommt.

Von einem „In Gebrauch Nehmen“ wird man vor dem Hintergrund des Art. 103 Abs. 2 GG erst dann sprechen können, wenn das Kraftfahrzeug oder Fahrrad in Bewegung gesetzt worden ist. Das bloße Hineinsetzen oder reine Starten des Motors reicht also noch nicht zur Vollendung (BGHSt 59, 260, 261), jedoch kommt dann ein ausdrücklich in § 248b Abs. 2 StGB unter Strafe gestellter Versuch in Betracht. 400

Problematisch sind Fälle, in denen ein Täter erst während der Fahrt feststellt, dass er den Wagen gegen den Willen des Berechtigten benutzt. 401

> **Beispiel:** 402
> *B leiht dem A angeblich „sein Fahrzeug“, obwohl es dem O gehört. Das weiß A zunächst nicht. Während der Fahrt findet er jedoch im Handschuhfach Unterlagen, aus denen sich ergibt, dass O der Berechtigte ist. Dennoch setzt A seine Fahrt fort.*
> *Nach dem BayObLG (NJW 1953, 193; ebenso Hohmann, MK, StGB, § 248b Rdn. 20) ist in diesem Fall die Vorschrift nicht erfüllt, da sie ein „In Gebrauch nehmen“ pönalisiere, sodass auf den Beginn der Fahrt abzustellen sei. In diesem Zeitpunkt handelte A jedoch vorsatzlos.*
> *Der BGH (BGHSt 11, 47, 50; ebenso etwa Bock, JA 2016, 342, 343 f.) hingegen hat entschieden, dass nicht nur das Ingangsetzen, sondern auch das Inganghalten unter die Vorschrift falle. Folglich macht sich A danach ab Kenntnis nach § 248b StGB strafbar.*

Nach dem BGH (BGHSt 11, 47, 50 f.) verwirklicht in der Konsequenz ebenfalls derjenige § 248b StGB, der sich nach einer Dienstfahrt entscheidet, das Fahrzeug privat zu nutzen, der Handelnde folglich **so nicht berechtigt** ist. 403

> **Weitere Beispiele für den „so nicht Berechtigten“ sowie den „nicht mehr Berechtigten“:** 404
> *A hat von O ein Auto gemietet. Ausdrücklich ist vertraglich untersagt, das Auto auf einer Rennstrecke zu benutzen. Dennoch fährt A mit dem Fahrzeug über den Nürburgring. Oder: X hat von Y ein Auto geliehen. X verleiht es vertragswidrig an Z weiter. Abschließendes Beispiel für den nicht mehr Berechtigten: F benutzt das Fahrzeug nach Beendigung der Miete weiter (dazu BGHSt 59, 260: § 248b StGB sei erfüllt; anders etwa Krey/Hellmann/Heinrich, BT II, Rdn. 222). Für die Erfassung dieser Konstellationen durch § 248b StGB spricht, dass man in diesen Fällen durchaus sagen kann, der Betreffende handele gegen den Willen des Berechtigten. Auch kann diese Form der unberechtigten Nutzung noch als „In Gebrauch Nehmen“ verstanden werden, sodass der Wortlaut der Norm nicht entgegensteht. Nach zutreffender Ansicht erfasst daher § 248b StGB den „so nicht Berechtigten“ oder „nicht mehr Berechtigten“.*

Die Vorschrift des § 248b StGB enthält wie § 246 StGB eine ausdrückliche **Subsidiaritätsklausel**. Insofern gelten die dortigen Darlegungen zu Inhalt und umstrittener Reichweite dieser Klausel entsprechend (siehe Rdn. 386 ff.). 405

Mit dem Gebrauch des Kraftfahrzeugs ist regelmäßig der Verbrauch von Kraftstoff und Schmiermitteln verbunden. Dieser Diebstahl wird jedoch vom Unrechtsgehalt des § 248b StGB mit abgegolten (BGHSt 14, 386, 388). 406

VI.
Entziehung elektrischer Energie gemäß § 248c StGB

407 Im Zusammenhang mit dem Sachbegriff beim Diebstahl wurde bereits erläutert, dass das Reichsgericht (RGSt 29, 111, 112; RGSt 32, 165, 188) mangels Körperlichkeit die Sachqualität des Stroms verneinte, was in der Folge dazu führte, dass der Gesetzgeber die **Entziehung elektrischer Energie** eigenständig unter Strafe stellte (siehe Rdn. 10). Hierbei handelt es sich um den heutigen **§ 248c StGB**.

408 Maßgeblich ist, dass die Entziehung fremder elektrischer Energie mittels eines Leiters erfolgt, der zur **ordnungsmäßigen Entnahme von Energie nicht bestimmt** ist. Dies ist etwa anzunehmen, wenn der Täter vom Stromkasten seines Nachbarn eine Leitung zu sich legt. Dagegen ist die **bloße unbefugte Entnahme** in Bezug auf **installierte, angeschlossene Elektrogeräte** nicht erfasst: Wenn also der Mieter einen angeschlossenen Herd oder eine Elektroheizung des Vermieters nutzt, obwohl ihm dies ausdrücklich untersagt ist, wird § 248c StGB nicht erfüllt. Entsprechendes gilt, wenn die Reinigungskraft im Hotel unbefugtermaßen den angeschlossenen Fernsehapparat anschaltet.

409 § 248c StGB wird aber verwirklicht, falls gegen den Willen des Berechtigten **nicht vorhandene Elektrogeräte** genutzt werden. So ist § 248c StGB erfüllt, wenn die Haushaltshilfe, obwohl ihr dies ausdrücklich verboten ist (ein Einverständnis wirkt tatbestandsausschließend), ihr Handy zum Aufladen an den Strom des Arbeitgebers anschließt oder ein mitgebrachtes elektrisches Heizgerät benutzt (siehe *Bosch*, TK, StGB, § 248c Rdn. 10, 12; *Wessels/Hillenkamp/Schuhr*, BT 2, Rdn. 500; anders *Brodowski*, ZJS 2010, 144, 146).

410 Bei fehlender Zueignungsabsicht ist § 248c Abs. 4 StGB zu beachten (Handeln mit Schädigungsabsicht)..

VII. Raub gemäß § 249 StGB

1. Allgemeines

Beim **Raub gemäß § 249 StGB** handelt es sich um ein **zusammengesetztes Delikt**. 411
Zum einen enthält die Vorschrift einen Diebstahl im Sinne des § 242 StGB, da vorausgesetzt wird, dass der Täter eine fremde bewegliche Sache wegnimmt und dabei Zueignungsabsicht aufweist. Zum anderen erfasst er einen qualifizierten Fall der Nötigung, indem verlangt wird, dass der Täter mit Gewalt gegen eine Person oder unter Anwendung von Drohungen mit gegenwärtiger Gefahr für Leib oder Leben vorgeht. Dabei muss zwischen dem Nötigungsakt einerseits und der Wegnahme andererseits ein spezifischer Zusammenhang bestehen („mit Gewalt ... wegnimmt" oder „unter Anwendung von Drohungen ... wegnimmt"). Dieses Zusammenspiel aus Nötigungs- und Diebstahlskomponente erhöht den Unrechtsgehalt der Tat so stark, dass der Gesetzgeber den Raub als Verbrechen einstuft (Freiheitsstrafe nicht unter einem Jahr; § 12 Abs. 1 StGB).

In Prüfungsarbeiten sollte man, falls Raub in Rede steht, angesichts des Verbrechenscharakters mit dem Raub beginnen und nicht mit § 242 StGB oder § 240 StGB. Nach Bejahung des Raubes genügt dann insofern regelmäßig der Hinweis, dass §§ 242, 240, 246 StGB im Wege der Gesetzeskonkurrenz verdrängt werden. Dagegen steht § 244 Abs. 4 StGB in Tateinheit zum Raub (*Rengier*, BT I, § 7 Rdn. 5). 412

Aufgrund des besonderen Zusammenhangs zwischen Nötigung und Wegnahme bietet es sich an, im Rahmen der Prüfung des objektiven Tatbestands mit der Nötigungskomponente zu beginnen. Aber auch die Eröffnung der Untersuchung mit dem Diebstahlsteil ist vertretbar; maßgeblich ist letztlich, dass alle Erfordernisse der Vorschrift angesprochen und untersucht werden. 413

2. Die Nötigungskomponente

a) Gewalt gegen eine Person

Unter **Gewalt** versteht man die Einwirkung auf den Körper eines anderen zur Überwindung eines geleisteten oder erwarteten Widerstands, wobei seitens des Täters eine gewisse Kraftentfaltung erforderlich ist (Letzteres ist str.; a. A. etwa *Wessels/Hillenkamp/Schuhr*, BT 2, Rdn. 393). Nach diesem **engen Gewaltbegriff** genügt also eine rein psychische Zwangseinwirkung nicht. Daher stellt – entgegen früherer Rechtsprechung (BGHSt 23, 126, 127) – das Vorhalten einer Waffe keine Gewalt dar; es erfüllt indes die Drohungsalternative. 414

Es muss sich zudem um Gewalt gegen eine Person handeln, sodass Gewalt ausschließlich gegen Sachen nicht genügt. 415

Beispiel: 416
A würgt den Hund der O, was O so verängstigt, dass A die Handtasche der O ergreifen kann.
Hierbei geht es um Gewalt gegen Sachen, die nicht ausreicht. Auch die rein psychische Beeinträchtigung der O genügt nicht. Raub scheidet also aus, sofern gegenüber O keine Drohung mit gegenwärtiger Gefahr für Leib oder Leben vorliegt.

417 Im Einzelfall bedarf es jeweils der exakten Prüfung, ob Gewalt gegeben ist oder bloß ein Überraschungsmoment ausgenutzt wird. Das ist insbesondere beim „Handtaschenraub“ von Relevanz.

418 **Beispiel:**
Die O macht einen Spaziergang durch die Innenstadt. Plötzlich kommt A unbemerkt von hinten angestürmt und entreißt der O ihre Handtasche.
Ob Raub oder Diebstahl vorliegt, hängt von den Einzelfallumständen ab: Ist die Tat geprägt von einem Überraschungsmoment (oder etwa List, Schnelligkeit oder Geschicklichkeit), so genügt das bloße Ergreifen der Handtasche noch nicht, um Gewalt gegen den Körper des Opfers anzunehmen (siehe BGH, StV 1990, 262). Muss dagegen der Täter nicht unerhebliche Kraft aufwenden, um dem Opfer die Tasche entreißen zu können, etwa weil die Tasche vom Opfer stark festgehalten wird, liegt Gewalt gegen eine Person vor (BGH, NJW 1955, 1404, 1405).

419 Typische Gewaltanwendungen sind das Schlagen, Fesseln, Einsperren in einen Raum (BGHSt 20, 194, 195), die Abgabe eines Schusses, das Besprühen etwa mit Haar- oder Pfefferspray sowie das Verabreichen von Betäubungsmitteln. Auch das ruckartige Entreißen einer Halskette wird man noch als Gewalt gegen eine Person zu erachten haben (OLG Hamm, MDR 1975, 772; a. A. *Kindhäuser/Hoven*, NK, StGB, § 249 Rdn. 14). Gewalt gegen unbeteiligte Personen, die nicht in Beziehung zu der fremden Sache stehen (also weder Eigentümer noch Gewahrsamsinhaber noch sonst schutzbereite Personen wie Wachpersonal sind), genügt nicht. Darin (etwa im Fall der Gewaltanwendung gegenüber einem Angehörigen) kann jedoch eine Drohung für den Gewahrsamsinhaber zu sehen sein (Rdn. 422 f.).

b) Drohungen mit gegenwärtiger Gefahr für Leib oder Leben

420 Unter einer **Drohung** versteht man die Ankündigung eines Übels, auf dessen Eintritt der Täter Einfluss hat oder zumindest Einfluss zu haben vorgibt. Die Drohung unterscheidet sich von der bloßen Warnung, bei welcher der Täter keinen Einfluss auf den Eintritt des Ereignisses hat (zum Beispiel auf Wetterlagen). Die Drohung ist vollendet, wenn das Opfer Kenntnis von ihr hat (siehe BGH, NJW 2004, 3437) und sie tatsächlich ernst nimmt (*Hilgendorf/Valerius*, BT II, § 14 Rdn. 16, sonst nur Versuch; anders *Wessels/Hillenkamp/Schuhr*, BT 2, Rdn. 397: Es sei ausreichend, wenn die Drohung ernst genommen werden soll). Bei dem angekündigten Übel muss es sich im Rahmen des § 249 StGB um eine gegenwärtige Gefahr für Leib oder Leben handeln.

421 **Beispiele:**
Drohung, dass das Opfer zusammengeschlagen wird. Vorhalten einer Waffe. Nicht erfasst ist etwa die Drohung, den geliebten Hund zu töten oder Möbel zu zerstören.

422 Die Drohung erfordert nach dem BGH eine „gewisse Schwere“ des in Aussicht gestellten Angriffs auf die körperliche Unversehrtheit (BGH, NStZ-RR 2022, 182, 183). Problematisch ist, ob es genügt, dass der Täter eine andere Person bedroht, die weder Gewahrsamsinhaber noch schutzbereiter Dritter ist.

423 **Beispiel:**
A droht dem Bankangestellten O mit der Tötung des Kunden K, wenn O nicht die Wegnahme des Geldes duldet.

Insofern könnte man verlangen, dass es sich bei dem Nötigungsopfer um eine nahestehende Person handeln muss (so etwa Mitsch, NStZ 1999, 617), was hier abzulehnen wäre. Richtiger erscheint es, darauf abzustellen, ob der Gewahrsamsinhaber die Drohung als eine solche für sich selbst empfindet (so etwa auch Rengier, BT I, § 7 Rdn. 20). Das kann man hinsichtlich des Bankmitarbeiters bei einer Bedrohung eines Bankkunden dann regelmäßig bejahen.

3. Die Diebstahlskomponente

Wie bei § 242 StGB ist taugliches Tatobjekt beim Raub eine **fremde bewegliche Sache.** 424
In Bezug auf diese Voraussetzungen kann daher auf die Erläuterungen zum Diebstahl verwiesen werden (Rdn. 3 ff.). Auch beim Raub spielt wie beim Diebstahl der Wert des Gegenstandes keine Rolle.

Tote können mangels Sachherrschaftswillens keinen Gewahrsam ausüben. Tötet der 425
Täter sein Opfer, um anschließend die fremde bewegliche Sache zu ergreifen, liegt jedoch der Bruch fremden Gewahrsams bereits in der Tötung des Opfers.

Vom Grundsatz bedeutet **Wegnahme** beim Raub ebenso wie beim Diebstahl den Bruch 426
fremden Gewahrsams und die Begründung neuen, nicht notwendigerweise tätereigenen Gewahrsams. Beim **Raub** kommt jedoch hinzu, dass diese Vorschrift **von der Räuberischen Erpressung gemäß §§ 253, 255 StGB abzugrenzen ist**, die eine identische Nötigungskomponente enthält, dort jedoch das Nötigungsopfer zu einer Handlung, Duldung oder Unterlassung genötigt wird, die zu einem Vermögensnachteil führt. Zumindest denkbar ist nämlich, die Wegnahme als Duldung zu begreifen, die dann zu einem Vermögensnachteil führt. Daher bedarf es der Klärung **des Verhältnisses von § 249 StGB einerseits zu §§ 253, 255 StGB andererseits**, wobei diese Frage zwischen Rechtsprechung und Literatur stark umstritten ist (siehe dazu auch Rdn. 786 ff.).

Nach dem **BGH** beurteilt sich die Frage, ob eine **Wegnahme** im Sinne des § 249 StGB 427
vorliegt, **nach dem äußeren Erscheinungsbild**: **Nimmt** sich der Täter die Sache, ist von einer Wegnahme im Sinne des § 249 StGB auszugehen; **gibt** das Opfer dem Täter die Sache, scheidet § 249 StGB aus, sodass nur §§ 253, 255 StGB vorliegen kann (BGHSt 7, 252, 255; BGHSt 41, 123, 126).

Ist nach dem äußeren Erscheinungsbild eine **Wegnahme** gegeben, geht die **Rechtspre-** 428
chung davon aus, dass **nicht nur § 249 StGB** verwirklicht ist, sondern im Übrigen **auch §§ 253, 255 StGB**, jedoch verdränge in diesem Fall § 249 StGB als **lex specialis** die Räuberische Erpressung nach §§ 253, 255 StGB. Fehlt indes dem Täter bei der Wegnahme zum Beispiel die Zueignungsabsicht, sodass er nicht gemäß § 249 StGB bestraft werden kann, bleibt aber die Bestrafung wegen Räuberischer Erpressung aus §§ 253, 255 StGB möglich, die ja nach der Rechtsprechung auch bei einer Wegnahme vorliegt. Nach dem BGH ist also mit den §§ 253, 255 StGB nicht das Erfordernis einer Vermögensverfügung verbunden.

Überwiegend vertritt das Schrifttum, dass sich **§ 249 StGB** einerseits und **§§ 253, 255** 429
StGB andererseits **gegenseitig ausschließen** (*Bosch*, TK, StGB, § 253 Rdn. 8 f.; *Lackner/Kühl/Heger*, StGB, § 253 Rdn. 3; *Rengier*, BT I, § 11 Rdn. 29). So verlange § 249 StGB eine **Wegnahme**, mit §§ 253, 255 StGB sei hingegen das Erfordernis einer **Vermögensverfügung** verbunden. Für die Abgrenzung der Vorschriften wird dabei maßgeblich auf die **innere Willensrichtung des Opfers** abgestellt: Glaubt das Opfer, die Sache sei ohnehin verloren, sodass der Täter auch ohne die Mitwirkung des Opfers an die Sache gelangen kann, liege eine Wegnahme vor. Meint das Opfer hingegen, dass es von seiner Seite eines Mitwirkungsaktes bedarf, damit der Täter an die Sache gelangt, liege eine Vermögensverfügung im Sinne der §§ 253, 255 StGB vor.

430 **Beispiel:**
A droht dem O, ihn krankenhausreif zu schlagen, wenn er sich auch nur einmal rührt. A zieht daraufhin dem vor Angst erstarrten O die Geldbörse aus der Tasche.
Nach der Rechtsprechung liegt nach dem äußeren Erscheinungsbild ein Nehmen und damit eine Wegnahme im Sinne des § 249 StGB vor. Gleichzeitig ist §§ 253, 255 StGB gegeben, der jedoch hinter § 249 StGB zurücktritt.
Nach der im Schrifttum vorherrschenden Meinung hatte der O aus seiner Sicht keinerlei Möglichkeit, den Verlust der Geldbörse zu verhindern; eines Mitwirkungsaktes seinerseits bedurfte es nicht. Daher nimmt auch das Schrifttum eine Wegnahme im Sinne des § 249 StGB an. Dagegen ist §§ 253, 255 StGB nach dem Schrifttum tatbestandlich nicht erfüllt, da es an einer von der Literatur geforderten Vermögensverfügung mangelt (zu weiteren Beispielen siehe Rdn. 796 ff.).

431 Gegen die Rechtsprechung wird angeführt, dass bereits der Aufbau des Gesetzes mit dieser Auffassung nicht vereinbar sei, da danach das Spezialgesetz (§ 249 StGB) vor dem Grundtatbestand (§§ 253, 255 StGB) angesiedelt wäre. Dieses Argument führt aber nicht sehr viel weiter, wenn man bedenkt, dass nach überwiegender Ansicht im Schrifttum § 211 StGB die Qualifikation des § 212 StGB ist, gesetzessystematisch also auch hier das Spezialgesetz (die Qualifikation) vor dem Grundtatbestand steht. Auch ist zu berücksichtigen, dass der Wortlaut von §§ 253, 255 StGB durchaus die vom BGH favorisierte Interpretation zulässt (Wegnahme als Duldung, die zu einem Vermögensnachteil führt). Andererseits ist zu berücksichtigen, dass der BGH mit seiner Sicht die spezifischen Voraussetzungen des § 249 StGB umgehen und aufweichen kann, indem nämlich insbesondere die gewaltsame Wegnahme ohne Zueignungsabsicht, bei der § 249 StGB ausscheidet, dann über §§ 253, 255 StGB strafbar ist. Auch gesetzessystematisch spricht mehr für die Auffassung der Literatur: So wie sich § 242 StGB und § 263 StGB gegenseitig ausschließen, indem § 242 StGB eine Wegnahme verlangt, dagegen mit § 263 StGB das ungeschriebene Erfordernis der Vermögensverfügung verbunden ist, ist diese Parallele auch im Verhältnis von § 249 StGB einerseits und §§ 253, 255 StGB andererseits zu ziehen, um den jeweiligen Vorschriften einen sinnvollen eigenständigen Anwendungsbereich zu eröffnen; § 249 StGB ist wie § 242 StGB ein Fremdschädigungsdelikt, dagegen §§ 253, 255 StGB vergleichbar mit § 263 StGB ein Selbstschädigungsdelikt. Die enge Beziehung von §§ 253, 255 StGB und § 263 StGB ergibt sich im Übrigen auch daraus, dass sowohl der Betrug als auch die (Räuberische) Erpressung den Eintritt eines Vermögensschadens sowie Bereicherungsabsicht erfordern. Der überwiegenden Auffassung im Schrifttum ist daher zu folgen (siehe zu diesem Streit auch die Erläuterungen zu §§ 253, 255 StGB Rdn. 787 ff.).

432 **Hinweis:**
Im Rahmen der Prüfung des § 249 StGB geht es allein um das Erfordernis der Wegnahme. Wenn diese sowohl nach dem äußeren Erscheinungsbild als auch nach der Vorstellung des Opfers zu bejahen ist, bedarf es keiner Streitentscheidung bei § 249 StGB. Es stellt sich nur dann im Rahmen des §§ 253, 255 StGB die Frage, ob die Räuberische Erpressung tatbestandlich auch bei einer Wegnahme vorliegen kann, was die Rechtsprechung bejaht, jedoch die überwiegende Ansicht im Schrifttum ablehnt.

4. Der Zusammenhang zwischen Nötigungs- und Diebstahlskomponente

Nötigung und Wegnahme stehen beim Raub nicht beziehungslos nebeneinander, vielmehr ergibt sich das zu § 242 StGB erhöhte Unrecht gerade daraus, dass der Täter nötigend auf das Opfer einwirkt und dadurch die Wegnahme der fremden beweglichen Sache erreicht. Damit im Einklang spricht der Gesetzestext davon, dass die Wegnahme „mit“ Gewalt erfolgt oder „unter“ Anwendung von Drohungen. Umstritten ist jedoch, wie im Einzelnen der Zusammenhang beschaffen sein muss. 433

Teilweise verlangt man im Schrifttum, dass zwischen Nötigung und Wegnahme objektiv eine **Kausalbeziehung** besteht (*Seelmann*, JuS 1986, 201, 203 f.; *Sinn*, SK, StGB, § 249 Rdn. 29). Der Nötigungsakt muss also im Sinne der condicio sine qua non-Formel ursächlich sein für die Wegnahme. Darauf hat sich dann auch der Vorsatz des Täters zu beziehen. 434

Dagegen lassen Rechtsprechung (BGHSt 41, 123, 124; BGHSt 61, 141, 145) und überwiegende Ansicht im Schrifttum (*Eisele*, BT II, Rdn. 324; *Hilgendorf/Valerius*, BT II, § 14 Rdn. 18 ff.; *Lackner/Kühl/Heger*, StGB, § 249 Rdn. 4; *Rengier*, BT I, § 7 Rdn. 22; *Wessels/Hillenkamp/Schuhr*, BT 2, Rdn. 398) einen **Finalzusammenhang** genügen (beachte aber Rdn. 437 f.). Ausreichend ist also, dass der Täter **aus seiner Sicht** die Nötigung für die Wegnahme für notwendig erachtet. Entscheidend ist danach also die Vorstellung des Täters, dass die Nötigung als Mittel eingesetzt wird, um die Wegnahme zu erreichen. 435

Beispiel: 436
A versetzt dem im Park liegenden O einen heftigen Fußtritt, um ihm die Brieftasche wegnehmen zu können. A geht dabei irrtümlich davon aus, dass O sich sonnt. In Wirklichkeit ist O bewusstlos.
Unter Zugrundelegung der kausalen Betrachtung hätte sich A objektiv auch ohne den Tritt die Brieftasche nehmen können, der Tritt ist nicht condicio sine qua non, der raubspezifische Zusammenhang fehlt folglich. Es kommt nur versuchter Raub in Betracht.
Lässt man den Finalzusammenhang ausreichen, kommt es auf die Vorstellung des A an. Er glaubte, dass die Gewaltanwendung für die Wegnahme erforderlich sei. Danach ist der Zusammenhang unter Zugrundelegung der Auffassung von Rechtsprechung und überwiegendem Schrifttum zu bejahen. Es handelt sich also um einen vollendeten Raub.
Für das Erfordernis des Kausalzusammenhangs spricht, dass § 249 StGB in objektiver Hinsicht eine Wegnahme mit Gewalt oder unter Anwendung von Drohungen verlangt. Hier hat A zwar Gewalt ausgeübt, sie ist jedoch objektiv für die Wegnahme unerheblich, das heißt sie kann hinweggedacht werden. Der Zusammenhang besteht also nur nach der Vorstellung des A. Allein eine diesbezügliche Vorstellung genügt aber richtigerweise – anders als etwa im Fall der §§ 252, 316a StGB – für § 249 StGB gerade nicht. Es geht vielmehr um eine typische Konstellation des (untauglichen) Versuchs. Dogmatisch erscheint es daher treffender, objektiv einen Kausalzusammenhang zu fordern. Da dieser nicht vorliegt, hat sich A nicht wegen vollendeten, sondern wegen versuchten Raubes strafbar gemacht.

Die herrschende Meinung, welche einen Finalzusammenhang genügen lässt, geht davon aus, dass das bloße Ausnutzen einer vorherigen Gewaltanwendung, die ohne Wegnahmevorsatz erfolgte, für den Zusammenhang zwischen Nötigung und Wegnahme nicht genügt. 437

438 **Beispiel:**
A hat im Rahmen einer körperlichen Auseinandersetzung den O so stark geschlagen, dass er sich aus Angst nicht mehr rührt (oder bewusstlos ist). Erst jetzt kommt A die Idee, die Armbanduhr des O an sich zu nehmen.
In diesem Fall dauert die Gewaltanwendung des A als solche nicht mehr an. Auch wirkt A nicht mittels einer aktuellen Drohung erneuter Gewaltanwendung auf das Opfer ein. A nutzt lediglich die nunmehr bestehende Angst oder Bewusstlosigkeit des O zum Diebstahl aus. Raub scheidet nach herrschender Meinung aus.
Anders soll dies sein, wenn der ***Einsatz des Nötigungsmittels fortdauert****: So etwa, wenn A die O festhält, um sie zu küssen, dabei deren Uhr bemerkt und an sich nimmt (BGHSt 20, 32). Auch sei § 249 StGB gegeben, falls nach abgeschlossener Gewaltanwendung nunmehr mit Wegnahmevorsatz* ***zumindest konkludent die Drohung erfolgt, erneut Gewalt anzuwenden*** *(BGH, BeckRS 2021, 8272; BGH, BeckRS 2023, 42083).*
Zudem ist bei zuvor abgeschlossener Gewaltanwendung zu prüfen, ob ***Gewalt durch Unterlassen*** *vorliegt: Wenn etwa A den O gefesselt oder eingesperrt hat, um ihn zu ärgern, und A erst danach den Entschluss fasst, Gegenstände zu entwenden, wird zum Teil der Raub mit dem Argument bejaht, A sei aus Ingerenz verpflichtet, die Situation zu beenden, sodass Gewalt durch Unterlassen vorliege, wenn er das nicht mache und Gegenstände an sich nehme (siehe BGHSt 48, 365, 368 ff.; Schünemann, JA 1980, 349, 353; ablehnend hingegen etwa Jäger, BT, Rdn. 433; Küpper, JZ 1981, 568, 571 f.). Man könnte natürlich auch argumentieren, aufgrund der Fesselung dauere die Gewaltanwendung, also der Einsatz des Nötigungsmittels, anders als etwa bei einem vorherigen Niederschlagen des Opfers, als solche fort (siehe wiederum BGHSt 48, 365, 370).*

439 Fraglich ist, wie die vorangegangenen Beispielsfälle zu lösen sind, wenn man – wie hier befürwortet – einen Kausalzusammenhang verlangt. Insofern lässt sich nun aber feststellen, dass in diesen Konstellationen die vorangegangene Nötigung nicht hinweggedacht werden kann; sie ist also condicio sine qua non für die Wegnahme, sodass § 249 StGB in solchen Fällen der vorangegangenen Gewaltanwendung objektiv verwirklicht ist.

440 Problematisch ist auch, was gilt, wenn der Täter eine bestimmte Sache stehlen wollte und zu diesem Zweck Gewalt anwendet, er aber **nach Beendigung der Gewalt** eine andere Sache wegnimmt.

441 **Beispiel:**
A will das Handy des O gewaltsam an sich bringen und schlägt zu diesem Zweck den O nieder. A findet das Handy des O nicht. Der A entdeckt jedoch bei dem bewusstlos auf dem Boden liegenden O eine Geldbörse und entscheidet sich nun, diese Geldbörse einzustecken.
In derartigen Konstellationen meint die Rechtsprechung, der Täter nutze nur die vorangegangene Nötigung aus, sodass er wegen versuchten Raubes (Handy) und vollendetem Diebstahl (Geld) gemäß §§ 242, 243 Abs. 1 S. 2 Nr. 6 StGB zu bestrafen sei (siehe BGH, NStZ-RR 1997, 298; BGH, BeckRS 2000, 30090933).
Hinweis: *Zum vollendeten Raub könnte man danach nur gelangen, falls man von einer unwesentlichen Abweichung im Kausalverlauf ausgeht (siehe BGHSt 61, 141, 146) oder aber während der Anwendung der Nötigungsmittel der Vorsatz auch auf die Geldbörse erweitert wird.*
Ebenfalls in diesen Fällen liegt aber zwischen Gewaltanwendung und Wegnahme objektiv eine Kausalbeziehung vor, sodass es unter Zugrundelegung dieses Erfordernisses richtiger erscheint, wegen vollendeten Raubes zu bestrafen.

Neben dem von der herrschenden Ansicht befürworteten Finalzusammenhang ist nach der Rechtsprechung weiterhin erforderlich, dass ein **räumlicher und zeitlicher Zusammenhang** zwischen der Gewaltanwendung oder Drohung einerseits und der Wegnahme andererseits besteht. Hieran werden aber keine besonders hohen Anforderungen gestellt. So müssen danach Nötigung und Wegnahme noch nicht einmal an ein- und demselben Ort stattfinden; maßgeblich sei, dass es zu einer **nötigungsbedingten Schwächung des Gewahrsamsinhabers in seiner Verteidigungsfähigkeit oder -bereitschaft** kommt (BGHSt 61, 141, 147 f.; BGHSt 61, 197, 201; *Rengier*, BT I, § 7 Rdn. 29; enger etwa *Mitsch*, BT 2, S. 512 f.: Die Nötigung müsse unmittelbares Ansetzen zur Wegnahme sein). Folglich ist der zeitliche und örtliche Zusammenhang nach der Rechtsprechung auch gegeben, wenn A – wie von vornherein geplant – den O in dessen Wohnung niederschlägt, anschließend die Wohnung verlässt, um dann zwei Stunden später Sachen aus der Wohnung mitzunehmen, wobei sich O bereits im Krankenhaus befindet; auch in diesem Fall nämlich sei die Verteidigungsfähigkeit des O beseitigt worden (siehe BGHSt 61, 197). Letztlich geht es bei diesem von der Rechtsprechung in dieser Form aufgestellten Erfordernis damit in Wirklichkeit um nichts anderes als um die objektive Kausalität zwischen Nötigung und Wegnahme (dazu Rdn. 433 ff.). 442

5. Der subjektive Tatbestand

Beim Aufbau des subjektiven Tatbestands kann man sich an den Grundsätzen zum Diebstahl orientieren (siehe Rdn. 132 ff.). Zunächst ist also der Vorsatz in Bezug auf die objektiven Tatbestandsmerkmale zu erörtern, daran schließt sich die Prüfung der Zueignungsabsicht an. Darauffolgend ist auf die objektive Rechtswidrigkeit der Zueignung einzugehen sowie auf den diesbezüglichen Vorsatz. 443

Der **Vorsatz** muss sich zum einen auf den Nötigungsteil des Raubes beziehen als auch auf die Diebstahlskomponente. Verlangt man zwischen Nötigung und Wegnahme eine Kausalbeziehung (siehe zum Streit Rdn. 433 ff.), muss auch diese vom Vorsatz umfasst sein. Befürwortet man einen Finalzusammenhang, kann dieser bereits im objektiven Tatbestand erörtert werden, wobei es aber auch nicht falsch ist, ihn erst im subjektiven Tatbestand anzusprechen. 444

Auch beim Raub muss wie beim Diebstahl das besondere subjektive Merkmal der **Zueignungsabsicht** vorliegen. Fehlt diese, kommen neben einer eventuellen Körperverletzung die §§ 240, 248b, 303 StGB in Betracht, nach der Rechtsprechung aber auch §§ 253, 255 StGB (siehe Rdn. 428). 445

Beispiel: 446

A entreißt dem O gewaltsam dessen Fahrrad, wobei A von vornherein beabsichtigt, dem O nach einer Fahrt durch den Park das Fahrrad zurückzugeben.

In diesem Fall verwirklicht A zwar den objektiven Tatbestand des § 249 StGB und handelt vorsätzlich, jedoch fehlt ihm mangels Enteignungskomponente die Zueignungsabsicht. A macht sich daher strafbar nach §§ 240, 248b StGB.

Nach der Rechtsprechung ist jedoch auch §§ 253, 255 StGB verwirklicht, da die Erpressung – im Gegensatz zur überwiegenden Ansicht im Schrifttum – keine Vermögensverfügung voraussetze (siehe Rdn. 426 ff.). Diese verdrängt dann § 240 StGB im Wege der Spezialität, und § 248b StGB tritt aufgrund der ausdrücklichen Subsidiaritätsklausel zurück.

Auch beim Raub muss schließlich die erstrebte **Zueignung objektiv rechtswidrig** sein und ein diesbezüglicher **Vorsatz** des Täters bestehen. 447

6. Ergänzende Hinweise

448 Beim versuchten Raub ist zu berücksichtigen: Um überhaupt eine sinnvolle Abgrenzung des versuchten Raubes von der versuchten Nötigung oder vom versuchten Diebstahl zu erreichen, muss der Täter beim Raub bei vorhandenem Tatentschluss **sowohl zur Nötigungs- als auch zur Diebstahlskomponente ansetzen**.

449 Zu beachten ist weiterhin, dass insbesondere die Rechtsprechung sukzessive Mittäterschaft und sukzessive Beihilfe nicht nur bis zur Vollendung (so aber vielfach das Schrifttum), sondern sogar bis zur Beendigung für möglich erachtet. Dabei ist der Raub beendet, wenn der Täter ausreichend sichere Verfügungsgewalt über die Beute erlangt hat (BGH, BeckRS 2021, 5371). Bis zu diesem Zeitpunkt kommt also nach der Rechtsprechung eine Beteiligung am Raub in Betracht, selbst wenn etwa die Gewaltanwendung schon vorher abgeschlossen war, natürlich nur, sofern der Beteiligte davon Kenntnis hat. Das gilt dann sogar bezüglich bereits abgeschlossener Qualifikationsmerkmale nach § 250 StGB. Dagegen liegt aufgrund Beendigung keine Beteiligung an der etwaig zuvor verübten Körperverletzung vor (BGH, NStZ 2016, 524, 525).

VIII.
Schwerer Raub gemäß § 250 StGB

Der Raub wird in § 250 StGB und § 251 StGB qualifiziert. Diese Qualifikationen sind aber nicht nur für den Raub bedeutsam, sondern auch für § 252 StGB und § 255 StGB. Indem nämlich dort geregelt ist, dass der Täter „gleich einem Räuber zu bestrafen" ist, bedeutet dies, dass die Qualifikationen der §§ 250, 251 StGB auch in diesen Fällen anwendbar sind. 450

§ 250 Abs. 1 Nr. 1a, Nr. 1b, Nr. 2 StGB sind vergleichbar mit § 244 Abs. 1 Nr. 1a, Nr. 1b, Nr. 2 StGB normiert. Dagegen zeigen sich Unterschiede in § 250 Abs. 1 Nr. 1c StGB sowie bei § 250 Abs. 2 StGB. Regelungen wie in § 244 Abs. 1 Nr. 3, Abs. 4 StGB finden sich nicht. 451

Vorab ist anzumerken: Werden mehrere Varianten des § 250 Abs. 1 StGB gleichzeitig verwirklicht, geht es dennoch nur um einen schweren Raub gemäß § 250 Abs. 1 StGB. § 250 Abs. 2 StGB wiederum verdrängt § 250 Abs. 1 StGB. Auch bei der gleichzeitigen Verwirklichung mehrerer Konstellationen des § 250 Abs. 2 StGB geht es um einen besonders schweren Raub gemäß § 250 Abs. 2 StGB. 452

1. § 250 Abs. 1 Nr. 1a StGB

Diese Qualifikation entspricht § 244 Abs. 1 Nr. 1a StGB. Der Täter oder ein anderer Beteiligter am Raub muss eine **Waffe** oder ein anderes **gefährliches Werkzeug bei sich führen**. Zu allen drei Begriffen (Waffe; gefährliches Werkzeug; Beisichführen) kann auf die Ausführungen zu § 244 Abs. 1 Nr. 1a StGB verwiesen werden, die hier entsprechend gelten (Rdn. 304 ff.). Die Problematik des gefährlichen Werkzeugs hat dabei angesichts des Strafrahmens von Freiheitsstrafe „nicht unter drei Jahren" eine noch höhere Brisanz als bei § 244 Abs. 1 Nr. 1a StGB. Dass es jedenfalls bei § 250 Abs. 1 Nr. 1a StGB nicht auf die Verwendung dieses Tatmittels ankommen kann, zeigt nicht nur der Wortlaut des § 250 Abs. 1 Nr. 1a StGB („Beisichführen"), sondern auch die Abgrenzung zu § 250 Abs. 2 Nr. 1 StGB deutlich. Auch bei § 250 Abs. 1 Nr. 1a StGB muss dem Täter der Gegenstand im Übrigen nicht während der gesamten Tatausführung zur Verfügung stehen. 453

2. § 250 Abs. 1 Nr. 1b StGB

Diese Qualifikation entspricht § 244 Abs. 1 Nr. 1b StGB. Es gelten die dortigen Ausführungen (Rdn. 320 ff.). Erfasst werden also Konstellationen, in denen es nicht um gefährliche Werkzeuge geht (z. B. Handschellen; Kabel), die jedoch der Täter zur Widerstandsüberwindung einsetzen will. Wie erläutert, werden ebenfalls Scheinwaffen erfasst; umstritten ist aber, ob dies auch gilt, wenn das Opfer erkennt, dass es sich bloß um eine Scheinwaffe handelt (ablehnend etwa *Wessels/Hillenkamp/Schuhr*, BT 2, Rdn. 421; nach den hiesigen Erläuterungen mag es dann schon an einer Drohung im Sinne des § 249 StGB fehlen: Rdn. 420). Gerade bei § 250 Abs. 1 Nr. 1b StGB ist zudem die Einschränkung der Rechtsprechung von besonderer Relevanz, wonach **offensichtlich ungefährliche Gegenstände** (z. B. ein Lippenstift oder ein Plastikrohr) aus dem **Anwendungsbereich ausscheiden** (Rdn. 323). 454

3. § 250 Abs. 1 Nr. 1c StGB

455 Hierbei handelt es sich um eine Qualifikation, die § 244 StGB nicht kennt. Gerade durch den Raub muss die Gefahr eintreten, es geht also darum, dass sich die spezifische Gefahr des Grundtatbestands in der schweren Folge niederschlägt. Letztere ist die Gefahr einer schweren Gesundheitsschädigung. Gefahr bedeutet in diesem Zusammenhang, dass es nur noch vom Zufall abhängt, ob es zum Eintritt des Schadens kommt oder nicht. § 250 Abs. 1 Nr. 1c StGB ist damit ein konkretes Gefährdungsdelikt, aber kein erfolgsqualifiziertes Delikt. Der **Vorsatz** des Täters (dolus eventualis genügt) muss sich daher auch auf den Eintritt der **konkreten Gefahr einer schweren Gesundheitsschädigung** beziehen. Bei dem Merkmal kann man sich inhaltlich an § 226 StGB orientieren, der Begriff ist aber nicht deckungsgleich. Erfasst werden auch andere erhebliche körperliche Beeinträchtigungen, die nach Intensität und Dauerhaftigkeit mit den in § 226 StGB genannten Fällen vergleichbar sind. Das kann etwa der Fall sein bei einer erheblichen Beeinträchtigung der Arbeitskraft oder bei anderen ernsten oder nachhaltigen Gesundheitsschädigungen.

4. § 250 Abs. 1 Nr. 2 StGB

456 Diese Variante gleicht wiederum § 244 Abs. 1 Nr. 2 StGB. Die dortigen Ausführungen gelten entsprechend (Rdn. 326 ff.). Bei § 250 Abs. 1 Nr. 2 StGB muss natürlich Grunddelikt ein Raub (oder §§ 252, 255 StGB) sein, ein Diebstahl genügt nicht.

5. § 250 Abs. 2 Nr. 1 StGB

457 Weitere Qualifikationen, bei denen Freiheitsstrafe nicht unter fünf Jahren vorgesehen ist, enthält § 250 Abs. 2 StGB (besonders schwerer Raub). Dabei sind bereits mit der ersten Qualifikation, also dem Verwenden einer Waffe oder eines anderen gefährlichen Werkzeugs bei der Tat, einige Probleme verbunden.

458 Während zwar der Waffenbegriff wie in §§ 250 Abs. 1 Nr. 1a Alt. 1, 244 Abs. 1 Nr. 1a Alt. 1 StGB interpretiert werden kann, stellt sich insbesondere die Frage, ob das gefährliche Werkzeug im Sinne von § 250 Abs. 2 Nr. 1 Alt. 2 StGB inhaltlich identisch ist mit dem in § 250 Abs. 1 Nr. 1a Alt. 2 StGB. Das wird zum Teil vertreten (siehe etwa *Rengier*, BT I, § 8 Rdn. 21), was zur Konsequenz hat, dass die Verneinung der Werkzeugqualität im Sinne von § 250 Abs. 1 Nr. 1a Alt. 2 StGB automatisch zur Folge hat, dass auch § 250 Abs. 2 Nr. 1 Alt. 2 StGB nicht erfüllt sein kann.

459 Nach hier vertretener Ansicht ist im Einklang mit dem BGH der Begriff des gefährlichen Werkzeugs in den §§ 244 Abs. 1 Nr. 1a Alt. 2 StGB, 250 Abs. 1 Nr. 1a Alt. 2 StGB abstrakt objektiv zu bestimmen (Rdn. 313). Dies rührt insbesondere daher, dass zur Tatbestandserfüllung das Beisichführen genügt, sodass zur näheren Bestimmung nicht an die gefährliche Körperverletzung im Sinne des § 224 Abs. 1 Nr. 2 StGB angeknüpft werden kann. In § 250 Abs. 2 Nr. 1 Alt. 2 StGB hingegen geht es um das **Verwenden** des gefährlichen Werkzeugs. Dann aber besteht kein Grund, hier nun den Begriff nicht in Anlehnung an § 224 Abs. 1 Nr. 2 StGB auszulegen, so wie es auch Intention des Gesetzgebers war: Gefährliches Werkzeug im Sinne des § 250 Abs. 2 Nr. 1 Alt. 2 StGB ist danach jeder Gegenstand, der in der konkreten Art der Anwendung geeignet ist, erhebliche Verletzungen herbeizuführen.

460 Ein Kabel etwa, das im Sinne des § 250 Abs. 1 Nr. 1a Alt. 2 StGB nicht objektiv abstrakt gefährlich ist, kann folglich dennoch im Hinblick auf seine konkrete Verwendung gefährliches Werkzeug nach § 250 Abs. 2 Nr. 1 Alt. 2 StGB sein (BGH, NStZ

2011, 211, 212; kritisch etwa *Rengier*, BT I, § 8 Rdn. 28 f.). Es ist daher richtig, im Rahmen des § 250 Abs. 2 Nr. 1 Alt. 2 StGB von einem anderen Werkzeugbegriff als bei § 250 Abs. 1 Nr. 1a Alt. 2 StGB auszugehen.

Zwar wird damit im Rahmen des § 250 StGB der Begriff des gefährlichen Werkzeugs unterschiedlich interpretiert, jedoch rührt dieser Umstand aus der missglückten Formulierung des § 250 Abs. 1 Nr. 1a StGB und ist de lege lata hinzunehmen. Die unterschiedliche Interpretation vermeidet, die Fehler, welche der Gesetzgeber bei §§ 244 Abs. 1 Nr. 1a Alt. 2, 250 Abs. 1 Nr. 1a Alt. 2 StGB gemacht hat, nun auch bei § 250 Abs. 2 Nr. 1 Alt. 2 StGB fortwirken zu lassen. 461

Verwenden bedeutet den tatsächlichen Gebrauch des Gegenstands, sei es als Gewalt- oder als Drohmittel. Das Vorhalten einer (geladenen) Waffe (nach BGHSt 45, 249, 251 f.; BGH, NStZ-RR 2008, 342 reicht für § 250 Abs. 2 Nr. 1 StGB die Drohung mit einer ungeladenen Pistole nicht, selbst wenn der Täter das mit Munition bestückte Magazin in seiner Jackentasche hat) oder eines Messers als Drohmittel ist also auch ein Verwenden, selbst wenn nicht unmittelbar auf den Körper – etwa im Sinne eines Schießens oder Zustechens – eingewirkt wird (siehe BT-Drucks. 13/8587, S. 45; BGH, NStZ 2004, 263 f.). Im Fall der Drohung muss zur Vollendung aber das Tatopfer das Nötigungsmittel und die Androhung seines Einsatzes wahrnehmen (insbesondere visuell oder durch Berührung oder etwa nach dem BGH auch bloß akustisch, indem der Täter zum Beispiel darauf hinweist; so BGH, NStZ 2021, 229 f.; kritisch insofern *Rieck*, NStZ 2021, 230, 231). In zeitlicher Hinsicht geht es um den Rahmen vom Versuchsbeginn bis zur Vollendung, nach der Rechtsprechung sogar bis zur Beendigung des Raubes, wobei der BGH insofern dann dogmatisch nicht überzeugend zumindest Beutesicherungsabsicht verlangt (BGH, NStZ-RR 2008, 342, 343; BGHSt 55, 79, 80; kritisch etwa *Wessels/Hillenkamp/Schuhr*, BT 2, Rdn. 430). 462

6. § 250 Abs. 2 Nr. 2 StGB

Diese Qualifikation betrifft den Fall, dass der Täter oder ein anderer Beteiligter am Raub eine Waffe bei sich führt – ein gefährliches Werkzeug genügt nicht – und gleichzeitig die Voraussetzungen des § 250 Abs. 1 Nr. 2 StGB (Bande) vorliegen. 463

7. § 250 Abs. 2 Nr. 3 StGB

Die abschließend genannte Qualifikation betrifft einmal den Fall, dass eine andere Person bei der Tat körperlich schwer misshandelt wird (§ 250 Abs. 2 Nr. 3a StGB). Es muss tatsächlich zu diesem Erfolg kommen, eine konkrete Gefahr genügt nicht. Grundsätzlich kann man sich an § 226 StGB orientieren, jedoch fallen auch andere Konstellationen hierunter (etwa langandauernde, gravierende oder quälende körperliche Beeinträchtigungen). Das Versetzen in Todesangst, ohne dass damit körperliche Misshandlungen einhergehen, genügt nicht. Der Vorsatz des Täters muss sich auf die körperlich schwere Misshandlung beziehen. 464

Als zweite Konstellation ist der Fall genannt, dass eine andere Person durch die Tat in die Gefahr des Todes gebracht wird (§ 250 Abs. 2 Nr. 3b StGB). Es handelt sich hierbei um eine konkrete Gefahr. Sie liegt vor, wenn es nur noch vom Zufall abhängt, ob es zum Eintritt des Todes kommt oder nicht. Der Vorsatz des Täters muss sich auf diese konkrete Gefahr beziehen. 465

IX. Raub mit Todesfolge gemäß § 251 StGB

1. Allgemeines

466 Es handelt sich bei dieser Vorschrift um ein **erfolgsqualifiziertes Delikt**. Vor diesem Hintergrund sind aus dem Allgemeinen Teil des StGB insbesondere §§ 11 Abs. 2, 18 StGB zu beachten. Im Einzelnen:

467 Im Grundsatz setzt sich § 251 StGB aus einem **vorsätzlich verwirklichten Grunddelikt** (Raub oder §§ 252, 255 StGB) und einer **wenigstens leichtfertig verursachten schweren Folge** (Tod eines anderen Menschen) zusammen. Obwohl es sich bei § 251 StGB damit um ein Delikt handelt, das sowohl Vorsatz- als auch Fahrlässigkeitselemente – nämlich in Form der Leichtfertigkeit – enthält, gilt es gemäß § 11 Abs. 2 StGB als **Vorsatzdelikt**. Das hat insbesondere zur Konsequenz, dass der Versuch des Delikts möglich ist und ebenfalls Teilnahme (§§ 26, 27 StGB) in Betracht kommt, sofern der Teilnehmer hinsichtlich des Grunddelikts vorsätzlich handelt und er bezüglich der schweren Folge selbst zumindest Leichtfertigkeit aufweist.

468 Anders als es § 18 StGB normiert, genügt bezüglich der schweren Folge nicht schon jede Form der Fahrlässigkeit, sondern es muss ein besonders grober Verstoß in Form der **Leichtfertigkeit** gegeben sein. Vor dem Hintergrund, dass § 251 StGB bezüglich der schweren Folge „wenigstens" Leichtfertigkeit verlangt, ist die Vorschrift aber erst recht erfüllt, wenn der Täter **Tötungsvorsatz** aufweist. Oft wird dann auch § 211 StGB (Tötung aus Habgier sowie zur Ermöglichung einer anderen Straftat) verwirklicht sein. § 211 StGB und § 251 StGB stehen dann in Tateinheit (BGHSt 39, 100, 108 f.). Das gilt auch für § 212 StGB und § 251 StGB. Hingegen verdrängt § 251 StGB die §§ 222, 227 StGB sowie §§ 249, 250 StGB.

469 Angesichts der besonderen Verknüpfung von Grundtatbestand und schwerer Folge, die eine erhebliche Strafschärfung zur Folge hat (lebenslange Freiheitsstrafe oder Freiheitsstrafe nicht unter zehn Jahren), genügt es nicht bereits, dass der Raub bloß kausal im Sinne der condicio sine qua non-Formel für die schwere Folge ist. Vielmehr muss sich gerade die **spezifische Gefahr des Grunddelikts** in der schweren Folge verwirklichen (gefahrspezifischer Zusammenhang; Unmittelbarkeitszusammenhang). Daraus ergibt sich folgender Aufbau des § 251 StGB:

470 **Aufbau des § 251 StGB:**

1. Tatbestandsmäßigkeit
   a) Objektiver und subjektiver Tatbestand des § 249 StGB (oder § 252 StGB oder § 255 StGB)
   b) Eintritt des Todes eines anderen Menschen
   c) Kausalität zwischen Grunddelikt (§§ 249, 252, 255 StGB) und schwerer Folge (Tod eines anderen Menschen)
   d) Tatbestandsspezifischer Gefahrzusammenhang zwischen Grunddelikt (§§ 249, 252, 255 StGB) und schwerer Folge (Tod eines anderen Menschen) = Unmittelbarkeitszusammenhang
   e) Wenigstens Leichtfertigkeit im Hinblick auf die schwere Folge (Tod eines anderen Menschen)
2. Rechtswidrigkeit
3. Schuld

471 Hinsichtlich des objektiven und subjektiven Tatbestands des Grunddelikts sowie des Eintritts der schweren Folge gelten keine Besonderheiten. „Anderer Mensch" muss

nicht unbedingt das Raubopfer sein, sondern auch andere Personen kommen in Betracht (z. B. – zufällige – Zeugen des Raubes, unbeteiligte Dritte).

Die Kausalität zwischen Grunddelikt und schwerer Folge bestimmt sich nach der herkömmlichen Kausalitätsformel (condicio sine qua non-Formel). Näherer Erläuterung bedarf jedoch der gefahrspezifische Zusammenhang. 472

2. Der tatbestandsspezifische Gefahrzusammenhang

Wie allgemein beim erfolgsqualifizierten Delikt (siehe *Zieschang*, AT, Rdn. 395 ff.), ist man sich im Ausgangspunkt einig, dass sich in der schweren Folge die **spezifische Gefahr des Grunddelikts** verwirklichen muss. 473

Was das aber nun im Einzelfall bei § 251 StGB bedeutet, wird unterschiedlich beurteilt. Übereinstimmung wird man noch dabei annehmen können, dass der Zusammenhang zu bejahen ist, sofern die schwere Folge aus der Gewaltanwendung selbst resultiert. 474

Beispiel: 475
A schlägt O mit einem Spaten nieder, um an das Geld der O zu kommen. O verstirbt aufgrund der Heftigkeit des Schlags.
In diesem Fall resultiert aus dem Erfolg der Gewaltwendung die schwere Folge, sodass der Unmittelbarkeitszusammenhang zu bejahen ist. Die spezifische Gefährlichkeit der Raubtat hat sich in der Todesfolge realisiert. Das gilt etwa auch, wenn der Täter sein Opfer knebelt und dieses dadurch erstickt.

Entsprechendes wird man bei der Drohung anzunehmen haben. 476

Beispiel: 477
A bedroht die O mit einer Waffe, um an deren Geld zu gelangen. Aufgrund der Drohung erleidet O einen tödlichen Herzinfarkt.

Problematisch ist aber, ob der gefahrspezifische Zusammenhang auch dann gegeben ist, wenn der Tod allein aus der Wegnahmekomponente resultiert. 478

Beispiel: 479
A nimmt der O gewaltsam Herztabletten weg, auf die O angewiesen ist. Da O die Tabletten nicht einnehmen kann, verstirbt sie.
Hier stellt sich die Frage, ob sich die spezifische Gefahr des Grunddelikts verwirklicht hat. Insofern resultiert der Tod nicht aus der Anwendung von Gewalt oder aus der Drohung, sondern allein daraus, dass das Opfer auf das Objekt der Wegnahme zum Überleben angewiesen war. Das ist zwar im Grundsatz nicht die typischerweise mit dem Raub verbundene Gefahr, die vor allem mit dem Nötigungselement verbunden ist. Daher wird in solchen Fällen zum Teil § 251 StGB verneint (etwa Eisele, JuS 2021, 86; Sinn, SK, StGB, § 251 Rdn. 13). Andererseits ist die Subsumtion dieses Falls unter § 251 StGB angesichts des Wortlauts der Norm möglich. Zudem mag die besondere Gefährlichkeit des Raubes im Einzelfall durchaus auch mit den Objekten der Wegnahme zusammenhängen (neben Medikamenten kann man etwa auch an Beatmungsgeräte oder andere lebenserhaltende Produkte denken). Daher spricht mehr dafür, auch in einem solchen Fall den gefahrspezifischen Zusammenhang zu bejahen (so etwa auch Heghmanns, BT, Rdn. 1691; Herzberg, JZ 2007, 615, 616 ff.). Der Raub besteht eben nicht nur aus dem Nötigungselement, sondern auch die Diebstahlskomponente kann eine spezifische Gefährlichkeit für das Leben aufweisen.

480 Fraglich ist der Zusammenhang auch, wenn bereits aus der Raubhandlung der Tod resultiert, nicht also aus der verübten Gewalt als solcher.

481 **Beispiel:**
A versetzt O einen Schlag ins Gesicht. O weicht daraufhin einen Schritt zurück, stolpert und erleidet einen tödlichen Genickbruch.
Hier resultiert die schwere Folge aus der Gewalthandlung, nicht aus dem Gewalterfolg. Aber gerade auch diese Konstellationen weisen eine raubspezifische, besondere Gefährlichkeit auf, sodass es als zutreffend anzusehen ist, in diesem Fall den Unmittelbarkeitszusammenhang zu bejahen.

482 Schließlich ist problematisch, was bei einem eigenständigen **Opferverhalten** zu gelten hat oder bei einem Eingreifen **Dritter**.

483 **Beispiel:**
A versetzt dem O mehrere Schläge, um an dessen Geld zu gelangen. Völlig benommen flieht der O in Panik, wobei er dabei auf einer Treppe stürzt und zu Tode kommt.
Grundsätzlich unterbricht ein Verhalten des Opfers den Zurechnungszusammenhang. Das wird man aber nur bei einem freiverantwortlichen Verhalten des Opfers annehmen können. Das lag indes bei O, der aus Panik geflüchtet war, nicht vor, sodass § 251 StGB verwirklicht ist.

484 **Weiteres Beispiel** (nach BGH, NJW 2020, 3669):
A ergreift die Tasche der 84 Jahre alten O so kräftig, dass O dadurch das Gleichgewicht verliert und mit dem Kopf auf die Straße aufschlägt. Nach einer Notoperation erlangt O aufgrund von Vorerkrankungen nicht mehr das Bewusstsein. Angesichts einer Patientenverfügung beschließen die Ärzte gemeinsam mit den Angehörigen, O nur noch palliativ zu behandeln. O verstirbt.
Hier liegt ein Dazwischentreten Dritter (Ärzte, Angehörige) vor, was dazu führen könnte, dass der gefahrspezifische Zusammenhang zu verneinen ist. Grundsätzlich kann das eigenständige Dazwischentreten eines Dritten den Zusammenhang unterbrechen. Der BGH meint jedoch im vorliegenden Fall, die Ärzte hätten kein eigenständiges neues Risiko geschaffen, vielmehr war ein möglicher tödlicher Ausgang der Operation bereits zum Zeitpunkt der Tat in der Konstitution des Raubopfers angelegt. Auch aus der Patientenverfügung, also aus der diesbezüglichen eigenständigen Entscheidung des Opfers, resultiere nichts anderes: Der Arzt beuge sich hier dem Patientenwillen, wobei ein Patient das Recht habe, selbstbestimmt zu entscheiden, ob er ärztliche Hilfe in Anspruch nehmen will. Offen lässt der BGH, ob anders zu entscheiden wäre, wenn ein Raubopfer aus unvernünftigen Gründen eine durchaus erfolgversprechende Behandlung ablehnt.

3. Die Leichtfertigkeit

485 Hierunter versteht man ein **besonders hohes Maß an Sorgfaltswidrigkeit**. Sie entspricht in etwa der groben Fahrlässigkeit des Zivilrechts. Der Täter missachtet Anforderungen, die für jeden ohne Weiteres einsichtig sind. Der Todeseintritt drängt sich geradezu auf.

486 Zudem muss der Todeseintritt tatbestandlich objektiv vorhersehbar sein, also nicht völlig außerhalb der allgemeinen Lebenserfahrung liegen. Auf der Ebene der Schuld ist dann die individuelle Leichtfertigkeit zu erörtern.

4. Ergänzende Hinweise

Problematisch ist, ob die Norm auch **nach Vollendung des Raubes** Bedeutung erlangen kann. 487

Beispiel: 488
A hat O gefesselt, um in der Wohnung der O ungestört nach Geld suchen zu können. Nachdem A die Geldbörse der O gefunden und eingesteckt hat, bemerkt er, dass sich O befreien konnte. Daraufhin stößt A die O gegen einen Schrank, wodurch O tödliche Verletzungen erleidet. A geht es in diesem Augenblick allein darum, fliehen zu können.
A verwirklicht § 249 StGB. Der Stoß des A erfolgte nach Vollendung, jedoch vor Beendigung des Raubes. Fraglich ist, ob dann noch § 251 StGB auf § 249 StGB anwendbar ist.
Der BGH bejaht dies und meint, die Phase nach der Vollendung sei ebenso gefährlich wie das vorherige Geschehen (BGHSt 38, 295, 298 f.; BGH, NJW 1999, 1039, 1040). Dabei genüge etwa die Absicht bloßer Fluchtsicherung (siehe BGH, NStZ 2017, 638 f.) oder die Wut über zu geringe Beute, sodass die Gewaltanwendung (anders als dies der BGH bei § 250 StGB sieht; Rdn. 462) nicht der Beuteerlangung oder -sicherung dienen müsse (BGH, NStZ-RR 2020, 372).
Gegen diese Rechtsprechung spricht jedoch maßgeblich, dass die Phase nach Vollendung den spezifischen Voraussetzungen des § 252 StGB, der Beutesicherungsabsicht verlangt, unterliegt (Hohmann, JuS 1994, 860, 863; Jäger, JA 2021, 258, 259; Rengier, JuS 1993, 460, 462). Mit der Auffassung des BGH ist die Gefahr verbunden, dass diese Voraussetzungen unterlaufen werden. Folglich ist eine Strafbarkeit nach §§ 249, 251 StGB abzulehnen. §§ 252, 251 StGB scheitert im konkreten Fall daran, dass bereits § 252 StGB mangels Beutesicherungsabsicht nicht verwirklicht ist. Es bleibt bezüglich des Stoßes § 227 StGB (oder je nach Fallkonstellation § 222 StGB).

Zu beachten ist weiterhin, dass § 251 StGB lediglich **versucht** sein kann (siehe dazu *Zieschang*, AT, Rdn. 468 ff.). Von Bedeutung ist dabei insbesondere der **erfolgsqualifizierte Versuch**, bei dem das Grunddelikt im Versuch stecken bleibt, jedoch die schwere Folge bereits eingetreten ist. 489

Beispiel: 490
A knebelt die O, um sie nach Geld zu durchsuchen. Da A den Knebel leichtfertig zu eng angelegt hat, erstickt die O. A ist völlig erschrocken und verlässt ohne Beute den Tatort.
Trotz eingetretener schwerer Folge (Tod der O) ist § 251 StGB nicht vollendet, da A den Grundtatbestand nicht verwirklicht hat; A hat keine fremde bewegliche Sache weggenommen.
Als Verbrechen ist der Versuch des § 251 StGB strafbar (§ 23 Abs. 1 StGB). Gemäß § 11 Abs. 2 StGB gilt zudem das erfolgsqualifizierte Delikt als Vorsatzdelikt. Darüber hinaus ist für § 251 StGB ausreichend und typisch, dass die schwere Folge durch die Nötigung herbeigeführt wird (siehe Rdn. 475, 481). Der Versuch des § 251 StGB ist daher strafbar (siehe dazu auch Zieschang, AT, Rdn. 471).
Tatentschluss bedeutet Vorsatz in Bezug auf die objektiven Tatbestandsmerkmale und das Vorliegen etwaiger besonderer subjektiver Merkmale, hier also der Zueignungsabsicht. A wollte gewaltsam fremde bewegliche Sachen wegnehmen und handelte auch mit Zueignungsabsicht. Der Tatentschluss ist zu bejahen.

Mit dem Knebeln hat A auch unmittelbar zur Tat angesetzt.
Die schwere Folge, der Tod der O, ist eingetreten.
Das Knebeln durch A ist hierfür kausal geworden.
Die spezifische Gefährlichkeit der Gewaltanwendung hat sich in der schweren Folge realisiert.
A agierte in Bezug auf den Tod leichtfertig.
A handelte rechtswidrig und schuldhaft.
Der Rücktritt scheitert an der fehlenden Freiwilligkeit der Aufgabe der Tat (siehe zum Rücktritt auch Rdn. 492).
A hat sich folglich gemäß §§ 251, 22, 23 StGB strafbar gemacht.

491 Problematisch ist, ob der Täter überhaupt vom erfolgsqualifizierten Versuch strafbefreiend **zurücktreten** kann.

492 **Beispiel:**
A knebelt die O, um sie zu bestehlen, wobei O erstickt. A sieht daraufhin freiwillig davon ab, fremde bewegliche Sachen wegzunehmen.
In diesem Fall ist §§ 251, 22, 23 StGB verwirklicht, wobei sich die Frage stellt, ob A von diesem Versuch noch gemäß § 24 Abs. 1 S. 1 Alt. 1 StGB strafbefreiend zurücktreten kann. Ein den Rücktritt ausschließender fehlgeschlagener Versuch aufgrund des Todeseintritts liegt nicht vor; der Gewahrsamsbruch tritt mit dem Tod des Opfers ein. A könnte also durchaus noch den Gewahrsam an den fremden beweglichen Sachen begründen und diese folglich wegnehmen.
Teilweise wird aber im Schrifttum die Möglichkeit des Rücktritts nach Eintritt der schweren Folge verneint (Wolter, JuS 1981, 168, 178; Wolters, GA 2007, 65, 79). Die Tat sei formell vollendet.
Rechtsprechung (BGHSt 42, 158) und überwiegende Ansicht im Schrifttum (etwa Heinrich, AT, Rdn. 846; Küper, JZ 1997, 229, 233) lassen jedoch den Rücktritt zu. Das ist richtig, denn maßgeblich für die Frage des Rücktritts ist nicht die (Erfolgs-)Qualifikation, sondern der Grundtatbestand. Dieser ist indes nicht vollendet, sodass A durch bloße freiwillige Aufgabe der Tat von dem hier vorliegenden unbeendeten Versuch zurücktreten kann.
Aufgrund des Rücktritts entfällt auch §§ 249, 22, 23 StGB. Es bleiben § 227 StGB (§ 222 StGB) sowie § 240 StGB.

493 Schließlich ist zu beachten: Falls bei §§ 251, 22, 23 StGB die schwere Folge noch nicht eingetreten ist, kann eine versuchte Erfolgsqualifikation vorliegen, die voraussetzt, dass der Täter auch bezüglich der schweren Folge Vorsatz aufweist. Hier kann der Täter nach Auffassung des BGH dadurch zurücktreten, dass er den Eintritt der schweren Folge verhindert, dies selbst dann, wenn er vom Versuch des Grunddelikts nicht zurücktritt (BGH, NJW 2019, 3659, 3661).

X.
Räuberischer Diebstahl gemäß § 252 StGB

§ 252 StGB stellt im Grundsatz die Konstellation unter Strafe, dass der Täter eines vollendeten Diebstahls auf frischer Tat betroffen wird und gegen eine Person Gewalt verübt oder Drohungen mit gegenwärtiger Gefahr für Leib oder Leben anwendet. Die Nötigungshandlungen erfolgen also hier erst – anders als beim Raub – nach der Verwirklichung des Diebstahls. Es geht nicht wie beim Raub um die Konstellation, den Gegenstand unter Anwendung von Nötigungsmitteln zu erlangen, sondern darum, ihn zu behalten. Entsprechend muss der Täter bei § 252 StGB in subjektiver Hinsicht neben dem Vorsatz die Absicht aufweisen, sich im Besitz des gestohlenen Gutes zu erhalten. 494

Bestraft wird der Täter dann gleich einem Räuber, was zur Konsequenz hat, dass nicht nur der Strafrahmen des § 249 StGB gilt, sondern auch die Qualifikationen nach §§ 250, 251 StGB anwendbar sind. 495

§ 252 StGB verdrängt dann §§ 240, 242 StGB. § 252 StGB ist aber mitbestrafte Nachtat, wenn die Vortat ein Raub war. §§ 252, 250 StGB verdrängt aber wiederum den nichtqualifizierten Raub gemäß § 249 StGB als Vortat. 496

1. Der objektive Tatbestand

a) Vortat

Das Gesetz spricht von einem „Diebstahl". Damit ist § 242 StGB gemeint, der tatbestandsmäßig, rechtswidrig und schuldhaft verwirklicht worden sein muss. Unerheblich ist dagegen, ob §§ 247, 248a StGB einschlägig sind. Erfasst ist natürlich auch der Diebstahl in einem besonders schweren Fall gemäß §§ 242, 243 StGB. Da die Qualifikationen nach §§ 244, 244a StGB den Diebstahl als Grundtatbestand voraussetzen, kommen auch diese als taugliche Vortat in Betracht. 497

Ebenfalls im Raub (§§ 249, 250, 251 StGB) ist der Diebstahl enthalten; folglich kann auch er (erst recht) Vortat des § 252 StGB sein. Der Raub verdrängt dann aber wie erwähnt § 252 StGB (mitbestrafte Nachtat), es sei denn, § 252 StGB ist stärker qualifiziert (§§ 250, 251 StGB) als der Raub; dann gehen §§ 252, 250 (251) StGB vor. 498

Insbesondere die §§ 246, 248b, 253, 255, 263 StGB sind angesichts des eindeutigen Wortlauts des § 252 StGB keine tauglichen Vortaten; ihre Heranziehung wäre eine gegen Art. 103 Abs. 2 GG verstoßende Analogie zu Lasten des Täters. 499

Der Diebstahl muss im Grundsatz **vollendet** sein, mit anderen Worten muss es bereits zur Wegnahme einer fremden beweglichen Sache gekommen sein. Solange das nämlich nicht der Fall ist, geht es bei der Anwendung von Nötigungsmitteln um § 249 StGB. Ausnahmsweise genügt jedoch auch ein versuchter Diebstahl als Vortat, sofern es sich um einen untauglichen Versuch handelt. 500

Beispiel: 501
A nimmt im Krankenhaus aus der Geldbörse seiner Großmutter O 100 Euro. O ist in diesem Zeitpunkt bereits verstorben. Alleinerbe A weiß dies jedoch nicht. Als er das Zimmer verlässt, stellt sich ihm Patient P in den Weg, der den A beobachtet hatte. A schlägt den P nieder, um mit der Beute zu fliehen.
Mangels Fremdheit der Sache ist der Diebstahl nicht vollendet. Es geht um einen untauglichen Versuch gemäß §§ 242, 22, 23 StGB. Dieser kann ebenfalls Vortat sein, der Wortlaut des § 252 StGB („bei einem Diebstahl") steht dem nicht entgegen. A verwirklicht daher, als er P niederschlägt, objektiv § 252

StGB. Demgegenüber findet sich im Schrifttum die Auffassung, beim untauglichen Diebstahlsversuch komme auch nur §§ 252, 22, 23 StGB in Betracht (etwa Mitsch, BT 2, S. 554f.; Wessels/Hillenkamp/Schuhr, BT 2, Rdn. 455). Dafür könnte sprechen, dass in einem solchen Fall auch ein Raub nur versucht wäre. Dagegen ist jedoch einzuwenden, dass es bei § 252 StGB maßgeblich darum geht, dass der Täter nach Gewahrsamserlangung zur Beutesicherung Nötigungsmittel anwendet, was nun auch in dem hier geschilderten Fall des untauglichen Diebstahlsversuchs gegeben ist. Es handelt sich daher in Bezug auf § 252 StGB um eine Vollendungskonstellation.

502 Der Diebstahl darf auf der anderen Seite **noch nicht beendet** sein (BGH, NStZ 2015, 219, 220; *Rengier*, BT I, § 10 Rdn. 9; anders *Dreher*, MDR 1979, 529, 530: § 252 StGB betreffe den Zeitraum nach Beendigung des Diebstahls; wiederum anders auch *Lackner/Kühl/Heger*, StGB, § 252 Rdn. 4: Die Tat könne trotz Beendigung noch frisch sein), denn dann liegt jedenfalls keine „frische" Tat mehr vor. Verzehrt jemand im Supermarkt etwa vollständig Lebensmittel, ist der Diebstahl damit beendet (*Marlie*, ZIS 2006, 42, 43ff.; *Wessels/Hillenkamp/Schuhr*, BT 2, Rdn. 454; anders LG Freiburg, ZIS 2006, 40).

b) Auf frischer Tat

503 Diese Voraussetzung hat zur Konsequenz, dass im Zeitpunkt des Betreffens noch ein **zeitlicher und räumlicher Zusammenhang** mit der Vortat bestehen muss, was **jedenfalls nicht** mehr der Fall ist, wenn die Tat **beendet** ist. Dann kommt § 252 StGB nicht in Betracht, es verbleibt insbesondere § 240 StGB.

504 **Beispiel:**
A hat bei dem O einen Diebstahl begangen. Am nächsten Tag sieht der O zufällig den A und spricht ihn auf die Tat an. A schlägt O nieder.
In diesem Fall ist § 252 StGB objektiv nicht verwirklicht, da der Diebstahl bereits beendet war und es an einer frischen Tat im Zeitpunkt des Ansprechens fehlt. Erfüllt sind §§ 223, 240 StGB.

505 Aber auch schon **vor Beendigung** kann nach zutreffender Sicht die „Frische" zu **verneinen** sein, nämlich dann, wenn schon vor der Beendigung im Zeitpunkt des Betroffenseins **kein enger örtlicher und zeitlicher Zusammenhang** mehr mit der Vortat gegeben ist (siehe BGH, NJW 2015, 3178f.; *Bosch*, TK, StGB, § 252 Rdn. 4; *Wessels/Hillenkamp/Schuhr*, BT 2, Rdn. 450; a. A. *Rengier*, BT I, § 10 Rdn. 11, der bei § 252 StGB bis zur Beendigung immer von einer frischen Tat ausgeht).

506 Zu beachten ist indes: Wird der Dieb bei seiner Tat heimlich beobachtet und daraufhin verfolgt, wobei es erst einige Zeit später und Kilometer entfernt zur Konfrontation kommt, liegt ein Betroffensein auf frischer Tat aufgrund der Beobachtung des Diebstahls objektiv vor. Die örtliche Nähe ist bereits aufgrund der Beobachtung und ohne Zäsur erfolgenden Verfolgung gegeben. Jedoch kann dem Täter dann der Vorsatz fehlen, wenn er nicht davon ausgeht, dass er schon bei der eigentlichen Diebestat – also auf frischer Tat – wahrgenommen wurde. Nimmt er aber billigend in Kauf, dass er möglicherweise bereits in unmittelbarer zeitlicher und räumlicher Nähe zum Diebstahl bemerkt worden war, liegt Vorsatz in Form von dolus eventualis vor (BGH, NJW 2015, 3178, 3179).

c) Betroffen

Unproblematisch ist dieses Merkmal erfüllt, wenn jemand **den Dieb** im engen örtlichen und zeitlichen Zusammenhang mit dem Diebstahl **wahrnimmt**. Dann ist der Dieb bei einem Diebstahl auf frischer Tat **betroffen**. Das kann auch schon vor Vollendung des Diebstahls erfolgen, man denke etwa an den beobachteten Diebstahl. Derjenige, der den Täter betrifft, mag der Eigentümer oder bisherige Gewahrsamsinhaber sein, jedoch auch ein Unbeteiligter. **507**

Fraglich ist aber, ob das Merkmal auch dann angenommen werden darf, wenn der Dieb dem Betreffenden „**zuvorkommt**" und diesen etwa niederschlägt, bevor jener den Täter überhaupt wahrgenommen hat. Die Rechtsprechung (BGHSt 26, 95) und überwiegende Ansicht im Schrifttum (*Bosch*, Jura 2018, 354, 360 f.; *Lackner/Kühl/Heger*, StGB, § 252 Rdn. 4; *Sinn*, SK, StGB, § 252 Rdn. 10 f.) bejahen auch dann das Merkmal „betroffen". Das gelte erst recht, wenn der Täter sich irrtümlich entdeckt glaubt. Dagegen wird zum Teil vertreten, der andere müsse den Dieb zuvor zumindest als Person bemerkt haben (*Heghmanns*, BT, Rdn. 1265; *Sander*, MK, StGB, § 252 Rdn. 9 ff.), zum Teil wird im Schrifttum darüber hinaus gefordert, dass der andere einen Straftatverdacht haben müsse (siehe *Haas*, in: Fragmentarisches Strafrecht, S. 145, 167 f.; *Schnarr*, JR 1979, 314, 316). **508**

Der überwiegenden Ansicht ist zwar zuzugeben, dass sie einen umfassenderen Rechtsgüterschutz erreichen kann, andererseits zeigt der Begriff „betroffen" doch hinreichend, dass der Dieb insoweit eine passive Position einnimmt und es gerade der andere ist, der den Dieb wahrnimmt. Hat der Dritte den Täter noch nicht wahrgenommen, will der Dieb nichts anders als verhindern, dass er „betroffen" wird, er ist es aber tatsächlich noch gar nicht. Ausgehend vom Wortlaut ist daher vor dem Hintergrund des Art. 103 Abs. 2 GG die Ansicht zu befürworten, welche fordert, dass der Dritte den Täter zumindest wahrgenommen hat. Dagegen verlangt § 252 StGB von seinem Wortlaut nicht zwingend, dass der Dritte auch die Zusammenhänge versteht und erkennt oder den Verdacht hegt, dass er es mit jemandem zu tun hat, der einen Diebstahl verwirklicht hat. **509**

Entgegen der überwiegenden Auffassung fehlt es daher an dem Merkmal „betroffen", falls der Dieb noch gar nicht von dem Dritten wahrgenommen worden ist, selbst dann, wenn der Täter dies irrtümlich annimmt. Im letzteren Fall kommt aber Versuch in Betracht. **510**

d) Gewalt gegen eine Person oder Drohungen mit gegenwärtiger Gefahr für Leib oder Leben

Im Nötigungsteil stimmt § 252 StGB mit § 249 StGB überein. Zu beachten ist dabei, dass die Person, gegen die die Nötigungsmittel angewendet werden, nicht unbedingt diejenige sein muss, die den Dieb wahrgenommen hat. Adressat der Nötigung können auch Unbeteiligte sein. **511**

> **Beispiel:** **512**
> *A wird von B bei einem Diebstahl auf frischer Tat betroffen. A stößt den Passanten O zur Seite, um mit der Beute fliehen zu können. O hatte von dem Geschehen zuvor gar nichts bemerkt. A verwirklicht in diesem Fall § 252 StGB.*

Ob die Beutesicherung objektiv erfolgreich ist, spielt keine Rolle. Die Anwendung der Nötigungsmittel erfordert also nicht, dass sie objektiv kausal für die Beuteerhaltung sind. **513**

2. Der subjektive Tatbestand

514 Zunächst muss der Täter natürlich **vorsätzlich** handeln. Der Vorsatz hat sich nicht nur auf den Diebstahl zu beziehen, sondern auch darauf, dass der Täter auf frischer Tat betroffen ist. Daran fehlt es, wenn der Täter gar nicht weiß oder nicht für möglich hält, dass ihn jemand beim Diebstahl auf frischer Tat beobachtet.

515 Andererseits ist zu bedenken, dass der Täter nach h. M. auch dann betroffen ist, falls er Gewalt ausübt, obwohl er noch gar nicht wahrgenommen wurde (Rdn. 508). Wenn man diese Auffassung jedoch wie hier ablehnt (Rdn. 509), muss der Täter wissen oder zumindest für möglich halten, dass er bereits von einem Dritten wahrgenommen worden ist. Der Vorsatz muss sich zudem natürlich auch auf die Nötigungsmittel beziehen.

516 Zusätzlich verlangt § 252 StGB in subjektiver Hinsicht ein **besonderes subjektives Merkmal**. Der Täter muss handeln, um sich im Besitz des gestohlenen Gutes zu erhalten. Hier spricht man von der **Besitzerhaltungs- oder Beutesicherungsabsicht**. Insofern ist dolus directus 1. Grades erforderlich, der Täter muss dieses Ziel also erstreben, ihm muss es also darauf ankommen. Als überschießende Innentendenz ist nicht erforderlich, dass dies dem Täter objektiv auch gelingt.

517 **Einschub:**
Ist die Beutesicherung erfolgreich, stellt sich die Frage, ob der Täter nicht auch nach §§ 253, 255 StGB zu bestrafen ist. Insoweit kann man jedoch argumentieren, dass es bereits tatbestandlich an einem eigenständigen Vermögensschaden fehlt und die Vorschrift daher bereits aus diesem Grund scheitert (Sicherungserpressung). Möglich ist im Einzelfall auch, §§ 253, 255 StGB tatbestandlich zu bejahen. Dann tritt aber die Räuberische Erpressung auf Konkurrenzebene zurück, um die spezifischen Voraussetzungen des § 252 StGB nicht zu unterlaufen. Selbst wenn § 252 StGB (etwa mangels Beuteerhaltungsabsicht) nicht vorliegt, würde §§ 253, 255 StGB hinter §§ 223, 240 StGB zurücktreten, um die gesetzliche Regelung nicht zu umgehen.

518 Unschädlich ist, wenn der Täter neben der Beutesicherungsabsicht andere Beweggründe hat, etwa die Vermeidung von Bestrafung durch Flucht. Geht es ihm jedoch ausschließlich um andere Ziele (etwa allein um die Flucht), entfällt die Absicht. Sie fehlt auch, wenn der Täter fliehen will, um sich der Beute zu entledigen.

519 Die Besitzerhaltungsabsicht braucht weder dominieren noch Endziel sein. Es genügt, dass es sich hierbei um ein Zwischenziel auf dem Weg zur Erreichung des Hauptziels handelt. Nach der Rechtsprechung muss sich die Absicht des Täters aber darauf beziehen, eine gegenwärtige oder unmittelbar bevorstehende Gewahrsamsentziehung zu verhindern (BGHSt 28, 224, 230 f.; kritisch *Eisele*, BT II, Rdn. 413).

520 Der Täter muss handeln, um **sich** im Besitz der Beute zu erhalten. Die Beuteerhaltungsabsicht bezogen auf einen Dritten (Drittbesitzerhaltungsabsicht) genügt also nicht.

3. Ergänzende Hinweise

521 Ein Mittäter des Diebstahls, der selbst nicht die Beute in den Händen hält, ist dennoch Täter des § 252 StGB, wenn er die Absicht hat, dass die Beute (auch) ihm erhalten bleibt (siehe BGHSt 6, 248, 250 f.; BGH, NStZ 2015, 276).

522 Wendet jemand mittäterschaftlich Nötigungsmittel an, ohne an dem Diebstahl beteiligt gewesen zu sein, kann das dem Dieb nach dem BGH über die Mittäterschaft zuge-

rechnet werden, sodass sich der Dieb gemäß §§ 252, 25 Abs. 2 StGB strafbar macht (BGH, StV 1991, 349; kritisch *Dehne-Niemann*, JuS 2008, 589, 591). Der Nötigende macht sich nach §§ 223, 240, 257 StGB und – wegen fehlender Besitzerhaltungsabsicht – nach §§ 252, 27 StGB strafbar; §§ 253, 255 StGB kann man am fehlenden eigenständigen Vermögensschaden scheitern lassen.

Ein Teilnehmer des Diebstahls (der Vortat) ist nach dem BGH dann Täter des § 252 **523**
StGB, wenn er im Zeitpunkt der Nötigungshandlung selbst im Besitz der Beute ist (BGHSt 6, 248, 250). Nach der Gegenansicht im Schrifttum kann Täter des § 252 StGB nur jemand sein, der bereits Täter (Mittäter) des § 242 StGB war (etwa *Bosch*, TK, StGB, § 252 Rdn. 10; *Geilen*, Jura 1980, 43, 46).

XI. Sachbeschädigung gemäß § 303 StGB

524 Die bisher angesprochenen Vorschriften sind eng mit dem Schutz des Eigentums verknüpft. Auch bei der Sachbeschädigung geht es um den **Schutz des Eigentums**. Daher soll auf diese Vorschrift eingegangen sein, bevor im Anschluss die Strafbestimmungen zum Schutz des Vermögens (im engeren Sinne) erläutert werden.

1. Der objektive Tatbestand des § 303 Abs. 1 StGB

525 Taugliches Tatobjekt des § 303 StGB sind **fremde Sachen**. Insoweit kann auf die Erläuterungen zum Sachbegriff und zur Fremdheit im Zusammenhang mit § 242 StGB verwiesen werden, die entsprechend gelten (Rdn. 18 ff.). Auch hier ist zu beachten, dass bei flüssigen und gasförmigen Stoffen hinreichende Abgrenzbarkeit gegeben sein muss.

526 Ebenfalls wertlose Sachen sind erfasst, jedoch mag dann im Einzelfall über die (mutmaßliche) Einwilligung die Rechtswidrigkeit entfallen (*Wessels/Hillenkamp/Schuhr*, BT 2, Rdn. 50; anders BayObLG, NJW 1993, 2760, 2761 hinsichtlich eines an Tollwut erkrankten Hundes; *Goeckenjan*, LK, StGB, § 303 Rdn. 14). Im Unterschied zu §§ 242, 246 StGB werden von der Sachbeschädigung gemäß § 303 StGB allerdings **nicht nur bewegliche**, sondern **auch unbewegliche Sachen** erfasst.

527 **Beispiel:**
A zerstört das Gartenhaus des O.
Als wesentlicher Bestandteil des Grundstücks (§ 94 Abs. 1 BGB) ist das Gartenhaus eine unbewegliche Sache. Auch diese unbeweglichen Sachen werden von § 303 StGB geschützt.

528 Tathandlung des § 303 Abs. 1 StGB ist das **Beschädigen** oder **Zerstören**. **Beschädigen** bedeutet die körperliche Einwirkung auf die Sache, wodurch ihre Substanz oder ihre bestimmungsgemäße Brauchbarkeit nicht nur unerheblich beeinträchtigt wird.

529 **Beispiele:**
A schlägt mit einem Hammer auf die Motorhaube des Fahrzeugs des O.
A beeinträchtigt damit die Substanz des Fahrzeugs in nicht unerheblicher Weise.
Oder: A legt den Motor des Fahrzeugs des O lahm.
A beeinträchtigt damit nicht unerheblich die bestimmungsgemäße Brauchbarkeit des Fahrzeugs.

530 Im Einzelfall ist jeweils zu untersuchen, was die bestimmungsgemäße Brauchbarkeit einer Sache ist.

531 **Beispiele:**
A beschmiert das Bild des Künstlers O mit Farbe.
Da das Bild (auch) ästhetischen Zwecken dient, wird dessen bestimmungsgemäße Brauchbarkeit beeinträchtigt. Daneben kann natürlich im Einzelfall auch bereits eine Beeinträchtigung der Substanz vorliegen, sofern die Farbe ihrerseits bereits die Oberfläche des Bildes angreift oder nur dadurch entfernt werden kann, dass Schichten des Bildes in Mitleidenschaft gezogen werden (siehe dazu auch Rdn. 548).

Zweifelhaft ist, ob § 303 Abs. 1 StGB bei reinen **Sachentziehungen** greifen kann. 532

Beispiel: 533
A lässt den Wellensittich des O fliegen.
Es handelt sich um eine Sachentziehung. Da in diesem Fall der Wellensittich nicht in der freien Natur überleben kann, ist § 303 Abs. 1 StGB erfüllt (Kindhäuser/Hilgendorf, LPK, § 303 Rdn. 24; kritisch Heinrich, Arzt/Weber/Heinrich/Hilgendorf, BT, § 12 Rdn. 28).

Gegenbeispiele: 534
A lässt die Maus des O aus dem Käfig, die in der freien Natur überleben kann.
Oder: A wirft das Schmuckstück der O in ein Gebüsch, wo es nicht gefunden werden kann.
Diese bloßen Sachentziehungen fallen nicht unter § 303 Abs. 1 StGB. Auch § 242 StGB ist nicht erfüllt (siehe Rdn. 183 f.).

Auch bloße **Nutzungsentziehungen** sollen nicht unter § 303 StGB fallen. 535

Beispiel: 536
A versteckt den Autoschlüssel des O, sodass O sein Fahrzeug nicht nutzen kann.
Dieser Fall wird nicht unter § 303 Abs. 1 StGB subsumiert.

Umstritten ist, ob der **bestimmungsgemäße Verbrauch** einer Sache § 303 Abs. 1 StGB erfüllt. 537

Beispiel: 538
A verspeist aus dem Obstkorb des O zwei Bananen.
Die überwiegende Auffassung sieht darin keine Sachbeschädigung (etwa Hecker, TK, StGB, § 303 Rdn. 13; Satzger, Jura 2006, 428, 431).
Demgegenüber wird zum Teil § 303 Abs. 1 StGB bejaht (Heghmanns, BT, Rdn. 989; Kindhäuser/Hilgendorf, LPK, § 303 Rdn. 27), wobei die Sachbeschädigung dann hinter ein verwirklichtes Eigentumsdelikt wie hier § 242 StGB zurücktritt.

Fraglich ist, ob § 303 StGB auch dann erfüllt sein kann, wenn jemand eine Sache **repariert**. 539

Beispiel: 540
A sieht, dass der Zaun des Nachbarn O beschädigt ist und repariert diesen. O wollte aber keine Reparatur.
Hier könnte man im Sinne des Gesichtspunkts der Risikoverringerung (siehe dazu Zieschang, AT, Rdn. 93 ff.) den Tatbestand des § 303 Abs. 1 StGB verneinen (§ 303 Abs. 1 StGB ablehnend etwa Saliger/Lienert, Satzger/Schluckebier/Werner, StGB, § 303 Rdn. 12; Wessels/Hillenkamp/Schuhr, BT 2, Rdn. 61). Es könnte aber dann § 303 Abs. 2 StGB gegeben sein.
Mit der Ablehnung des § 303 Abs. 1 StGB würde man jedoch die Selbstbestimmungsfreiheit des Eigentümers einschränken. Vielmehr stellt sich das Verhalten des A als eine Veränderung des status quo und damit als eine Substanzbeeinträchtigung sowie als eine Veränderung der von O festgelegten bestimmungsgemäßen Brauchbarkeit dar und ist folglich tatbestandlich. Es bleibt dann auf der Ebene der Rechtswidrigkeit die Prüfung der (mutmaßlichen) Einwilligung oder des rechtfertigenden Notstands gemäß §§ 228, 904 BGB.

541 Stets muss die Beschädigung die **Erheblichkeitsschwelle** überschreiten. Beeinträchtigungen, die ohne Mühe wieder beseitigt werden können, sind daher tatbestandslos.

542 **Beispiel:**
A lässt aus dem Fahrradreifen des O die Luft heraus.
Hat O eine Luftpumpe zur Hand und kann er damit ohne nennenswerten Aufwand den Reifen wieder aufpumpen, fehlt es tatbestandlich an einem Beschädigen (Behm, NStZ 1988, 275 f.; zu eng und § 303 StGB bejahend BayObLG, NJW 1987, 3271 f.).

543 **Gegenbeispiel:**
A zerlegt die Uhr des O in ihre Einzelteile.
Zwar kann dann die Uhr wieder zusammengesetzt werden, jedoch nur mit erheblichem Aufwand. Daher ist in diesem Fall § 303 Abs. 1 StGB tatbestandlich erfüllt.

544 Eine Sache ist **zerstört**, wenn die Substanz (Existenz) vollständig aufgehoben (vernichtet) ist oder ihre bestimmungsgemäße Brauchbarkeit vollständig verloren gegangen ist.

545 **Beispiele:**
A verbrennt den Rucksack des O.
Oder: A tötet den Hund des X.

546 Das in § 303 StGB genannte Merkmal „rechtswidrig" hat auf Tatbestandsebene keine Bedeutung, sondern stellt einen überflüssigen Hinweis auf das allgemeine Merkmal der Rechtswidrigkeit dar.

2. Der objektive Tatbestand des § 303 Abs. 2 StGB

547 Der Gesetzgeber hat mit dem 39. StrÄndG vom 1.9.2005 (BGBl. I, 2674) § 303 Abs. 2 StGB geschaffen. Diese Vorschrift ist subsidiär gegenüber § 303 Abs. 1 StGB. Liegt also eine Konstellation des ersten Absatzes vor, die im Aufbau zunächst anzusprechen ist, braucht auf § 303 Abs. 2 StGB nicht mehr eingegangen zu werden. Der zweite Absatz soll vor allem Graffiti strafrechtlich erfassen. So hatte der BGH zuvor das Kleben eines Plakats auf einen Stromverteilerkasten mangels Substanz- sowie Brauchbarkeitsbeeinträchtigung nicht als Sachbeschädigung im Sinne des § 303 Abs. 1 StGB angesehen (BGHSt 29, 129).

548 **Beispiel:**
A besprüht das Haus des O mit Farbe.
Zunächst bedarf es der Prüfung, ob § 303 Abs. 1 in Form der Substanzbeeinträchtigung erfüllt ist. Sofern das Besprühen dazu führt, dass die Ursprungsfarbe des Hauses oder der Putz nicht unerheblich angegriffen sind, liegt § 303 Abs. 1 StGB als Substanzbeeinträchtigung vor. Das gilt auch dann, wenn erst die Reinigung die Ursprungsfarbe oder den Putz beeinträchtigen sollte.
Liegt keine Substanzverletzung vor, ist zu erörtern, ob die bestimmungsgemäße Brauchbarkeit beeinträchtigt ist. Das ist anzunehmen, wenn etwa Fenster oder Werbeschilder beschmiert sind. Ist das nicht der Fall, bedarf es der Prüfung, ob man eine Beeinträchtigung der bestimmungsgemäßen Brauchbarkeit vor dem Hintergrund bejahen kann, dass mit der Sache verbundene ästhetische Zwecke beeinträchtigt sind. Insoweit ist jedoch der BGH zurückhaltend (BGHSt 29, 129,

134): Ästhetische Zwecke können danach nur ausnahmsweise Berücksichtigung finden, nämlich dann, wenn die Gebrauchsbestimmung offensichtlich mit einem ästhetischen Zweck zusammenhänge wie bei einer Statue, einem Gemälde oder einem Baudenkmal.
Insofern ist jedoch kritisch anzumerken, dass allgemein mit einem Haus regelmäßig nicht nur Wohn-, sondern auch ästhetische Zwecke verbunden sind, sodass es zutreffend erscheint, § 303 Abs. 1 StGB dann zu bejahen. Das ist im Übrigen auch beim Beschmieren eines Autos anzunehmen.

Was gilt aber nun, wenn (ausnahmsweise) weder die Substanz noch die bestimmungs- **549**
gemäße Brauchbarkeit beeinträchtigt sind?

Beispiel: **550**
A bemalt einen Stromverteilerkasten mit Farbe.
Geht man einmal davon aus, dass dadurch weder die Substanz- noch die bestimmungsgemäße Brauchbarkeit beeinträchtigt sind, greift § 303 Abs. 1 StGB nicht ein. Es kommt nur § 303 Abs. 2 StGB zum Zuge.
*Hier ist das **Erscheinungsbild einer fremden Sache verändert** worden. Dabei spielt es keine Rolle, ob der Stromverteilerkasten möglicherweise jetzt „besser" aussieht, es geht allein um die Veränderung der Erscheinung im Vergleich zum vorherigen Zustand. Erforderlich ist aber eine Einwirkung auf die Sache selbst (eine Diaprojektion auf eine Wand genügt also etwa nicht).*
*Weiterhin ist erforderlich, dass diese Veränderung **nicht nur unerheblich und nicht nur vorübergehend** ist.*
Die Erheblichkeit entspricht dem Erfordernis des § 303 Abs. 1 StGB. Irrelevante Beeinträchtigungen (etwa ein Farbstrich an einer Brücke) sind also tatbestandslos, ebenso solche, die ohne besonderen Aufwand beseitigt werden können (so etwa bei problemlos ablösbaren Bannern).
Veränderungen sind nur vorübergehend, sofern sie innerhalb eines kürzeren Zeitraums von selbst verschwinden (zum Beispiel Striche auf der Straße, die durch Autos oder Regen schnell wieder entfernt werden).
*Zu beachten ist weiterhin, dass das Merkmal **„unbefugt"** Tatbestandsmerkmal sein soll (BT-Drucks. 13/5313, S. 3), sodass der Täter ohne oder gegen den Willen des Eigentümers handeln muss, um den Tatbestand zu erfüllen (dagegen geht es insoweit in § 303 Abs. 1 StGB um eine Frage der Rechtfertigung).*

3. Ergänzende Hinweise

§ 303a StGB betrifft die Datenveränderung. Hierbei gehen Teile der Literatur davon **551**
aus, die Norm sei nicht hinreichend bestimmt und daher verfassungswidrig (etwa *Wessels/Hillenkamp/Schuhr*, BT 2, Rdn. 92). Die Legaldefintion der Daten findet sich in § 202a StGB. Vom Tatbestand nicht erfasst ist das bloße Kopieren der Daten, die dann noch auf dem Ursprungsdatenträger verbleiben (siehe *Hilgendorf*, JR 1994, 478, 479). Da nach dem Wortlaut des § 303a StGB auch eigene Daten erfasst sind, wird zum Teil im Schrifttum der Begriff „rechtswidrig" als Tatbestandsmerkmal angesehen (siehe *Eisele*, BT II, Rdn. 504; *Rengier*, BT I, § 26 Rdn. 7), um die Vorschrift einzuschränken, sodass der Tatbestand nicht erfüllt ist, wenn der Verfügungsberechtigte über die Daten seine Zustimmung erteilt. Andere Autoren beschränken den Tatbestand auf fremde Daten (*Fischer*, StGB, § 303a Rdn. 4a; *Heghmanns*, BT, Rdn. 1021).
Die Computersabotage ist in **§ 303b StGB** geregelt. Verbreitet jemand einen „Erpres- **552**
sungstrojaner" über das Internet, der einen Sperrbildschirm erzeugt und nur durch eine vollständige Löschung der Festplatte beseitigt werden kann, ist neben § 253 (22,

23) StGB auch § 303b Abs. 1 Nr. 1 StGB erfüllt (BGH, NJW 2021, 2301, 2302 f.), der den ebenfalls vorliegenden § 303a StGB verdrängt.

553 Die Regelung der gemeinschädlichen Sachbeschädigung gemäß **§ 304 StGB** setzt die Fremdheit der Sachen nicht voraus. Gegenstände, welche zum öffentlichen Nutzen dienen, müssen unmittelbar der Allgemeinheit dienlich sein (so z. B. Parkbänke oder Verkehrsschilder, nicht aber die Einrichtung in öffentlichen Bürogebäuden). Stets ist erforderlich, dass auch jeweils der öffentliche Nutzzweck nicht unerheblich beeinträchtigt ist (*Rengier*, BT I, § 25 Rdn. 6 f.).

554 Eine Qualifikation des § 303 StGB ist die Zerstörung von Bauwerken gemäß **§ 305 StGB**. Nur hinzuweisen ist auch auf **§ 305a StGB**.

555 Auch die Brandstiftung gemäß **§ 306 StGB** ist ein qualifiziertes Sachbeschädigungsdelikt, denn nur **fremde Tatobjekte** werden vom Tatbestand erfasst. Hier ist im Übrigen auch die Fahrlässigkeit gemäß § 306d Abs. 1 Var. 1 StGB i. V. m. § 306 StGB unter Strafe gestellt. Insofern geht es also ausnahmsweise um eine fahrlässige Sachbeschädigung.

XII.
Betrug gemäß § 263 StGB

Der Betrug gemäß § 263 StGB ist die zentrale Vorschrift zum Schutz des Vermögens als Ganzes. Es handelt sich um ein Verletzungsdelikt, denn der Betrug verlangt in objektiver Hinsicht, dass es tatsächlich zum Eintritt eines Vermögensschadens kommt. Der **Betrug** ist aufgrund des Erfordernisses des Eintritts eines Vermögensschadens **Vermögensdelikt im engeren Sinn**. Dagegen handelt es sich bei dem Eigentumsdelikt, etwa bei § 242 StGB, um ein Vermögensdelikt im weiteren Sinn, da in diesem Fall zwar regelmäßig das Vermögen geschmälert wird, dies jedoch nicht zwingend ist (man denke insbesondere an den Diebstahl wirtschaftlich wertloser Sachen). 556

1. Der objektive Tatbestand

Trotz des wenig geglückten Wortlauts der Norm ist man sich über die Voraussetzungen des Betrugs einig: Im objektiven Tatbestand ist zunächst zu prüfen, ob eine **Täuschung** vorliegt. Aus dieser muss dann beim Gegenüber ein **Irrtum** resultieren. Der Irrtum wiederum führt zu einer **Vermögensverfügung** (ungeschriebenes Tatbestandsmerkmal), aus der ein **Vermögensschaden** entsteht. Hierbei wird bereits deutlich, dass die vier Merkmale des Betrugs (Täuschung, Irrtum, Vermögensverfügung und Vermögensschaden) jeweils **kausal** miteinander verknüpft sein müssen. 557

Schon jetzt ist anzumerken, dass Getäuschter und Verfügender stets personenidentisch sein müssen, dagegen Verfügender und Geschädigter personenverschieden sein können. Das bedeutet für die Prüfung, dass man stets exakt bereits im Obersatz angeben sollte, gegenüber wem und zu wessen Nachteil der Betrug erörtert wird. 558

> **Beispiel:** 559
> *A hat die gutgläubige Verkäuferin V im Laden des O mit Falschgeld bezahlt. Hinsichtlich des Betrugs wäre ein möglicher Obersatz: „A könnte sich aufgrund der Bezahlung mit Falschgeld wegen Betrugs gemäß § 263 StGB gegenüber der V und zu Lasten des O strafbar gemacht haben".*

a) Täuschung

Täuschung bedeutet die Einwirkung auf das Vorstellungsbild eines anderen durch Kundgabe von Tatsachen, die nicht der Wahrheit entsprechen. 560

aa) Einwirkung auf das Vorstellungsbild eines anderen

Diese Voraussetzung bedeutet, dass **nur natürliche Personen** getäuscht werden können, denn anderenfalls fehlt es an der Einwirkung auf das Vorstellungsbild eines anderen. Hebt jemand etwa unberechtigt am Geldautomaten Geld ab, kann das folglich insbesondere §§ 263a, 242, 246 StGB erfüllen, nicht aber § 263 StGB, da es am Automaten an der Einwirkung auf eine natürliche Person fehlt. Nimmt beim Tanken ohne Bezahlung (siehe dazu bereits Rdn. 37 sowie Rdn. 105) der Kassierer den Tankenden nicht wahr, fehlt es an einer Täuschung, jedoch kommt versuchter Betrug in Betracht, wenn der Täter damit gerechnet hat, dass er wahrgenommen wird (BGH, NJW 2012, 1092, 1093; BGH, NJW 2016, 1109). 561

Konsequenz ist weiterhin, dass bloße Tatsachenveränderungen, ohne dass auf das Vorstellungsbild eines anderen eingewirkt wird, keine Täuschung darstellen. 562

563 **Beispiel:**
A schleicht sich auf das Schiff des O und fährt unbemerkt als blinder Passagier von Koblenz nach Köln.
In diesem Fall hat A eine Tatsachenveränderung vorgenommen, ohne auf die Vorstellung des O eingewirkt zu haben, der den A gar nicht bemerkt hat (ignorantia facti). Eine Täuschung ist daher zu verneinen.

564 Im Einzelfall ist aber stets zu prüfen, ob nicht möglicherweise durch eine Tatsachenveränderung auf das Vorstellungsbild einer anderen Person eingewirkt wird, sodass eine Täuschung zu bejahen ist.

565 **Beispiel:**
A bringt an dem Fahrrad des B ohne dessen Wissen ein Schild „Zu verkaufen" an und stellt sich wortlos unmittelbar neben das Fahrrad. O sieht dies und glaubt, A sei Eigentümer des Fahrrads.
In diesem Fall wirkt A durch sein Verhalten konkludent auf die Vorstellung des O ein, der nach dem Empfängerhorizont davon ausgeht, A sei Eigentümer oder zumindest berechtigt, das Fahrrad zu veräußern. Eine Täuschung ist zu bejahen.

566 Zu beachten ist, dass die Täuschung nach herrschender Meinung ein subjektives Element beinhaltet, nämlich das Täuschungsbewusstsein (BGHSt 18, 235, 237; BGHSt 47, 1, 5; *Eisele*, BT II, Rdn. 521; anders etwa *Mitsch*, BT 2, S. 263 f.; *Pawlik*, StV 2003, 297, 298 f.). Dem Täter muss also bewusst sein, dass seine Erklärung nicht der Wahrheit entspricht, anderenfalls ist bereits das objektive Merkmal der Täuschung zu verneinen.

bb) Tatsachen

567 Tauglicher Täuschungsgegenstand sind allein **Tatsachen**. Darunter versteht man **Umstände der Vergangenheit oder Gegenwart, die dem Beweis zugänglich sind**.
568 **Abzugrenzen** sind die Tatsachen von bloßen **Werturteilen**. Für Letztere ist entscheidend, dass sie nicht auf ihre Wahrheit überprüft werden können. Für sie sind Aspekte des Meinens und Dafürhaltens maßgeblich, sie sind nicht dem Beweis zugänglich.
569 Dabei kann die Abgrenzung der Tatsache vom Werturteil im Einzelfall durchaus schwierig sein.

570 **Beispiel:**
A bezeichnet seinen Staubsauger, den er auf dem Markt einführen will, gegenüber dem Investor O als „konkurrenzlos".
Fraglich ist, ob es sich um eine persönliche Wertung oder um eine Tatsachenbehauptung handelt. Entscheidend ist insofern, ob die Äußerung einen greifbaren, dem Beweis zugänglichen Tatsachenkern enthält (BGHSt 48, 331, 344 f.; BGHSt 60, 1, 6). Andererseits sollen reklamehafte Anpreisungen keine Tatsachen sein. Dennoch ist das OLG Frankfurt/M. der Auffassung, dass die Bezeichnung als „konkurrenzlos" eine Tatsachenbehauptung darstellt (OLG Frankfurt/M., wistra 1986, 31, 34).

571 Problematisch sind auch **Prognosen**. Hierbei geht es – etwa, wenn man an Aktienverläufe denkt – um **zukünftige Entwicklungen**, die daher grundsätzlich aus dem Tatsachenbegriff herausfallen. Dennoch ist zu beachten:
572 Eine Täuschung kommt in Betracht im Hinblick auf die **Prognosebasis**, denn hierbei handelt es sich um eine gegenwärtige Tatsache.

Beispiel: 573
A will dem O Aktien der X-AG verkaufen und erklärt dem O der Wahrheit zuwider, die X-AG verfüge über 50 Millionen Euro liquide Mittel.
Hierbei handelt es sich um einen gegenwärtigen Umstand, der dem Beweis zugänglich ist, also um eine Tatsache.

Auch kommt eine Täuschung über **eine gegenwärtige Eigenschaft** in Betracht. 574

Beispiel: 575
A behauptet der Wahrheit zuwider, die Fahrzeuge des Autoherstellers X-AG hätten einen Benzinverbrauch von nur 2 Litern auf 100 km. Daher sei mit einer positiven Aktienentwicklung bei der X-AG zu rechnen.
Auch hier geht es um die Prognosebasis, also um eine Tatsache.

Schließlich kann der Betreffende ebenfalls über seine **gegenwärtige innere Überzeugung** täuschen. 576

Beispiel: 577
A erklärt gegenüber dem O, er sei überzeugt, dass die X-AG in den nächsten Monaten große Gewinne erzielen wird, obwohl er diese Überzeugung gar nicht hat.
Zwar handelt es sich bei den zu erwartenden zukünftigen Gewinnen nicht um Tatsachen, da es sich um einen Umstand handelt, der in der Zukunft liegt. In diesem Fall täuscht aber A über eine gegenwärtige innere Tatsache. Das Vorspiegeln der eigenen inneren Überzeugung hat dann Täuschungscharakter (BGHSt 60, 1, 6).

Gegenstand der Täuschung können damit nicht nur **äußere**, sondern auch **innere Tatsachen** sein. Unter eine äußere Tatsache fällt zum Beispiel die Behauptung, es handele sich um ein fabrikneues Kfz (Beschaffenheit der Sache). Unter die inneren Tatsachen (Innenzustände) fallen Absichten, Kenntnisse und Überzeugungen, wie etwa die Zahlungswilligkeit. 578

Beispiele: 579
A bestellt im Restaurant des O eine Mahlzeit im Wert von 30 Euro. A hat von vornherein nicht vor, das Essen zu bezahlen.
Zwar liegt die Kaufpreiszahlung erst in der Zukunft, jedoch täuscht A bei der Bestellung konkludent über die gegenwärtige innere Tatsache der Zahlungsbereitschaft, sodass bereits im Zeitpunkt des Bestellvorgangs eine Täuschung gegeben ist.
Entsprechendes gilt etwa bei einer Kreditaufnahme: Hier wird konkludent miterklärt, den Kredit zurückzahlen zu wollen.

Bloße **Rechtsauffassungen sind keine Tatsachen**. In der Geltendmachung einer Forderung, auf die kein Anspruch besteht, kann aber eine Täuschung über Tatsachen liegen, was nach dem BGH der Fall ist, wenn eine unzutreffende Tatsachenbasis hergestellt oder das Vorliegen eines den Anspruch begründenden Sachverhalts behauptet wird (BGH, NJW 2019, 1759; BGH, NJW 2022, 3165). 580

Beispiel: 581
M hat bösgläubig von B das Fahrrad des O erworben. Rechtsanwalt A schreibt nun an M der Wahrheit zuwider, er sei von O beauftragt worden, dessen Rechte geltend zu machen, und verlangt von M Herausgabe des Fahrrads an O sowie Zahlung seiner anwaltlichen Gebühren.

Hier wird ein unwahrer Sachverhalt mitgeteilt. Eine Täuschung liegt vor, indem eine unzutreffende Tatsachenbasis (Bevollmächtigung des A durch O) mitgeteilt wird.

582 Macht jemand wettbewerbsrechtliche Abmahnkosten geltend, wird nach dem BGH miterklärt, dass der Forderung ein wettbewerbsrechtlich bedeutsamer Abmahnvorgang zugrunde liegt und dass es sich dabei nicht um die bloße Generierung von Rechtsanwaltsgebühren handelt (BGH, NStZ 2017, 536, 537). Es gehe insofern um die Täuschung über die innere Tatsache der eigentlichen Zielrichtung des Abmahnschreibens, rechtsmissbräuchlich Gebührenforderungen zu generieren, anstatt ein Unterlassen des Abgemahnten zu bewirken.

cc) Ausdrückliche und konkludente Täuschung

583 Die Täuschung kann in unterschiedlicher Art und Weise erfolgen. Einmal kommt die **ausdrückliche Täuschung** in Betracht.

584 **Beispiel:**
A behauptet gegenüber dem O expressis verbis, er sei Eigentümer des Autos, das er an den O veräußern möchte, obwohl er dies tatsächlich nicht ist.

585 Möglich ist aber auch eine **konkludente Täuschung**. Auch hierbei handelt es sich um eine Täuschung durch aktives Tun. In diesem Fall wird das Gesamtverhalten des Täters ausgehend vom **Empfängerhorizont nach der Verkehrsanschauung** als Erklärung über eine Tatsache verstanden (BGHSt 48, 331, 344).

586 **Beispiel:**
A hat das Fahrzeug des B gestohlen und veräußert es an den gutgläubigen O. Nach der Verkehrsauffassung erklärt derjenige, der eine Sache veräußert, konkludent, dass er willens und in der Lage ist, dem Erwerber das Eigentum zu verschaffen. Das kann A nicht (§ 935 BGB), sodass eine Täuschung durch schlüssiges Verhalten vorliegt.

587 Nach überwiegender Ansicht erklärt aber derjenige, der eine Leistung zu einem bestimmten **Preis** anbietet, damit allein nicht konkludent, der geforderte Preis sei angemessen (BGH, wistra 2011, 335, 336 f.; BGH, NStZ 2015, 461, 463). Eine Täuschung kann aber darin liegen, dass zur Legitimierung des Preises falsche Angaben gemacht werden (zum Beispiel zum Alter oder zur Herkunft der Kaufsache).

588 Anders ist dies aber bei tax- oder listenmäßig festgelegten Preisen (etwa bei einem Arzthonorar nach der Gebührenordnung; bei den Kosten einer Taxifahrt) oder bei Werkverträgen mit einer marktüblichen Vergütung.

589 Mit einem **Vertragsabschluss** wird konkludent erklärt, zur Erfüllung des Vertrags bereit zu sein. Machen bloße Angebotsschreiben nach dem Empfängerhorizont tatsächlich den Eindruck, es handele sich um eine Rechnung, wird konkludent über einen Vertragsabschluss getäuscht (BGHSt 47, 1, 3 f.; BGH, NStZ-RR 2004, 110, 111). Entsprechendes gilt, wenn im Internet der Eindruck erweckt wird, die Leistung sei kostenlos, was aber tatsächlich nicht der Fall ist (BGH, NJW 2014, 2595, 2596). Auch liegt eine konkludente Täuschung über ein Kommunikationsverlangen vor, wenn ein Täter andere Personen anruft und sofort den Anruf abbricht, damit diese Personen dann zu hohen Kosten zurückrufen (Ping-Anrufe; BGHSt 59, 195, 198 f.; *Rengier*, BT I, § 13 Rdn. 16). Ein Kassenarzt erklärt bei der Abrechnung gegenüber der Krankenkasse konkludent, dass die erbrachte Leistung unter die Leistungsbeschreibung der Gebührennummer fällt, zu den kassenärztlichen Versorgungsleistungen gehört und abgerechnet werden kann (BGH, NStZ 1993, 388, 389; BGHSt 57, 95, 101; BGH,

NJW 2014, 3170, 3171; beachte insoweit: Hat der Arzt Leistungen erbracht, obwohl diese Voraussetzungen nicht erfüllt sind, haben diese keinen wirtschaftlichen Wert, sodass ein Schaden in voller Höhe vorliegt, ohne dass eine Saldierung stattfindet).

Bei einer **Fehlüberweisung** (jemand überweist irrtümlich einen Betrag an einen anderen) scheidet Betrug beim Auszahlungsverlangen mangels Täuschung aus, da der Begünstigte Forderungsinhaber wird und er einen Anspruch auf Auszahlung hat (BGHSt 39, 392, 395, 398 ff.). Auch bei der **Fehlbuchung** (aufgrund eines Versehens der Bank wird eine Buchung fehlerhaft ausgeführt) verneint der BGH, anders als die frühere Rechtsprechung, eine Täuschungshandlung durch das Auszahlungsverlangen (BGHSt 46, 196, 199 ff.; *Hefendehl*, NStZ 2001, 281), da ein Anspruch des Begünstigten auf Auszahlung bestehe. Auch liege in diesen Fällen keine Garantenstellung des Begünstigten vor, die ihn gegenüber der Bank zur Aufklärung verpflichtet, sodass ebenfalls §§ 263, 13 StGB ausscheidet. 590

dd) Täuschung durch Unterlassen

Nach überwiegender Ansicht kommt beim Betrug auch eine **Täuschung durch Unterlassen** in Betracht. Bevor man jedoch diese Variante heranzieht, ist **zuvor** immer zu überlegen, ob nicht möglicherweise bereits ein positives Tun insbesondere im Wege der konkludenten Täuschung vorliegt. 591

Geht es um eine Täuschung durch Unterlassen, also um §§ 263, 13 StGB, ist natürlich eine **Garantenstellung** im Sinne des § 13 StGB erforderlich, also eine Pflicht zur Aufklärung. Diese kann sich aus dem Gesetz ergeben (etwa aus § 666 BGB, § 60 SGB I), aber auch aus den anderen bekannten Gründen, die eine Garantenstellung entstehen lassen, etwa aus einer diesbezüglichen Vereinbarung oder aus Ingerenz. 592

Insbesondere im Zusammenhang mit dem Betrug ist die Garantenstellung aus einem **besonderen Vertrauensverhältnis** wichtig, die sich aus Vertrag und/oder Treu und Glauben (§ 242 BGB) ergibt. Hierbei nimmt der BGH an, dass eine auf vertragliche Beziehungen beruhende **Aufklärungspflicht** nicht nur bei vorhandenen Vertrauensverhältnissen bestehe, sondern auch bei der Anbahnung besonderer, auf gegenseitigem Vertrauen beruhender Verbindungen, bei denen Treu und Glauben und die Verkehrssitte die Offenbarung wichtiger Umstände gebieten (BGH, NStZ 2017, 531, 533). Dies kommt insbesondere bei Anlagegeschäften in Betracht. 593

Der Abschluss eines Austauschvertrages für sich genommen begründet normalerweise noch keine Offenbarungspflicht (BGH, NStZ 2010, 502). 594

> **Beispiel:** 595
> *A hat im Supermarkt 24 Euro zu bezahlen und gibt der Kassiererin O zwei Scheine à 20 Euro. Statt 16 Euro gibt die Kassiererin aber irrtümlich 66 Euro heraus. A erkennt den Irrtum, sagt jedoch nichts und steckt das Geld ein.*
> *Eine ausdrückliche Täuschung liegt nicht vor. Auch ist mit dem Einstecken des Geldes nicht die konkludente Erklärung verbunden, dass das Rückgeld so korrekt war. Es geht um ein bloßes Ausnutzen eines Irrtums. In Betracht käme also allein eine Täuschung durch Unterlassen gemäß §§ 263, 13 StGB. Bei einem alltäglichen Austauschgeschäft besteht jedoch im Regelfall keine besondere Vertrauensbeziehung, aus der sich über § 242 BGB eine Aufklärungspflicht ergeben würde. Daher ist §§ 263, 13 StGB zu verneinen.*

Selbst der Umstand, dass ein Dauerschuldverhältnis besteht, reicht für sich genommen nicht schon aus, um eine Aufklärungspflicht in Bezug auf den Schutz des Vermögens des anderen zu bejahen. So ist etwa der Arbeitnehmer nicht verpflichtet, auf Zuvielzahlungen hinzuweisen (OLG Celle, NStZ-RR 2010, 207, 208 f.). Anders sei dies aber bei einem Beamten aufgrund des dort bestehenden Treueverhältnisses (OLG Köln, JMBlNW 1983, 184, 185 f.; siehe aber jetzt BGH, NStZ 2022, 109, 111: Die Beam- 596 tenstellung als solche begründe noch keine vermögensrelevante Aufklärungspflicht). Auch bei langjährigen laufenden Vertragsbeziehungen zwischen einem Unternehmer und dessen Lieferanten kann eine Aufklärungspflicht anzunehmen sein (BGH, StV 1988, 386). Verkauft jemand einen Gebrauchtwagen, besteht eine Aufklärungspflicht dahingehend, ob es sich um einen Unfallwagen handelt (BayObLG, NJW 1994, 1078, 1079).

597 Checkt jemand in ein Hotel ein und merkt nun erst nach einigen Tagen, dass er gar nicht zahlungsfähig ist, bleibt aber in dem Hotel bis zur verabredeten Abreise, scheidet § 263 StGB ebenfalls aus; es besteht keine besondere Vertrauensbeziehung, aus der eine Aufklärungspflicht resultiert (siehe BGH bei Dallinger, MDR 1973, 729). Betrug liegt aber vor, wenn jetzt noch zusätzliche, nicht vereinbarte Leistungen in Anspruch genommen werden. Unterlässt ein Vermieter an den Mieter die Mitteilung, dass die Gründe für die Eigenbedarfskündigung weggefallen sind, kommt §§ 263, 13 StGB in Betracht (BayObLG, NJW 1987, 1654, 1655).

b) Irrtum

598 Irrtum bedeutet eine **Fehlvorstellung über Tatsachen** (BGH, NStZ 2014, 215). Folglich können sich nur **Menschen** irren, denn nur diese sind in der Lage, eine Fehlvorstellung zu bilden. Beim aktiven Tun wird die Fehlvorstellung hervorgerufen oder verstärkt. Beim Unterlassen wird eine vorhandene Fehlvorstellung nicht beseitigt.

599 Fraglich ist aber, ob eine besondere Leichtgläubigkeit des Opfers zu etwaigen Einschränkungen beim Betrugstatbestand führt.

600 **Beispiel:**
A verkauft dem 80-jährigen O ein Haarwuchsmittel für 200 Euro. Hierbei behauptet A der Wahrheit zuwider, dass das Mittel innerhalb von zwei Tagen zu voller Haarpracht führe. Der leichtgläubige O vertraut dem A und bezahlt.
Eine Täuschung des A liegt vor. Auch besitzt der O eine Fehlvorstellung über Tatsachen, er irrt sich daher aufgrund der Täuschung. Man könnte nun aber eventuell eine Strafbarkeit des A wegen Betrugs daran scheitern lassen, dass O besonders leichtgläubig ist (Gesichtspunkt der „Opfermitverantwortung"). Insoweit ist auch zu beachten, dass nach dem EU-Recht im Grundsatz auf den angemessen gut unterrichteten, aufmerksamen und kritischen Verbraucher abgestellt wird (Richtlinie 2005/29/EG vom 11.5.2005 über unlautere Geschäftspraktiken, Erwägungsgrund 18). Im Grundsatz weiß nun aber ein solcher Durchschnittsverbraucher, dass aktuell keine derartigen Haarwuchsmittel existieren. Andererseits ist zu beachten, dass durch den Betrug auch leichtgläubige und „schwache" Opfer geschützt werden sollen. Gerade derjenige, der (vorschnell) anderen vertraut, bedarf des Schutzes des § 263 StGB. Nach dem BGH hat das EU-Recht darauf keinen Einfluss, da es den Verbraucherschutz stärken will und nicht bezweckt sei, dass leichtgläubige Opfer dem strafrechtlichen Schutz nicht mehr unterliegen sollen (BGH, NJW 2014, 2595, 2596 f.; anders etwa Hecker/Müller, ZWH 2014, 329, 332 ff.). Weder Leichtgläubigkeit noch ein „Mitverschulden" des Opfers hindern daher die Annahme eines Irrtums (BGHSt 34, 199, 201; BGH, NJW 2014, 2595, 2596). Trotz Leichtgläubigkeit des O liegen daher Täuschung und Irrtum vor.

601 Wer sich keinerlei Vorstellungen macht, irrt nicht. Andererseits reicht für den Irrtum ein **sachgedankliches Mitbewusstsein** aus.

Beispiel: 602
A bestellt bei dem O ein Essen zum Preis von 20 Euro, wobei A von vornherein vorhat, nicht zu bezahlen.
Hier hat der O ein sachgedankliches Mitbewusstsein, dass ein Gast die bestellten Speisen bezahlen wird, auch wenn diese Vorstellung nicht für jeden einzelnen Gast konkret aktualisiert ist. Ein Irrtum liegt vor.

Weiteres Beispiel: 603
A hat das Sparbuch des O in Besitz. A geht nun zur Bank und hebt bei dem Bankmitarbeiter B 1.000 Euro von dem Sparbuch ab.
Bei dem Sparbuch handelt es sich um ein qualifiziertes Legitimationspapier, wobei die Bank an den jeweiligen Inhaber mit befreiender Wirkung leisten kann (Rdn. 190). Zum Teil wird nun davon ausgegangen, dass sich der Bankmitarbeiter bei der Auszahlung aufgrund der Befreiungswirkung keine Gedanken über die Berechtigung des jeweiligen Sparbuchinhabers macht und daher ein Irrtum zu verneinen sei (so etwa Hefendehl, MK, StGB, § 263 Rdn. 355 f.; Hoyer, SK, StGB, § 263 Rdn. 77; für die Kreditkarte im Drei-Partner-System, bei der das Zahlungsrisiko durch eine Garantie abgedeckt ist, ebenso BGHSt 33, 244, 249 f.).
Die Gegenauffassung weist zu Recht darauf hin, dass die Bank bei Vorsatz und grober Fahrlässigkeit haftet, sodass sich der Bankmitarbeiter durchaus Gedanken mache, um diese Haftung der Bank zu vermeiden (Hilgendorf/Valerius, BT II, § 7 Rdn. 49; *Perron, TK, StGB, § 263 Rdn. 48).*

Im Hinblick auf die bewusste Geltendmachung eines tatsächlich nicht bestehenden Anspruchs über das Mahnverfahren macht sich nach der Rechtsprechung der Rechtspfleger bei dem Erlass eines Mahnbescheides Gedanken dahingehend, dass die Angaben der Wahrheit entsprechen, sodass ein Irrtum zu bejahen sei (BGH, NStZ 2012, 322, 323; BGHSt 59, 68, 74; a. A. etwa *Rengier*, BT I, § 13 Rdn. 51; *Trüg*, NStZ 2014, 157, 158, da keine Prüfung der inhaltlichen Richtigkeit oder Schlüssigkeit erfolge). Ergänzend ist anzumerken, dass es im elektronischen Mahnverfahren insoweit um § 263a Abs. 1 Var. 2 StGB geht (BGHSt 59, 68, 73 f.: Verwendung unrichtiger Daten). 604

Jemand, der Geld erhält, geht über ein sachgedankliches Mitbewusstsein davon aus, dass es sich um echtes Geld und nicht um Falschgeld handelt (BGH, wistra 2014, 97 f.). 605

Fraglich ist, was zu gelten hat, wenn jemand nur **allgemein** davon ausgeht, alles sei in Ordnung. 606

Beispiel: 607
Fahrkartenkontrolleur O betritt das Zugabteil mit den Worten „Noch jemand zugestiegen?". A, der keine gültige Fahrkarte hat, meldet sich nicht.
Insofern gilt: Eine ganz allgemeine Vorstellung, alles sei so in Ordnung, ohne auf konkreten Umständen zu fußen, reicht für einen Irrtum nicht. Hier hat O jedoch beim Betreten des Abteils eine Frage gestellt. Damit beruht seine Fehlvorstellung auf konkreten Umständen, sodass ein Irrtum zu bejahen ist. Ein Irrtum wäre aber zu verneinen, wenn er ohne diese Frage durch das Abteil geht und davon ausgeht, alles sei in Ordnung.

Von einem Irrtum ist selbst dann auszugehen, wenn der Täuschungsadressat an der Wahrheit der Angaben **zweifelt**, dennoch aber verfügt. Sofern es der Getäuschte zumindest für **möglich** hält, dass die Angaben der Wahrheit entsprechen, und daraufhin verfügt, liegt also ein Irrtum vor. 608

609 **Beispiel:**
A bietet dem O ein Auto an, das angeblich erst zwei Jahre alt ist, obwohl es in Wirklichkeit schon seit acht Jahren zugelassen ist. Angesichts der Gebrauchsspuren am Fahrzeug bezweifelt O die Angaben des A, lässt sich aber aufgrund der Angaben des A schlussendlich dennoch zum Kauf verleiten.
Die Rechtsprechung und überwiegende Auffassung im Schrifttum bejahen auch dann einen Irrtum, wenn der Getäuschte die Behauptung nur für möglicherweise wahr hält, sich aber von dieser Vorstellung zur Verfügung motivieren lässt (BGH, NJW 2003, 1198, 1199; Joecks/Jäger, StGB, § 263 Rdn. 75; anders etwa Sonnen, wistra 1982, 123, 128: Der Betreffende müsse das Vorliegen der Behauptung für wahrscheinlicher halten als ihr Nichtvorliegen). Auch wenn O zweifelt, sind die Falschangaben des A dennoch Motiv für die Vermögensverfügung des O, sodass ein Irrtum anzunehmen ist.

c) Vermögensverfügung

610 Obwohl § 263 StGB dieses Erfordernis nicht ausdrücklich erwähnt, ist anerkannt, dass der Betrug eine **Vermögensverfügung** voraussetzt. Das kennzeichnet den Betrug als Selbstschädigungsdelikt. Hierunter versteht man **jedes Handeln, Dulden oder Unterlassen, das sich unmittelbar vermögensmindernd auswirkt** (BGHSt 14, 170, 171).

611 Damit ist die vermögensmindernde Wirkung bereits ein Element der Definition der Vermögensverfügung. Von daher ist es aufbautechnisch durchaus möglich, schon bei dieser Voraussetzung auf die Frage einzugehen, was überhaupt zum Vermögen im Sinne des § 263 StGB gehört und ob eine Vermögensminderung eingetreten ist. Hier wird jedoch vorgeschlagen, diese Fragen zur besseren Unterscheidung der Merkmale erst bei der Voraussetzung „Vermögensschaden" anzusprechen.

612 Die Vermögensverfügung kann etwa in der Übertragung von Eigentum oder Besitz an einer Sache zu sehen sein, in dem Einverständnis damit, dass ein anderer eine Sache mitnimmt, in der Nichtgeltendmachung einer Forderung oder auch bereits im Abschluss eines Vertrags. Auch Hoheitsakte wie etwa eine Klageabweisung sind erfasst. Da die Verfügung tatsächlichen Charakter hat, spielt es keine Rolle, ob der Verfügende zivilrechtlich geschäftsfähig ist.

613 Soweit ein **Sachbetrug** in Rede steht, geht es beim Merkmal „Vermögensverfügung" zunächst einmal um die **Abgrenzung zum Diebstahl** (siehe dazu auch bereits Rdn. 109 ff.). Eine Vermögensverfügung beim Betrug einerseits und die Wegnahme beim Diebstahl andererseits schließen sich nach zutreffender Auffassung gegenseitig aus (Exklusivitätsverhältnis). Dabei gilt: Wenn es um eine Sache geht, liegt eine Vermögensverfügung im Sinne des Betrugs nur dann vor, wenn es um ein **bewusstes, freiwilliges und unmittelbares Verhalten** des Opfers geht. Dann ist auf der anderen Seite beim Diebstahl von einem tatbestandsausschließenden Einverständnis auszugehen, sodass eine Wegnahme im Sinne des § 242 StGB ausscheidet.

614 Das bedeutet: Meint das Opfer, die Sache sei ohnehin verloren, fehlt es an der **Freiwilligkeit** und es liegt eine Wegnahme vor (siehe das Beispiel Rdn. 112, in dem sich der Täter gegenüber dem Opfer als Polizeibeamter ausgibt). Ist lediglich eine Gewahrsamslockerung gegeben, fehlt bei einem eigenständigen Dazwischentreten des Täters, also bei einem deliktischen Zwischenschritt, die **Unmittelbarkeit**, sodass eine Verfügung zu verneinen und eine Wegnahme zu bejahen ist (siehe das Beispiel Rdn. 115: J händigt dem A ein Schmuckstück zur Ansicht aus, wobei A mit dem Gegenstand flieht). An einer **bewussten Verfügung** fehlt es, wenn der Täuschungsadressat gar nicht weiß, dass er verfügt (siehe das Beispiel Rdn. 114, in dem die Kassiererin nicht weiß, dass sich das Handy in der Windelverpackung befindet); auch dann ist eine Wegnahme und damit Diebstahl, nicht jedoch ein Betrug gegeben.

Hinzuweisen ist darauf, dass das **Verfügungsbewusstsein** lediglich bei der Abgrenzung des Diebstahls vom **Sachbetrug** relevant ist. In sonstigen Fällen des Betrugs, insbesondere also beim **Forderungsbetrug**, ist es nicht erforderlich. 615

Beispiel: 616
A hat in dem Hotel des O das Waschbecken beschädigt. Als O den A bei der Abreise fragt, ob im Zimmer irgendwelche Beschädigungen erfolgt sind, verneint A die Frage und reist ab. Hier hat O einen Anspruch gegen A auf Schadensersatz, dessen er sich gar nicht bewusst ist. Die Vermögensverfügung liegt in der Nichtgeltendmachung des Anspruchs. Verfügungsbewusstsein ist insofern beim Forderungsbetrug nicht erforderlich.

Bereits zu Beginn der Ausführungen ist darauf hingewiesen worden, dass **Getäuschter und Verfügender identisch** sein müssen, dagegen **Verfügender und Geschädigter personenverschieden sein können**. Auch insoweit mag es zu Abgrenzungsschwierigkeiten von Diebstahl und Betrug kommen. Hierbei geht es nämlich um die Frage, ob in derartigen Konstellationen von einem **Dreiecksbetrug gemäß § 263 StGB** oder von einem **Diebstahl in mittelbarer Täterschaft gemäß §§ 242, 25 Abs. 1 Alt. 2 StGB** auszugehen ist. Greift hier der Dritte wie ein außenstehender Fremder auf die Sache zu, spricht das für § 242 StGB, steht er dagegen in einer Beziehung zu dem Vermögen des Geschädigten, kommt § 263 StGB in Betracht. Auch bei einem Dreiecksverhältnis gilt nach zutreffender überwiegender Ansicht, dass sich Diebstahl und Betrug gegenseitig ausschließen. 617

Umstritten ist bei diesen Dreiecksverhältnissen, welche Voraussetzungen vorliegen müssen, damit man noch von einer dem Geschädigten zurechenbaren Vermögensverfügung des anderen ausgehen kann. Nach der Theorie vom **tatsächlichen Näheverhältnis** reicht es aus, wenn der Getäuschte tatsächlich Zugriff auf den Gegenstand hat (siehe *Kindhäuser/Hoven*, NK, StGB, § 263 Rdn. 220 f.; Anklänge daran finden sich auch in BGHSt 18, 221, 223 f., „Sammelgaragenfall"). Die **Befugnis- oder Ermächtigungstheorie** verlangt hingegen, dass dem Betreffenden die rechtliche Befugnis eingeräumt wurde, über den Gegenstand zu verfügen, wobei er subjektiv davon ausgeht, zu dem konkreten Verhalten berechtigt zu sein (etwa *Heghmanns*, BT, Rdn. 1390; *Roxin/Schünemann*, JuS 1969, 372, 375). Herrschend ist die **Lagertheorie**: Sie geht von einer dem Geschädigten zurechenbaren Verfügung des Getäuschten aus, wenn der getäuschte Dritte schon vor der Tat auf der Seite des Geschädigten steht, also in dessen Lager (BGH, wistra 2017, 484, 485; BGH, BeckRS 2022, 19735; *Wessels/Hillenkamp/Schuhr*, BT 2, Rdn. 632). Dabei muss sich die Person aber gerade zum konkreten Objekt in dieser Beziehung befinden (so steht etwa ein Gärtner nicht in einer Obhutsbeziehung zur Kleidung seines Arbeitgebers; *Wessels/Hillenkamp/Schuhr*, BT 2, Rdn. 635). 618

Erstes Beispiel: 619
A spricht in der Buchhandlung des O die Angestellte B an und erklärt der Wahrheit zuwider, er wolle den neuen, bereits von ihm vorab bezahlten Roman des Autors X abholen. B, die ermächtigt ist, bestellte Bücher auszuhändigen, glaubt dem langjährigen Kunden A und gibt ihm das Buch. In Wahrheit war das Buch noch nicht bezahlt.
A könnte sich wegen Betrugs gemäß § 263 StGB gegenüber B zum Nachteil des O strafbar gemacht haben. Eine Täuschung des A liegt in der wahrheitswidrigen Behauptung, das Buch sei schon bezahlt. Dadurch entsteht bei B eine Fehlvorstellung, also ein Irrtum. In der Aushändigung des Romans könnte eine Vermögensverfügung zu sehen sein. Das ist jedes Handeln, Dulden oder Unterlassen, das sich unmittelbar vermögensmindernd auswirkt. B handelt bei der Aushändigung des Buches freiwillig, es liegt zudem eine bewusste Verfügung vor, die sich unmittelbar durch den Verlust des Besitzes am Buch vermögensmindernd

für O auswirkt. O hat ohne Gegenleistung jedenfalls den Besitz an dem Buch verloren. Problematisch ist jedoch, dass Verfügende die B ist, geschädigt hingegen der O. Beim Betrug ist es zwar möglich, dass Verfügender und Geschädigter auseinanderfallen, jedoch dürfen beide nicht völlig beziehungslos nebeneinander stehen. Welche Anforderungen im Einzelfall erfüllt sein müssen, damit das Verhalten des Verfügenden dem Geschädigten zugerechnet werden kann, wird unterschiedlich beurteilt. Nach der Theorie der faktischen Nähebeziehung reicht allein die tatsächliche Zugriffsmöglichkeit der B auf das Vermögen des O aus. Danach wäre also die Verfügung der B dem O zurechenbar. Nach der Befugnistheorie muss der Verfügende ausdrücklich zu dem Verhalten ermächtigt sein, was hier ebenfalls anzunehmen ist. Die Lagertheorie verlangt, dass der Agierende auf Seiten des Geschädigten steht, also in dessen Lager. Auch das ist bei der bei O angestellten B anzunehmen. Alle Ansichten kommen damit zu einem übereinstimmenden Ergebnis, sodass die Verfügung der B dem O zurechenbar und der objektive Tatbestand des Betrugs erfüllt ist.

620 **Ergänzender Hinweis:**
Weiß O im Gegensatz zu B, dass A das Buch nicht bezahlt hat, unterliegt er also persönlich keinem Irrtum, duldet aber die Herausgabe des Buches, dann ist ein Vermögensschaden des O aufgrund bewusster Selbstschädigung zu verneinen. Erkennt umgekehrt (nur) B die Täuschung, entsteht bei B kein Irrtum, sodass ein vollendeter Betrug ausscheidet. In Betracht kommt aber Versuch.
Überschreitet B bewusst die von O gesetzten Grenzen, scheidet Betrug aus, jedoch liegt § 242 StGB des A vor; bezüglich B kommt dann Beihilfe zum Diebstahl in Betracht. Zudem kann sich B nach § 266 StGB strafbar machen (BGH, NStZ 2013, 472, 473).

621 **Zweites Beispiel:**
Der in die Jahre gekommene Kriminelle A spricht auf dem Flughafen den Fluggast B an und bittet B, einen in der Abflughalle stehenden Koffer doch bitte herbeizuholen und auf A's Gepäckkarre zu hieven. A gibt der Wahrheit zuwider an, er sei Eigentümer des Koffers, obwohl dies tatsächlich der Fluggast O ist, der gerade am Schalter mit der Umbuchung seines Fluges beschäftigt und abgelenkt ist. B glaubt dem A und kommt der Bitte des A nach.
In diesem Fall liegt zwar eine Täuschung durch den A und ein Irrtum des B vor. B und O sind sich jedoch völlig fremd und stehen in keinerlei Beziehung. Weder ist B zu der Handlung ermächtigt noch steht er im Lager des O. Eine dem O zurechenbare Verfügung des B könnte man daher allenfalls dann annehmen, wenn man der Theorie vom faktischen Näheverhältnis folgt. Andererseits ist das Näheverhältnis erst nach der Aussage des A durch den B überhaupt hergestellt worden, es bestand nicht bereits vorher. Würde man hier von einer Vermögensverfügung ausgehen, wäre eine sinnvolle Abgrenzung des Betrugs vom Diebstahl in Dreiecksverhältnissen letztlich nicht möglich. Daher ist davon auszugehen, dass das Verhalten des B dem O nicht zurechenbar ist. In einer solchen Konstellation liegt dann kein Betrug vor, sondern §§ 242, 25 Abs. 1 Alt. 2 StGB, also ein Diebstahl in mittelbarer Täterschaft unter Benutzung eines gutgläubig handelnden Werkzeugs.

622 **Drittes Beispiel:**
B hat dem O das Fahrrad gestohlen. A schwindelt dem B das Fahrrad ab.
Ein Betrug des A zu Lasten des B scheitert daran, dass B nach zutreffender Sicht keinen Vermögensschaden erleidet (siehe dazu Rdn. 634).
In Betracht kommt ein Betrug gegenüber B zu Lasten des O. Hier verfügt der B. Unter dem Gesichtspunkt der Schadensvertiefung könnte man einen Vermögensschaden des O bejahen. Verfügender und Geschädigter fallen damit aus-

einander. Ein Betrug würde jedoch nach der Lagertheorie daran scheitern, dass der Dieb nicht im Lager des Eigentümers steht. Erst recht ist nach der Befugnistheorie eine Zurechnung abzulehnen. Nur die Theorie vom faktischen Näheverhältnis könnte zu einer Zurechnung der Verfügung gelangen, zumal B bereits vor der Täuschung Gewahrsam an dem Fahrrad hatte. Zuzugeben ist nun zwar, dass einem Dieb eine Sache wieder gestohlen werden kann. Es würde aber eine Überdehnung der Zurechnung darstellen, beim Betrug Verhaltensweisen eines Diebes selbst nun noch sogar in Bezug auf den Geschädigten wirken zu lassen. Daher kann die Theorie vom faktischen Näheverhältnis insofern nicht überzeugen, da sie das Erfordernis einer spezifischen Nähebeziehung des Verfügenden zum Geschädigten nicht hinreichend beachtet. Der Dieb steht nicht auf Seiten des Eigentümers. Folglich scheidet Betrug aus.
Ein Diebstahl des A in mittelbarer Täterschaft wiederum scheitert am fehlenden Gewahrsamsbruch. In Betracht kommt aber § 246 StGB.

Die Frage des besonderen Näheverhältnisses stellt sich im Übrigen richtigerweise auch dann, wenn es nicht um eine Sache und damit um die Abgrenzung zu § 242 StGB geht, also insbesondere beim Forderungsbetrug. 623

Beispiel: 624
Aufgrund einer Täuschung des A glaubt Rechtsanwalt B, A habe die Forderung des Mandanten O bereits erfüllt, sodass B die Forderung nicht mehr gerichtlich geltend macht.
Hier steht B im Lager des O, sodass dessen Verfügung (Nichtgeltendmachung der Forderung) dem O zurechenbar ist.

Weiteres Beispiel: 625
O hat dem A sein Fahrrad geliehen. A gibt sich als Eigentümer aus und veräußert es an den gutgläubigen B. Macht sich A wegen Betrugs gegenüber B zu Lasten des O strafbar? (zur Frage des Betrugs gegenüber B zu Lasten des B siehe Rdn. 669).
A hat den B getäuscht, wobei B irrtümlich annimmt, A sei Eigentümer. Zwar führt der gutgläubige Erwerb des B zum Eigentumsverlust bei O, jedoch steht B in keinerlei Beziehung zu dem O; das Verhalten des B ist dem O nicht zurechenbar, sodass insofern Betrug ausscheidet.

Die Vermögensverfügung muss **aufgrund des Irrtums** erfolgen. Ist sie von der Fehlvorstellung ganz unabhängig, fehlt es an der **Kausalität**. 626

Beispiel: 627
A spiegelt dem O vor, er sei in finanziellen Nöten und benötige Geld für eine Bahnfahrkarte. In Wirklichkeit will A Alkohol kaufen (siehe zur Zweckverfehlung Rdn. 660). O glaubt zwar dem A, gibt aber dem A allein deswegen 5 Euro, um nicht weiter von A belästigt zu werden.
In diesem Fall fehlt die Kausalität zwischen dem Irrtum und der Verfügung.

Abwandlung: 628
O gibt dem A das Geld für die (angebliche) Fahrkarte. Als O sieht, dass A sich tatsächlich Alkohol kauft, sagt sich O, dass er ihm auch dafür das Geld gegeben hätte.
In diesem Fall war die Täuschung bestimmend für die Verfügung. Dass O dem A das Geld auch für Alkohol gegeben hätte, ist eine unbeachtliche hypothetische Ersatzursache. Kausalität zwischen Irrtum und Vermögensverfügung ist gegeben.

d) Vermögensschaden

629 Aus der Vermögensverfügung muss ein **Vermögensschaden** resultieren. Dieser liegt vor, wenn sich bei einem **Vergleich der Vermögenslage vor und nach der irrtumsbedingten Vermögensverfügung ein negativer Saldo ergibt (Prinzip der Gesamtsaldierung)**.

aa) Vermögensbegriffe

630 Es ist umstritten, was unter dem **strafrechtlich geschützten Vermögen** zu verstehen ist. Trotz zahlreicher Unterschiede im Detail lassen sich folgende Grundströmungen unterscheiden:

631 Nach dem früher vertretenen **rein juristischen Vermögensbegriff** bedeutet Vermögen die Summe der einzelnen Vermögensrechte eines Rechtssubjekts (siehe RGSt 3, 332, 333). Dieser Begriff wird jedoch heute zu Recht nicht mehr befürwortet. So beachtet eine strikte Anlehnung an das Zivilrecht nicht die unterschiedlichen Zielsetzungen von Zivilrecht einerseits und Strafrecht andererseits. Zudem würden nach diesem Begriff etwa Geschäftsgeheimnisse oder Exspektanzen nicht unter das Vermögen fallen, obwohl ihnen ein wirtschaftlicher Wert zukommen kann. Nach dem **rein wirtschaftlichen Vermögensbegriff** ist Vermögen die Summe aller wirtschaftlichen Güter, unabhängig davon, ob sie einer Person rechtlich zustehen oder nicht; es komme ausschließlich auf die tatsächlichen, wirtschaftlichen Verhältnisse an (BGHSt 2, 364, 367; RGSt 44, 230, 233). Der **juristisch-ökonomische Vermögensbegriff** geht grundsätzlich vom wirtschaftlichen Vermögensbegriff aus und versteht unter Vermögen alle Wirtschaftsgüter einer Person, jedoch wird eine Begrenzung dahingehend vorgenommen, dass die Güter der Person ohne Missbilligung durch die Rechtsordnung zustehen müssen (siehe *Perron*, TK, StGB, § 263 Rdn. 82 f.). Schließlich ist nach dem **personalen Vermögensbegriff** mit Vermögen die Entfaltung der Person im gegenständlichen Bereich gemeint (*Otto*, BT, § 38 Rdn. 4 ff, § 51 Rdn. 53 ff.). Es gehe um die wirtschaftliche Potenz des Rechtssubjekts. Diese letztgenannte Auffassung beachtet indessen zu wenig, dass es beim Betrug speziell um Vermögensschutz geht, nicht um die Dispositionsfreiheit des Einzelnen. Sie ist zudem viel zu vage, um daraus im Einzelfall konkrete Schlussfolgerungen ableiten zu können.

632 Entscheidend ist vielmehr eine dem Vermögensschutz entsprechende **wirtschaftliche Betrachtung**, wobei aber zu berücksichtigen ist, dass die Rechtsordnung nur solche Werte über das Strafrecht schützen kann und darf, die einer Person ohne Widerspruch zu dem im Grundgesetz verkörperten Wertesystem zustehen. Das spricht für die **Bejahung des juristisch-ökonomischen Vermögensbegriffs**, der im Übrigen in der **Lehre** – durchaus mit Unterschieden im Detail – vorherrscht. Der **BGH** wählt **vom Ausgangspunkt eine rein wirtschaftliche Betrachtungsweise**, wenn auch im Einzelfall durchaus **gewisse Einschränkungen** in Richtung des juristisch-ökonomischen Vermögensbegriffs gemacht werden.

633 Insoweit ist zu beachten, dass der 2. Strafsenat des BGH in Bezug auf § 253 StGB die Auffassung vertreten hat, die Nötigung zur Herausgabe von Betäubungsmitteln richte sich nicht gegen das Vermögen (BGH, NStZ 2016, 596, 598), was dem juristisch-ökonomischen Vermögensbegriff entspricht. Die übrigen Strafsenate sind dem jedoch nicht gefolgt (BGH, NStZ-RR 2017, 44, 45; BGH, NStZ-RR 2017, 110; BGH, NStZ-RR 2017, 112 f., BGH, NStZ-RR 2017, 244). Daraufhin hat auch der 2. Strafsenat des BGH im Grundsatz am wirtschaftlichen Vermögensbegriff festgehalten und davon abgesehen, die Sache dem Großen Senat für Strafsachen vorzulegen (BGH, StV 2018, 27, 28 f.).

Beispiel: 634
B hat bei dem O eine Uhr gestohlen. A erklärt nun dem B der Wahrheit zuwider, die Uhr sei eine plumpe Fälschung und erwirbt die Uhr zu einem „Freundschaftspreis" von 20 Euro. In Wirklichkeit ist die Uhr ein Original mit einem Wert von 5.000 Euro. Strafbarkeit des A wegen Betrugs gegenüber und zu Lasten des B?
A hat den B über die Beschaffenheit der Uhr (Original) getäuscht. Hierdurch ist bei B ein Irrtum entstanden. Zwar besteht wegen Bösgläubigkeit des A und § 935 BGB die irrtumsbedingte Vermögensverfügung des B nicht in der Übertragung des Eigentums, jedoch in der Überlassung des Besitzes. Fraglich ist aber, ob B einen Vermögensschaden erlitten hat. Das hängt davon ab, ob der ***unrechtmäßige Besitz*** *des B zu dessen geschützten Vermögen gehört. Nach dem rein juristischen Vermögensbegriff wäre das zu verneinen. Dagegen spielt nach dem wirtschaftlichen Vermögensbegriff keine Rolle, ob der Gegenstand dem Verfügenden unter dem Schutz der Rechtsordnung zusteht, sodass ein Schaden zu bejahen ist (siehe BGH, NStZ 2008, 627). Die personale Vermögenslehre könnte hier die wirtschaftliche Potenz des Verfügenden als beeinträchtigt ansehen und einen Schaden bejahen. Innerhalb des hier favorisierten juristisch-ökonomischen Vermögensbegriffs ist umstritten, ob der unrechtmäßige Besitz eine Vermögensposition darstellt. Teilweise lehnt man das vor dem Hintergrund ab, dass die Rechtsordnung diese Position missbillige (Perron, TK, StGB, § 263 Rdn. 95). Die Gegenansicht verweist darauf, dass auch dem unrechtmäßigen Besitzer etwa der Schutz durch die §§ 859, 861, 862 BGB zugutekommt (Rengier, BT I, § 13 Rdn. 162). Daher falle auch der unrechtmäßige Besitz unter das Vermögen. Folgt man dieser letztgenannten Sicht, ist der objektive Tatbestand des Betrugs erfüllt. Dagegen spricht jedoch, dass es beim Betrug gar nicht um verbotene Eigenmacht geht und die §§ 859, 861, 862 BGB nur vorläufigen Charakter haben. Zutreffend ist daher ein Vermögensschaden abzulehnen, sodass ein vollendeter Betrug ausscheidet.*

Problematisch ist, was gilt, wenn ein „Anspruch" aus einem gemäß § 138 BGB nichtigen Rechtsgeschäft vereitelt wird. 635

Beispiel (nach BGHSt 2, 364): 636
B hat bei seinem Arbeitgeber O eine Drehbank gestohlen und verwahrt sie bei dem Bekannten A. B und A vereinbaren, dass A die Drehbank verkaufen soll und B die Hälfte des Erlöses erhalte. Tatsächlich erstattet der A dem B einen viel geringeren Betrag. Hat sich A bezüglich des Restbetrags wegen Betrugs zum Nachteil des B strafbar gemacht?
Der BGH betont in diesem Fall die wirtschaftliche Betrachtungsweise. Hierbei führt er aus, dass in einer großen Anzahl von Fällen einer nichtigen Forderung überhaupt kein wirtschaftlicher Wert zukomme. In gewissen Konstellationen könne dies aber anzunehmen sein, wobei in faktischer Hinsicht namentlich die Persönlichkeit des Gläubigers und des Schuldners sowie dessen Zahlungsfähigkeit und das Verhältnis beider zueinander von Bedeutung sein könnten (BGHSt 2, 364, 366f., 369). Hier spreche für einen wirtschaftlichen Wert der nichtigen Forderung, dass B immerhin einen Teilbetrag gezahlt habe (siehe aber auch BGH, NStZ 2001, 534, BGH, NStZ 2008, 627, wo hinsichtlich nichtiger Forderungen kein Vermögenswert angenommen wird; demgegenüber betont BGH, NStZ-RR 2021, 281, 282, auch die Forderung gegen einen zur Tatzeit zahlungsunfähigen Schuldner könne werthaltig sein, wenn nachträgliche Bemühungen zur Vollstreckung der Forderung erfolgreich sein können.).
Zivilrechtlich ist jedoch die Vereinbarung zwischen B und A gemäß § 138 Abs. 1 BGB nichtig, sodass B gegen A keinen Anspruch auf den vereinbarten

Resterlös hat. Etwaige weitere Ansprüche scheitern zumindest an § 242 BGB vor dem Hintergrund des eigenen rechtsuntreuen Verhaltens des A. Vor diesem Hintergrund ist es zutreffend, den Vermögensschaden abzulehnen, da die Rechtsordnung hinreichend ihre Missbilligung zum Ausdruck bringt.

637 Fraglich ist, ob die Arbeitskraft einen eigenständigen Vermögenswert aufweist. Im Grundsatz wird man das bejahen können. Problematisch ist aber, ob dies auch gilt, wenn es um rechtswidrige oder sittlich zu missbilligende Tätigkeiten geht.

638 **Beispiel:**
A verspricht dem Auftragskiller K 5.000 Euro, wenn K den B tötet. K tötet daraufhin den B. Wie von vornherein geplant, gibt der A dem K jedoch nicht das Geld. Hat A den objektiven Tatbestand des Betrugs erfüllt?
Täuschung, Irrtum und ein tatsächliches Verhalten des K liegen zwar vor, jedoch ist der Vermögensschaden problematisch. Aus der zwischen A und K getroffenen Vereinbarung ist richtigerweise kein Schaden herzuleiten, da insoweit Nichtigkeit gemäß §§ 134, 138 BGB anzunehmen ist und ein Anspruch daraus ausscheidet. Möglicherweise hat aber die Arbeitskraft als solche einen Vermögenswert. Grundsätzlich hat auch die Arbeitskraft als Arbeitsleistung einen Vermögenswert, wenn sie üblicherweise gegen Entgelt erbracht wird. Hier indes verstößt die Tätigkeit als solche gegen die guten Sitten (§ 138 Abs. 1 BGB) und gegen gesetzliche Vorschriften (§ 211 StGB; § 134 BGB); sie wird folglich von der Rechtsordnung missbilligt. Daher kann insofern daraus kein Vermögensnachteil resultieren. Auch der BGH verneint in derartigen Fällen einen Vermögensschaden (BGH, NStZ 2001, 534; BGH, NStZ-RR 2009, 106, 107), obwohl er grundsätzlich den wirtschaftlichen Vermögensbegriff befürwortet.

639 **Abwandlung:**
A gibt dem Auftragskiller K gegen die Zusage, dass K den B tötet, den Betrag von 5.000 Euro. Wie von vornherein beabsichtigt, führt K die Tat nicht aus. Erfüllt K den objektiven Tatbestand des Betrugs?
Täuschung, Irrtum und Vermögensverfügung sind gegeben. Fraglich ist, ob bei dem A auch ein Vermögensschaden eingetreten ist, da A ja das Geld zu kriminellen Zwecken einsetzt. Das könnte gegen einen Vermögensschaden sprechen (siehe etwa Hecker, JuS 2001, 228, 233). Andererseits ist zu beachten: Zwar kann A aus der Vereinbarung wegen § 138 Abs. 1 BGB keine Ansprüche herleiten, andererseits gibt der A „gutes Geld", das dem A ohne Missbilligung durch die Rechtsordnung zusteht. Das spricht in Bezug auf das Geld für die Annahme eines Vermögensnachteils (im Ergebnis ebenso BGHSt 48, 322, 329f.; BGH, NStZ 2002, 33; KG, NJW 2001, 86; Hillenkamp, JuS 2014, 924, 929f.). Nach zutreffender Sicht ist folglich der objektive Tatbestand verwirklicht.

640 Lange problematisch war die Fallkonstellation, dass ein Kunde – wie von vornherein beabsichtigt – die Leistung einer Prostituierten nicht bezahlt. Hier stellte sich die Frage, ob die Arbeitsleistung als sittenwidrig anzusehen ist. Heute ist dieser Fall unter Berücksichtigung des ProstG zu lösen. Insoweit bestimmt § 1 ProstG, dass dann, wenn sexuelle Handlungen gegen ein vorher vereinbartes Entgelt vorgenommen worden sind, diese Vereinbarung eine rechtswirksame Forderung begründet. Folglich steht der Prostituierten aus der Vereinbarung ein Anspruch zu, mit der Konsequenz, dass bei Nichterfüllung ein Vermögensschaden gegeben ist (BGHSt 61, 149, 153).

641 Unter das Vermögen fallen ganz unterschiedliche Positionen: So insbesondere das Eigentum oder der Besitz an einer Sache, die Inhaberschaft einer Forderung, Pfandrechte, aber auch eine mit einem Los verbundene Gewinnchance sowie konkrete

Erwerbsaussichten, nicht aber unbestimmte Aussichten (wie etwa die Aussicht auf ein Erbe) oder bloße Hoffnungen auf eine Gewinnerwartung. Auch wirtschaftlich ganz wertlose Sachen werden nicht erfasst. Da es sich nicht um Gegenstände des Wirtschaftsverkehrs handelt, fällt ebenso wenig der staatliche Geldstrafen- und Bußgeldanspruch unter das geschützte Vermögen im Sinne des § 263 StGB (BGHSt 38, 345, 351 f.).

bb) Schadensermittlung

Die Schadensermittlung hat im Wege der **Gesamtsaldierung** zu erfolgen. Es findet also 642
ein **Vergleich der Vermögenslage vor und nach der Vermögensverfügung** statt. Ein Schaden ist anzunehmen, wenn danach eine Minderung des Gesamtwerts vorliegt, ohne dass diese Einbuße durch ein unmittelbar aus der Vermögensverfügung fließendes Äquivalent wirtschaftlich voll ausgeglichen wird (BGH, NStZ 2014, 318, 319 f.). Möglich ist insbesondere, dass ein Vermögenswert entzogen oder mit einer Verbindlichkeit belastet wird.

Sofern es sich nicht um eine konkrete Erwerbsaussicht handelt, die für sich genom- 643
men Vermögensbestandteil ist, reicht das bloße Ausbleiben einer Vermögensvermehrung für einen Schaden nicht aus, denn erforderlich ist ja gerade der Eintritt einer Vermögensminderung.

Bei einem Darlehen liegt ein Schaden vor, wenn die vorgespiegelte Rückzahlungs- 644
möglichkeit oder -willigkeit nicht besteht und auch gegebene Sicherheiten wertlos oder minderwertig sind (BGH, NStZ 2013, 711, 712).

Benutzt jemand eine gefälschte Eintrittskarte, um ein nicht ausverkauftes Fußballspiel 645
zu besuchen, ist der Vermögensschaden darin zu sehen, dass das Vermögen des Veranstalters um die Höhe des Zahlungsanspruchs für den Eintritt gemindert ist.

Bei einem durch den Wettanbieter manipulierten Spiel liegt der Schaden beim Kauf 646
eines Loses in der verminderten Gewinnchance. Täuscht umgekehrt ein Wettender, der weiß, dass das Spiel manipuliert ist, den Wettanbieter, liegt der Schaden in der Veränderung der Verlustgefahr (siehe BGHSt 58, 102, 110 ff.); problematisch kann hierbei aber die Bezifferbarkeit des Schadens sein (siehe zum Erfordernis der Bezifferbarkeit Rdn. 655).

Bei einem Sicherungsbetrug (A leugnet gegenüber seinem Arbeitgeber wahrheitswid- 647
rig, Werkzeug gestohlen zu haben), kann man entweder einen eigenständigen Vermögensschaden verneinen oder den Betrug tatbestandlich bejahen und ihn als mitbestrafte Nachtat hinter den Diebstahl zurücktreten lassen.

Grundsätzlich ist für die **Schadensberechnung** die **objektive Sachlage** maßgeblich, 648
denn ein etwaiges Affektionsinteresse wird durch § 263 StGB nicht geschützt. Stimmen bei einem gegenseitigen Vertrag Leistung und Gegenleistung wertmäßig überein, fehlt also ein Schaden.

> **Beispiel:** 649
> *A verkauft ein Mofa als „Sonderangebot" für 1.800 Euro, der Preis liege eigentlich bei 2.500 Euro. Tatsächlich handelt es sich zwar nicht um ein Sonderangebot, jedoch entspricht der Preis von 1.800 Euro dem Wert des Mofas.*
> *Erwirbt nun O im Vertrauen auf das „Sonderangebot" das Mofa, erleidet er dennoch objektiv keinen Schaden.*

> **Weiteres Beispiel:** 650
> *A spiegelt dem O vor, das zum Verkauf stehende Motorrad habe nur einen geringfügigen Unfallschaden, jedoch ist es ein erheblicher. Diese Behauptung untermauert er bei Übergabe des Motorrads (Fall des sogenannten „unechten" Erfüllungsbetrugs: Täuschung beim Verpflichtungsgeschäft, die beim Erfüllungsgeschäft fortwirkt; Rengier, BT I, § 13 Rdn. 196. Hier bilden Eingehungs-*

und Erfüllungsbetrug eine einheitliche Tat des Betrugs). Der Preis entspricht nun aber dem aktuellen Wert des Motorrads.
Auch dann entsprechen sich Leistung und Gegenleistung, sodass ein Schaden nach zutreffender Sicht ausscheidet. Die bloße Dispositionsfreiheit ist nicht geschützt (siehe BGHSt 16, 220, 223 f.; Satzger, Jura 2009, 518, 527 f.; anders etwa Eisele, BT II, Rdn. 590 f., wonach ein Erfüllungsbetrug zu bejahen ist, da der Anspruch auf eine höherwertige Sache bereits mit Vertragsschluss zum Vermögen gehöre). Hier kann nur der Gesichtspunkt des individuellen Schadenseinschlags Bedeutung gewinnen, etwa dann, wenn das Fahrzeug aufgrund dieses erheblichen Unfallschadens nicht genutzt werden kann (dazu Rdn. 652 f.).

651 **Ergänzender Hinweis:**
Ein echter Erfüllungsbetrug liegt vor, wenn im Zeitpunkt des Vertragsabschlusses noch keine Täuschung erfolgt, sondern erst bei der Erfüllung der aus dem Vertrag resultierenden Verpflichtungen, indem etwa eine minderwertigere Sache als vertraglich vereinbart übergeben wird (Hilgendorf/Valerius, BT II, § 7 Rdn. 102).

652 In drei besonders gelagerten Fällen kann selbst **bei wirtschaftlicher Gleichwertigkeit von Leistung und Gegenleistung ein Schaden** angenommen werden. Hier geht es um den sogenannten **individuellen Schadenseinschlag** (Leitentscheidung hierzu: BGHSt 16, 321 – Melkmaschinenfall: Das Täuschungsopfer erhält eine Melkmaschine, die nur drei Kühe melken kann, obwohl ihm gesagt wurde, sie sei für zehn Kühe geeignet; die Maschine ist aber ihren Kaufpreis wert): So kann trotz wirtschaftlicher Gleichwertigkeit ein Schaden angenommen werden, wenn dem Opfer infolge der Verfügung Mittel entzogen werden, die für die ordnungsgemäße Erfüllung seiner sonstigen Verbindlichkeiten oder für eine seinen persönlichen Verhältnissen angemessene Wirtschafts- und Lebensführung unerlässlich sind. Außerdem ist in dem Fall ein Schaden zu bejahen, in dem das Opfer durch die Verfügung zu weiteren vermögenschädigenden Maßnahmen genötigt wird. Schließlich liegt dann ein Schaden vor, falls das Opfer die Gegenleistung nicht oder nicht in vollem Umfang zu dem vertraglich vorausgesetzten Zweck oder in anderer zumutbarer Weise verwenden kann. Das beurteilt sich wiederum aus der Sicht eines objektiven Betrachters (BGHSt 16, 321, 326). Bei der letztgenannten Fallgruppe handelt es sich um die wichtigste Konstellation.

653 **Beispiel:**
A verkauft dem O ein Elektrobike zu 2.500 Euro und behauptet der Wahrheit zuwider, es sei auch für ältere, gebrechliche Personen problemlos benutzbar; das Bike ist diesen Preis wert. Tatsächlich kann O jedoch aufgrund seiner Gebrechlichkeit das Elektrofahrrad gar nicht nutzen.
In diesem Fall ist es O unmöglich, das Fahrrad in irgendeiner zumutbaren Weise zu verwenden, sodass nach den Grundsätzen des individuellen Schadenseinschlags ein Schaden zu bejahen ist. In individueller Hinsicht ist das Fahrrad für O unbrauchbar.

654 Eine **nachträgliche Schadenswiedergutmachung** oder -beseitigung ändert nichts daran, dass zuvor ein Vermögensschaden eingetreten ist. Auch der Umstand, dass das Betrugsopfer Schadensersatz-, Gewährleistungs- oder Anfechtungsrechte hat, führt zu keiner anderen Beurteilung. Diese Rechte entstehen erst als Folge der Täuschung und gleichen nicht unmittelbar den Vermögensschaden aus (zur schadensgleichen Vermögensgefährdung siehe aber Rdn. 656).

cc) Schadensgleiche Vermögensgefährdung

Rechtsprechung und herrschende Meinung im Schrifttum befürworten die Annahme eines Schadens bereits beim Vorliegen einer **schädigenden konkreten Vermögensgefährdung** (BGHSt 34, 394, 395; *Perron*, TK, StGB, § 263 Rdn. 143), wenngleich es durchaus Stimmen im Schrifttum gibt, die in diesen Fällen der Ausweitung des Schadensbegriffs die hinreichende Beachtung des Art. 103 Abs. 2 GG (Analogieverbot) anmahnen (siehe etwa *Becker/Rönnau*, JuS 2017, 499, 500). Nach dem BVerfG ist die Annahme eines Vermögensschadens bei einer schadensgleichen Vermögensgefährdung noch mit Art. 103 Abs. 2 GG vereinbar; notwendig sei jedoch die Bezifferung des konkreten Schadens der Höhe nach (BVerfGE 126, 170, 214 f., 224 ff.; BVerfG 130, 1, 42 ff., 47 f; ebenso der BGH, etwa BGH, NStZ 2014, 578). 655

Beispiele: 656
A schließt mit dem O einen Darlehensvertrag über 20.000 Euro ab, obwohl A weder zur Rückzahlung willig noch fähig ist.
Hierbei handelt es sich um einen Eingehungsbetrug, also um den Eintritt einer schadensgleichen Vermögensgefährdung durch betrügerische Begründung einer Verbindlichkeit (Betrug zum Zeitpunkt des Vertragsschlusses). Die schadensgleiche Vermögensgefährdung ist mit 20.000 Euro konkret bezifferbar (siehe BGH, NStZ 2017, 708, 709 f.).
Bereits beim Abschluss einer Lebensversicherung in der Absicht, später einen Versicherungsfall vorzutäuschen, kann ein vollendeter Eingehungsbetrug gegeben sein, sofern schon in diesem Zeitpunkt der Schaden konkret bestimmbar ist (BGH, NStZ 2022, 409, 411).
Zu beachten ist in diesem Zusammenhang, dass beim Eingehungsbetrug ein vereinbartes Rücktrittsrecht oder die freie Widerrufbarkeit der Annahme eines Vermögensschadens in Form der konkreten schadensgleichen Vermögensgefährdung entgegenstehen kann (BGH bei Dallinger, MDR 1971, 546; Fischer, StGB, § 263 Rdn. 176a). Hierbei ist nämlich dann ohne Weiteres eine einseitige Rückgängigmachung des Vertrags möglich (Hilgendorf/Valerius, BT II, § 7 Rdn. 95).

Ergänzender Hinweis: 657
Kommt es zur Erfüllung des Vertrags, geht es auch dann allein um den bereits zuvor bejahten Schaden, sodass nur ein Betrug vorliegt.
Beim Kreditvertrag hat zur Schadensberechnung ein Vergleich des Kreditbetrags mit dem Wert des Rückzahlungsanspruchs zu erfolgen, der sich nach der Bonität des Schuldners richtet, wobei etwaige Sicherheiten in die Betrachtung einzubeziehen sind (BGH, NStZ 2013, 711, 712; BGH, NStZ 2016, 286, 287).

Umstritten ist, ob das Erschleichen einer Kreditkarte oder Girokarte in Kenntnis der PIN bereits eine schadensgleiche Vermögensgefährdung darstellt (dies bejahend BGH, NStZ 1993, 283; BGH, NJW 2022, 1399; BGH, BeckRS 2022, 31922). Das wird man jedoch entgegen der Auffassung des BGH vor dem Hintergrund der mangelnden Unmittelbarkeit der Verfügung sowie der fehlenden Bezifferbarkeit des Schadens abzulehnen haben (siehe ergänzend Rdn. 722). Daher fehlt es richtigerweise auch bei der Eröffnung eines Kontos unter Vorlage eines gestohlenen Ausweises unter Einräumung eines Überziehungskredits an einer Vermögensgefährdung (anders aber BGH, NStZ 2011, 160; BGH, BeckRS 2019, 32574). 658

dd) Einzelne Aspekte der Schadensfeststellung

Im Folgenden ist auf prüfungsrelevante Fragestellungen im Zusammenhang mit der Feststellung eines Vermögensschadens einzugehen. 659

(1) Zweckverfehlung

660 Weiß jemand, dass sein Verhalten eine Vermögensminderung zur Folge hat, liegt eine bewusste Selbstschädigung vor. Grundsätzlich führt das zum Ausschluss des Vermögensschadens. Richtigerweise kann jedoch auch in Fällen der bewussten Selbstschädigung ein Vermögensschaden anzunehmen sein, nämlich in der Konstellation der Zweckverfehlung.

661 **Beispiel:**
A bittet den O um etwas Geld, damit er sich eine Bahnfahrkarte kaufen kann, um nach Hause fahren zu können. In Wirklichkeit kauft sich A wie von vornherein geplant von dem Geld Alkohol.
A täuscht den O, bei dem ein Irrtum entsteht, der den O zu einer Vermögensverfügung veranlasst. Problematisch ist die Annahme eines Vermögensschadens. O ist sich nämlich des vermögensschädigenden Charakters seiner Verfügung bewusst. Das schadet jedoch nicht, wenn man § 263 StGB auch bei einer bewussten Selbstschädigung anwendet (so etwa BGH, NJW 1992, 2167; BGH, NJW 1995, 539; Hilgendorf, JuS 1994, 466, 468). Zwar können soziale Zwecke den Vermögensschaden kompensieren, dieser Zweck ist aber nicht eingetreten. Die Gegenposition verlangt hingegen eine unbewusste Selbstschädigung (so etwa Perron, TK, StGB, § 263 Rdn. 41). Das scheidet hier grundsätzlich aus, da O sich bewusst ist, dass er bei dieser einseitigen Zuwendung das Geld verliert und sein Vermögen gemindert wird. Dennoch kann auch diese Sicht zu einem Vermögensschaden gelangen, und zwar unter Heranziehung der Zweckverfehlungslehre: Da der mit der Vermögensminderung verfolgte soziale Zweck verfehlt wurde, ist insofern von einer unbewussten Selbstschädigung auszugehen (Perron, TK, StGB, § 263 Rdn 102). Hier war Zweck der Zuwendung, dass A sich eine Fahrkarte kaufen kann, der jedoch mit dem Kauf des Alkohols verfehlt wurde, sodass auch nach dieser Ansicht ein Vermögensschaden zu bejahen ist. Beide Positionen kommen also – wenn auch auf unterschiedlichem Weg – im Ergebnis zu einem Vermögensschaden.

662 **Ergänzender Hinweis:**
Der Gedanke der Zweckverfehlung gilt nach überwiegender Auffassung richtigerweise nicht bei wirtschaftlich ausgeglichenen gegenseitigen Verträgen, wenn etwa der Wahrheit zuwider angegeben wird, für einen Teil des Erlöses würden Bäume im Regenwald angepflanzt (siehe Rengier, BT I, § 13 Rdn. 188ff.; anders etwa Ranft, Jura 1992, 66, 74), Leistung und Gegenleistung sich aber wirtschaftlich wertmäßig entsprechen.

663 **Abwandlung:**
A möchte bei einer Spendensammlung für kranke Kinder viel Geld erlangen. Daher trägt er auf die Spenderliste den Nachbarn des O, nämlich den B, wahrheitswidrig mit einem hohen Spendenbetrag ein. Daraufhin fühlt sich O bemüßigt, in entsprechender Höhe zu spenden.
Das BayObLG hat Betrug bejaht (BayObLG, NJW 1952, 798). Dagegen spricht jedoch, dass es lediglich um einen unbeachtlichen Motivirrtum geht (Rengier, BT I, § 13 Rdn. 176ff.), selbst wenn man für den Betrug eine bewusste Selbstschädigung genügen lässt. Der soziale Zweck wird erreicht.

(2) Anstellungsbetrug

664 Fraglich ist, inwiefern im Zusammenhang mit unrichtigen Angaben bei einer Anstellung ein Vermögensschaden anzunehmen ist.

Beispiel: 665
A bewirbt sich auf eine Stelle als Beamter auf Lebenszeit im höheren Dienst, obwohl A den dafür erforderlichen Studienabschluss gar nicht besitzt. Nach der Ernennung erbringt er jedoch seine Arbeit tadellos.
Ein Vermögensschaden ist in diesem Fall allein deswegen zu bejahen, da die Ernennungsvoraussetzungen nicht vorlagen und A daher für das Amt untauglich ist (BGH, NStZ 2020, 291, 293).
Ebenso ist Betrug anzunehmen, wenn bei Vorhandensein der Ernennungsvoraussetzungen etwa ein falsches Lebensalter angegeben wird, das zu einer höheren Besoldung führt.

Zweites Beispiel: 666
A bewirbt sich auf eine Stelle als Arzt in einem privat geführten Krankenhaus. A hat zwar keinerlei Studienabschluss, jedoch sich in seiner Freizeit so sehr mit medizinischen Fragen beschäftigt, dass er die Tätigkeit vollumfänglich ausüben kann.
Nach dem BGH ist bei privaten Anstellungsverhältnissen ein Vermögensschaden anzunehmen, wenn der Angestellte nicht die Leistungen erbringen kann, die nach dem Anstellungsvertrag von ihm erwartet werden dürfen. Hierbei spielt es keine Rolle, ob er Angestellter eines Privaten oder der öffentlichen Hand ist.
Ausnahmsweise seien jedoch die für Beamte entwickelten Grundsätze anzuwenden, wenn die dem Dienstverpflichteten gestellten Aufgaben eine besondere Vertrauenswürdigkeit und Zuverlässigkeit erfordern und mit Rücksicht darauf die Bezahlung höher ausfällt oder wenn die Anstellung und Höhe der Bezüge eine abgeschlossene Ausbildung voraussetzen oder von Art und Dauer früherer Beschäftigung abhängen (BGH, NStZ 2020, 291, 294).
Folglich ist hier der Vermögensschaden bereits im Zeitpunkt des Vertragsabschlusses (Eingehungsbetrug) darin zu sehen, dass die Entlohnung auch für die fachliche Qualifikation in Form des entsprechenden, bei A fehlenden Berufsabschlusses gezahlt wird, unabhängig davon, wie er tatsächlich seine Tätigkeit ausübt.

Drittes Beispiel: 667
A verschweigt bei seiner Anstellung als Kassierer eine Vorstrafe wegen Betrugs. Er übt seine Tätigkeit aber einwandfrei aus.
Der BGH meint, ein Gefährdungsschaden sei schon darin zu sehen, dass ein Angestellter erhebliche Vorstrafen wegen Vermögensdelikten verschweigt und in der neuen Anstellung über Vermögen des Arbeitgebers verfügen kann (BGH, NJW 1978, 2042, 2043).
Dagegen spricht jedoch, dass hier keine unmittelbar vermögensmindernd wirkende Verfügung anzunehmen ist. Auch ist der Schaden nicht bezifferbar (Rengier, BT I, § 13 Rdn. 292; ebenfalls der BGH betont in BGH, NStZ 2020, 291, 294, das Erfordernis der Bezifferbarkeit).

(3) Gutgläubiger Erwerb

Weiterhin ist problematisch, ob bei einem gutgläubigen Erwerb einer Sache ein Vermögensschaden in Betracht kommt. 668

Beispiel: 669
O hat dem A sein Fahrrad geliehen. Als A in finanzielle Nöte gerät, veräußert der A das Fahrrad als angeblicher Eigentümer an den gutgläubigen B für

200 Euro. Hat sich A wegen Betrugs gegenüber und zum Nachteil des B strafbar gemacht (zur Frage des Betrugs zum Nachteil des O siehe Rdn. 625).
A hat den B über seine angebliche Stellung als Eigentümer getäuscht. Dadurch kommt es bei B zu einer irrtumsbedingten Vermögensverfügung. Fraglich ist, ob B einen Vermögensschaden erlitten hat. Unproblematisch wäre das der Fall, wenn B – etwa im Hinblick auf § 935 BGB – kein Eigentum erlangt hätte. B ist hier aber über §§ 929, 932 BGB Eigentümer des Fahrrads geworden. Dennoch ist zum Teil vertreten worden, mit diesem gutgläubigen Eigentumserwerb sei ein sittlicher Makel verbunden, was sich vermögensmindernd auswirke (RGSt 73, 61, 63; Makeltheorie). Zudem bestehe für den B das prozessuale Risiko, wieder das Eigentum zu verlieren, wenn man ihm Bösgläubigkeit beweisen könne (das prozessuale Risiko nicht genügen lassend BGH, NStZ 2013, 37). Die überwiegende Ansicht im Schrifttum lehnt jedoch diese Sicht zu Recht ab. So ist auch das im Wege des gutgläubigen Erwerbs erlangte Eigentum vollwertiges Eigentum. Im Prozess trägt zudem der ehemalige Eigentümer die Beweislast, dass der Erwerber nicht im guten Glauben gehandelt hat. Hinzu kommt, dass beim Prozessrisiko ein Schaden gar nicht hinreichend bezifferbar ist (BGH, NStZ 2013, 37, 38). Folglich liegt kein Vermögensschaden vor.

2. Der subjektive Tatbestand

670 Im Bereich des subjektiven Tatbestands des Betrugs bedarf es der Prüfung mehrerer Voraussetzungen. Zuvörderst hat der Täter natürlich **Vorsatz** aufzuweisen. Hinzukommen muss dann das besondere subjektive Merkmal der **Bereicherungsabsicht**. Weiterhin muss die erstrebte Bereicherung **objektiv stoffgleich** zum Vermögensschaden sein sowie **objektiv rechtswidrig**. Zudem hat sich der **Vorsatz** sowohl auf die **Stoffgleichheit** als auch auf die **Rechtswidrigkeit der Bereicherung** zu beziehen.

671 Daraus resultiert folgender **Prüfungsaufbau des subjektiven Tatbestands**:

Vorsatz
Bereicherungsabsicht
Objektive Stoffgleichheit und Rechtswidrigkeit der erstrebten Bereicherung
Vorsatz im Hinblick auf Stoffgleichheit und Rechtswidrigkeit der erstrebten Bereicherung

a) Vorsatz

672 Der **Vorsatz** des Täters muss sich auf die Täuschung beziehen, wobei ausgeführt worden ist, dass das Täuschungsbewusstsein schon konstitutives Element der Täuschung selbst ist (Rdn. 566). Zudem will der Täter durch die Täuschung eine irrtumsbedingte Vermögensverfügung herbeiführen, die zu einem Vermögensschaden führen soll. Der Täter muss die kausale Verknüpfung der Betrugselemente in seinen Vorsatz aufnehmen. Insgesamt genügt für den Betrugsvorsatz dolus eventualis. Rechnet der Täter also mit der Möglichkeit, dass sein Gegenüber aufgrund der unwahren Angaben irrtumsbedingt eine vermögensschädigende Verfügung vornimmt, und findet sich damit ab, liegt Vorsatz vor.

b) Bereicherungsabsicht

673 Neben dem Vorsatz muss weiterhin ein besonderes subjektives Merkmal geprüft werden, nämlich die **Bereicherungsabsicht**. Es handelt sich insofern um eine überschie-

ßende Innentendenz, die folglich keine Entsprechung im objektiven Tatbestand hat. Daher wäre es falsch, im objektiven Tatbestand den Eintritt eines Vermögensvorteils zu prüfen. Es geht allein darum, dass der Täter einen Vermögensvorteil erstrebt, ohne dass dieser auch tatsächlich eintreten muss.

Bereicherungsabsicht verlangt **dolus directus 1. Grades**. Dolus directus 2. Grades in der Form des sicheren Wissens und dolus eventualis genügen nicht. Dem Täter muss es vielmehr auf den Vorteil ankommen, er muss ihn erstreben (*Duttge*, Dölling/Duttge/König/Rössner, Gesamtes Strafrecht, § 263 Rdn. 78). Dabei braucht es sich aber nicht um das Endziel des Täters zu handeln, es genügt, wenn der Vermögensvorteil ein Zwischenziel auf dem Weg zur Erreichung des Endziels ist. Auch muss die Bereicherung weder der einzige Beweggrund sein noch dominieren. 674

Beispiel: 675
A möchte rechtzeitig an einem Fußballspiel teilnehmen. Er hat aber kein Geld, um die Fahrt mit der Bahn dorthin zu finanzieren. Dennoch setzt er sich in die Bahn und täuscht den Kontrolleur darüber, dass er keinen Fahrausweis hat.
Hier ist die erstrebte Bereicherung (Nichtbezahlung der Fahrt) Zwischenziel auf dem Weg zur Erreichung des Hauptziels, nämlich der Teilnahme am Fußballspiel. Das genügt, sodass Bereicherungsabsicht zu bejahen ist.

Nicht nur Eigen-, sondern auch Drittbereicherungsabsicht ist erfasst. 676

Beispiel: 677
A möchte, dass sein Sohn S eine neue Waschmaschine geliefert bekommt. A bezahlt den Kaufpreis mit Falschgeld.
In diesem Fall erstrebt A die Bereicherung des S, was als Drittbereicherungsabsicht genügt.

c) Stoffgleichheit der erstrebten Bereicherung

Stoffgleichheit bedeutet, dass der eingetretene Vermögensschaden die Kehrseite des erstrebten Vermögensvorteils sein muss. Es handelt sich also um zwei Seiten einer Medaille. Der Vorteil muss **unmittelbar** zu Lasten des geschädigten Vermögens gehen. Schaden und Vorteil werden durch ein und dieselbe Vermögensverfügung vermittelt, sind also nicht auf verschiedene Verfügungen zurückzuführen. 678

Beispiel: 679
A verkauft dem O ein Bild als Original für 10.000 Euro, obwohl es sich um eine Fälschung handelt, die wertlos ist.
In diesem Fall strebt A die Bereicherung um 10.000 Euro an, wobei dieser angestrebte Vermögensvorteil auf der Kehrseite den Schaden des O darstellt.

Beispiel für fehlende Stoffgleichheit: 680
A hält Aktien der X-AG, die einen Wert von 10 Euro pro Aktie haben. Über das Internet verkündet A der Wahrheit zuwider, dass die X-AG kurz vor Abschluss eines „Mega-Deals" stehe. Daraufhin kaufen viele, die diese Nachricht lesen, Aktien der X-AG, sodass der Preis der Aktie aufgrund der Falschmeldung steigt. Wegen der Aussage des A kauft schließlich auch O Aktien zu einem Preis von inzwischen 50 Euro pro Aktie. Schließlich verkauft A, wie von vornherein beabsichtigt, seine Aktien an den C für 50 Euro pro Aktie. Hat sich A wegen Betrugs gegenüber und zu Lasten des O strafbar gemacht?
Zwar hat A den O getäuscht, der daraufhin die Aktien der X-AG „zu teuer" erwirbt. Der Schaden des O ist aber auf der Kehrseite nicht der erstrebte Vermö-

gensvorteil des A, den A mit der Veräußerung seiner Aktien erstrebt. Stoffgleichheit liegt nicht vor.

681 **Ergänzender Hinweis:**
In Betracht kommt aber ein Betrug des A gegenüber und zum Nachteil des C sowie eine Strafbarkeit des A nach dem WpHG.

682 Bei der Stoffgleichheit ist insbesondere auch der Aspekt der **Drittbereicherungsabsicht** zu berücksichtigen.

683 **Beispiel:**
Der Versicherungsvertreter A dreht der 80-jährigen O aufgrund einer Täuschung einen für sie völlig unbrauchbaren Versicherungsschutz an. Dies macht A, um vom Versicherer V seine Provision für den Abschluss des Vertrags zu erhalten.
Die objektiven Voraussetzungen des Betrugs gegenüber und zu Lasten von O sind erfüllt. Es liegt ein Schaden im Sinne des individuellen Schadenseinschlags vor (dazu Rdn. 652). A handelt vorsätzlich. A erstrebt letztlich seine Provision. Diese ist aber nicht die Kehrseite des Vermögensnachteils der O, der in dem Vertragsabschluss über eine für sie unbrauchbare Versicherung liegt. Es fehlt also die Stoffgleichheit. A erstrebt jedoch als Zwischenziel die Bereicherung des Versicherers V (Drittbereicherungsabsicht) durch den Abschluss des Vertrags. Insofern ist Stoffgleichheit gegeben.
Zudem verwirklicht A einen Betrug gegenüber und zu Lasten von V, falls er gegenüber V die Provision einfordert, denn darauf hat er nur Anspruch, wenn der Versicherungsvertrag korrekt zustande gekommen ist.

d) Rechtswidrigkeit der erstrebten Bereicherung

684 Die erstrebte Bereicherung muss objektiv rechtswidrig sein, was nicht der Fall ist, wenn der Täuschende einen **fälligen und durchsetzbaren Anspruch** auf den erstrebten Vermögensvorteil hat.

685 **Beispiel:**
A hat dem B 50 Euro geliehen, die B nach einer Woche zurückzahlen soll. Trotz Aufforderung zahlt B das Geld nicht zurück. Als A und B sich zufällig im Supermarkt treffen, behauptet A der Wahrheit zuwider, er benötige kurz 50 Euro, um seine Einkäufe zu bezahlen, B bekomme das Geld gleich zurück. Daraufhin händigt der B dem A 50 Euro aus. Wie von vornherein geplant, behält A das Geld zur Begleichung der Schuld des B.
A hat den B getäuscht, was zu einer irrtumsbedingten Vermögensverfügung seitens des B geführt hat. Fraglich ist, ob B einen Vermögensschaden erlitten hat. Dies könnte man verneinen, da B ja durch die Zahlung von der Verbindlichkeit zur Rückzahlung der 50 Euro befreit ist. Andererseits kann man das Eigentum und den tatsächlichen Besitz der 50 Euro als höherwertig einschätzen als den Umstand, einer Forderung in Höhe von 50 Euro ausgesetzt zu sein, sodass die Annahme eines Vermögensschadens vertretbar erscheint.
Bevor man also zur Frage der Rechtswidrigkeit der Bereicherung kommt, muss man eingehend erörtern, ob insbesondere ein Vermögensschaden vorliegt.
A handelt vorsätzlich und erstrebt einen Vermögensvorteil im Sinne des tatsächlichen Innehabens der 50 Euro, der auch stoffgleich zu dem Schaden des B ist. A hat jedoch einen fälligen und durchsetzbaren Anspruch gegen B auf Zahlung von 50 Euro. Die erstrebte Bereicherung ist daher objektiv nicht rechtswidrig.

Hinweis: 686
Das beim Diebstahl erörterte Problem, dass bei Geld möglicherweise das Auswahlrecht des Schuldners beeinträchtigt wird (siehe Rdn. 215 f.), stellt sich regelmäßig beim Betrug nicht, da beim Betrug der Schuldner das Geld selbst auswählt und übergibt.

e) Vorsatz bezüglich Stoffgleichheit und Rechtswidrigkeit der erstrebten Bereicherung

Der Täter muss in seinen Vorsatz aufgenommen haben, dass der erstrebte Vorteil die Kehrseite des Schadens ist und er keinen fälligen und durchsetzbaren Anspruch auf den Vermögensbestandteil hat. Dolus eventualis genügt insofern. Geht der Täter irrtümlich davon aus, dass er einen fälligen und durchsetzbaren Anspruch hat, erliegt er nach dem BGH einem Tatbestandsirrtum (BGH, NStZ 2017, 465, 467). 687

3. Rechtswidrigkeit und Schuld

Auch der Betrug kann im Einzelfall gerechtfertigt sein, wobei zu beachten ist, dass möglicherweise bereits die Rechtswidrigkeit der Bereicherung fehlt, wie dies etwa bei der Selbsthilfe gemäß § 229 BGB in Betracht kommt. 688
In Ausnahmefällen kann aber auch die Rechtswidrigkeit als allgemeines Verbrechensmerkmal fehlen. Zu denken ist etwa an eine Rechtfertigung über § 34 StGB. 689

Beispiel: 690
A ist als Kfz-Mechaniker bei dem reichen O angestellt. B bedroht nun das Leben der Ehefrau F des A für den Fall, dass A dem B nicht einen wertvollen Oldtimer des O besorgt. A behauptet daher gegenüber O, einmal eine Probefahrt mit diesem Oldtimer unternehmen zu müssen, um dessen Zustand zu prüfen. Daraufhin händigt ihm O Fahrzeugschlüssel und Papiere aus. A übergibt den Wagen dem B.
A verwirklicht gegenüber dem O den objektiven Tatbestand des § 263 StGB (siehe zur Probefahrt Rdn. 116). Er handelt mit Vorsatz und Drittbereicherungsabsicht. Auch ist die Stoffgleichheit und Rechtswidrigkeit der Bereicherung zu bejahen. Es liegt jedoch ein Nötigungsnotstand vor; dieser kann nach zutreffender Auffassung im Einzelfall über § 34 StGB gerechtfertigt sein (siehe dazu Zieschang, AT, Rdn. 269 ff.). Hier ist die gegenwärtige Gefahr für das Leben der F mangels anderweitiger Angaben nicht anders abwendbar. A handelt, um die Gefahr von F abzuwenden. Bei der Interessenabwägung ist zu beachten, dass es einerseits um das Leben der F geht, andererseits um das Vermögen des O. Insofern ist ein Interessenübergewicht auf Seiten des A anzunehmen, sodass der Betrug gemäß § 34 StGB gerechtfertigt ist.

Natürlich kann es sich im Einzelfall schließlich auch so verhalten, dass der Täter schuldlos oder entschuldigt ist. 691

4. Besonders schwerer Fall

§ 263 Abs. 3 StGB enthält als Strafzumessungsvorschrift Regelungen zum Betrug in einem besonders schweren Fall, der zu einer Verschärfung des Strafrahmens führt. Dabei werden in § 263 Abs. 3 S. 2 Nr. 1 bis 5 StGB Regelbeispiele aufgelistet, bei denen im Grundsatz von einem besonders schweren Fall auszugehen ist (zur Regel- 692 beispielstechnik siehe Rdn. 240 f.). § 263 Abs. 1 S. 1 StGB ist für den unbenannten besonders schweren Fall maßgeblich. Ein besonders schwerer Fall ist ausgeschlossen, wenn § 263 Abs. 4 i. V. m. § 243 Abs. 2 StGB (Geringwertigkeit) greift.

693 Im Hinblick auf das Regelbeispiel Nr. 1 sind die Begriffe bereits beim Diebstahl erläutert worden (siehe zur Gewerbsmäßigkeit Rdn. 272; zur Bandenmitgliedschaft Rdn. 326).

694 Dagegen finden sich die in § 263 Abs. 3 S. 2 Nr. 2 StGB normierten Regelbeispiele nicht beim Diebstahl. Die Rechtsprechung geht im Sinne der ersten Alternative von einem Vermögensverlust großen Ausmaßes ab einer Summe von 50.000 Euro aus (BGH, NStZ-RR 2018, 109, 110). Dabei wird verlangt, dass dieser Verlust tatsächlich eingetreten ist, sodass insofern eine konkrete Gefahr nicht genügt (BGH, NStZ-RR 2018, 109, 110). Folglich reicht es auch nicht, dass die Herbeiführung des Vermögensverlustes bloß beabsichtigt war (BGH, BeckRS 2007, 5; siehe bereits Rdn. 299). Betrifft eine Betrugsserie dasselbe Opfer, dürfen die Einzelschäden addiert werden (BGH, NJW 2011, 1825, 1827).

695 Problematisch ist, wann von einer großen Zahl von Menschen im Sinne der zweiten Alternative auszugehen ist. Davon wird man, um eine gewisse Konkretisierung zu erreichen, bei einer Personenzahl von zehn Personen ausgehen können, da diese nicht mehr ohne Weiteres überschaubar ist. Für die zweite Alternative genügt die Absicht, zudem geht es um die Gefahr des Verlustes von Vermögenswerten.

696 Unter wirtschaftlicher Not im Sinne des § 263 Abs. 3 S. 2 Nr. 3 StGB versteht man einen Zustand, in dem eine Person der Gefahr ausgesetzt ist, ihren eigenen Unterhalt oder den ihrer Unterhaltsberechtigten nicht mehr aufbringen zu können.

697 Missbrauch der Befugnisse im Sinne des § 263 Abs. 3 S. 2 Nr. 4 StGB ist anzunehmen, wenn der Amtsträger innerhalb einer an sich gegebenen Zuständigkeit handelt. Die Stellung wird missbraucht, wenn er außerhalb des Zuständigkeitsbereichs handelt, jedoch unter Ausnutzung der durch das Amt gegebenen Möglichkeiten (BGH, NStZ-RR 2013, 344).

698 Zu beachten ist schließlich § 263 Abs. 3 S. 2 Nr. 5 StGB, also das Regelbeispiel der Vortäuschung eines Versicherungsfalls.

699 **Beispiel:**

Bauer A ist Eigentümer eines Bauernhofs. A ist auch bezüglich der Feuerversicherung, die er abgeschlossen hat, Versicherungsnehmer. Tatsächlich führt A den Hof gemeinsam mit seiner Ehefrau B. Da A in erheblichen finanziellen Schwierigkeiten steckt, sieht B keinen anderen Ausweg mehr, als den Hof anzuzünden, um die Versicherungssumme zu erhalten. A würde dies jedoch niemals zulassen, sodass B dem A nichts von dem Vorhaben erzählt. Der Hof brennt nieder. Anschließend beichtet die B dem A die Tat. Dennoch beantragt der A die Auszahlung der Versicherungssumme, wobei er mitteilt, dass der Brandstifter nicht bekannt sei. Der Versicherer zahlt die Versicherungssumme aus. Macht sich A gemäß §§ 263, 265 StGB strafbar?

Objektiv verlangt § 263 StGB zunächst das Vorliegen einer Täuschung. Diese liegt hier in der ausdrücklichen wahrheitswidrigen Angabe, der Brandstifter sei unbekannt. Aufgrund der Täuschung ist bei dem Sachbearbeiter der Versicherung ein Irrtum eingetreten. Die irrtumsbedingte Vermögensverfügung liegt in der Auszahlung der Versicherungssumme.

Fraglich ist, ob ein Vermögensschaden vorliegt. Grundsätzlich besteht aus dem Versicherungsvertrag eine Verpflichtung des Versicherers zur Zahlung beim Eintritt des Versicherungsfalls. Zu beachten ist jedoch, dass der Versicherer nach § 81 Abs. 1 VVG nicht zur Leistung verpflichtet ist, wenn der Versicherungsnehmer vorsätzlich den Versicherungsfall herbeiführt (bei grober Fahrlässigkeit besteht gemäß § 81 Abs. 2 VVG eine Berechtigung des Versicherers zur Kürzung). Hier hat indes der Versicherungsnehmer A den Versicherungsfall nicht persönlich herbeigeführt. Zu berücksichtigen ist aber der Gesichtspunkt der ***Repräsentantenhaftung****, wonach die vorstehenden Grundsätze auch dann gelten, wenn der Versicherungsnehmer für das Verhalten eines Dritten, der Repräsentant ist, wie für eigenes Verhalten einzustehen hat. Repräsentant ist dabei derjenige, der in dem Geschäftsbereich, zu dem das versicherte Risiko gehört, aufgrund eines Vertretungs- oder ähnlichen Verhältnisses an die Stelle des Versicherungsnehmers tritt (BGH, NStZ 2021, 171, 172). Der Repräsentant muss dabei in einem gewissen selbstständigen, nicht unbedeutenden Umfang für den Versicherungsnehmer handeln können. Hier nun führt der A den Hof gemeinsam mit B. Das spricht dafür, die B als Repräsentantin des A anzusehen (beachte aber: Die bloße Ehegatteneigenschaft als solche reicht nicht schon aus, um eine Repräsentantenstellung zu bejahen). Folglich besteht keine Verpflichtung des Versicherers zur Auszahlung, sodass ein Vermögensschaden des Versicherers zu bejahen ist.*

A handelt vorsätzlich und mit Bereicherungsabsicht. Die erstrebte Bereicherung ist rechtswidrig, da A gemäß § 81 Abs. 1 VVG keinen Anspruch auf die Versicherungssumme hat.

A handelt rechtswidrig und schuldhaft.

Es könnte sich zudem um einen Betrug in einem besonders schweren Fall gemäß § 263 Abs. 3 S. 2 Nr. 5 StGB handeln. Hier hat B eine Sache von bedeutendem Wert, der bei ca. 750 Euro anzunehmen ist, in Brand gesetzt, um einen Versicherungsfall vorzutäuschen. Tatsächlich hat dann auch A in Kenntnis der Umstände den Versicherungsfall vorgetäuscht. Das Regelbeispiel ist folglich erfüllt. A verwirklicht daher einen Betrug in einem besonders schweren Fall gemäß § 263 Abs. 1, Abs. 3 S. 2 Nr. 5 StGB.

§ 265 StGB ist jedoch nicht verwirklicht, da A weder selbst noch als Mittäter den Hof als versicherte Sache zerstört hat.

Ergänzende Hinweise: 700

Bei § 265 StGB geht es in subjektiver Hinsicht neben dem Vorsatz um die Absicht, sich oder einem Dritten Leistungen aus der Versicherung zu verschaffen; auf die Rechtmäßigkeit oder Rechtswidrigkeit der erstrebten Leistung kommt es nicht an.

Umstritten ist, ob bei § 265 StGB aufgrund seines frühen Vollendungszeitpunkts Vorschriften zur Tätigen Reue analog anzuwenden sind; dies ist jedoch richtigerweise mangels planwidriger Regelungslücke abzulehnen.

Neben Brandstiftungsdelikten kann B wegen Beihilfe zum Betrug bestraft werden gemäß §§ 263 Abs. 1, Abs. 3 S. 2 Nr. 5, 27 StGB. Dahinter tritt der von B täterschaftlich verwirklichte § 265 StGB zurück. Die Subsidiarität des § 265 StGB greift auch gegenüber einem versuchten oder einem erst nachfolgend begangenem Betrug.

Der Vollständigkeit halber sei angemerkt, dass ein Betrugsversuch erst mit der Übermittlung der Schadensmeldung an den Versicherer beginnt, nicht aber schon mit dem In Brand Setzen der versicherten Sache durch den Versicherungsnehmer. Dagegen ist die Schadensmeldung keine Voraussetzung des § 265 StGB. 701

5. Abschließende Hinweise

Eine Qualifikation normiert § 263 Abs. 5 StGB. Insoweit kann auf die Ausführungen zum Diebstahl verwiesen werden. 702

Zudem gelten über § 263 Abs. 4 StGB neben § 243 Abs. 2 StGB auch die §§ 247, 248a StGB für den Betrug (siehe zu diesen Vorschriften Rdn. 230 ff., 284 ff.). 703

XIII. Computerbetrug gemäß § 263a StGB

1. Allgemeines

704 Da der Betrug gemäß § 263 StGB eine Täuschung und eine Irrtumserregung voraussetzt, kommt die Vorschrift nur gegenüber natürlichen Personen in Betracht, dagegen nicht im Zusammenhang mit einem Automaten, also auch nicht bei einem Computer. Diese Lücke schließt der Computerbetrug gemäß § 263a StGB, der ebenso wie der Betrug dem Vermögensschutz dient. Hauptgrund für die Einführung des § 263a StGB war dabei, die Fälle des Abhebens von Geld am Geldautomaten durch einen Nichtberechtigten, der die PIN kennt, strafrechtlich sicher erfassen zu können (siehe dazu bereits Rdn. 35 sowie Rdn. 106). § 263a StGB betrifft jedoch auch noch andere Verhaltensweisen.

2. Der objektive Tatbestand

705 § 263a StGB kennt vier Tatvarianten, wobei die dritte Variante (Unbefugte Verwendung von Daten) in der universitären Ausbildung die wichtigste Tatmodalität darstellt.

a) Die relevanten Verhaltensweisen

706 Bei **§ 263a Abs. 1 Var. 1 StGB** geht es um die Beeinflussung eines Datenverarbeitungsvorgangs durch **unrichtige Gestaltung des Programms**. Der Täter nimmt in diesem Fall auf das Programm unmittelbar Einfluss, indem er es etwa (teilweise) löscht oder umschreibt.

707 Unterschiedlich wird der Begriff „unrichtig" verstanden. Insoweit wird teilweise auf den Willen des Betreibers abgestellt (*Perron*, TK, StGB, § 263a Rdn. 5). Die Gegenansicht erachtet für maßgeblich, ob das Programm objektiv entsprechend seiner Aufgabenstellung richtig arbeitet (*Lackner/Kühl/Heger*, StGB, § 263a Rdn. 7; *Rengier*, BT I, § 14 Rdn. 9).

708 **§ 263a Abs. 1 Var. 2 StGB** betrifft die **Verwendung unrichtiger oder unvollständiger Daten**. Verwenden setzt nach der überwiegenden Auffassung eine Eingabe der Daten in den Datenverarbeitungsprozess voraus. Unter den Begriff der Daten fallen dabei zunächst elektronisch gespeicherte Informationen, aber auch solche, die magnetisch oder sonst nicht sichtbar oder unmittelbar lesbar gespeichert sind. Der Begriff der „Daten" geht aber über denjenigen des § 202a Abs. 2 StGB hinaus, indem auch solche nicht unmittelbar optisch wahrnehmbare Informationen umfasst sind, die erst noch gespeichert werden sollen, was gerade für die zweite Variante von Relevanz ist: Hier geht es darum, dass unvollständige oder unrichtige Daten in den Datenverarbeitungsvorgang eingeführt werden (Input-Manipulation). Unrichtig sind Daten, wenn der durch sie vermittelte Informationsgehalt keine Entsprechung in der Wirklichkeit hat; unvollständig sind sie, wenn sie den zugrundeliegenden Sachverhalt nicht ausreichend erkennen lassen (so BGH, NStZ 2022, 681).

709 **Beispiel:**
A steckt eine manipulierte Geldkarte mit falschen Daten in den Geldautomaten und hebt damit Geld ab.

Nicht ausreichend ist für die zweite Variante hingegen, dass von einem Unberechtigten eine Geldautomatenkarte eines anderen mit dazugehöriger korrekter PIN verwendet wird, denn dann geht es um richtige Daten und um § 263a Abs. 1 Var. 3 StGB. Andererseits ist § 263a Abs. 1 Var. 2 StGB erfüllt, wenn über das Internet in die Eingabemaske eines Händlers (Bestellformular) ein falscher Name eingegeben wird, da insofern unrichtige Daten in Rede stehen. 710

Bei **§ 263a Abs. 1 Var. 3 StGB**, also der **unbefugten Verwendung von Daten**, ist vor allem das Tatbestandsmerkmal „unbefugt" umstritten. Die **computerspezifische Auslegung** bejaht – mit Unterschieden im Detail – die Unbefugtheit, wenn der Täter Sicherungen überwindet, die in dem Datenverarbeitungsvorgang spezifisch angelegt sind, was bei einer ordnungsgemäßen Bedienung des Geräts selbst ausscheidet (siehe OLG Celle, NStZ 1989, 367; *Neumann*, JuS 1990, 535, 537). Der entgegenstehende Wille des Betreibers müsse in die Programmgestaltung Eingang gefunden haben (*Lenckner/Winkelbauer*, CR 1986, 654, 657). 711

Beispiel: 712
Hebt A unberechtigt mit der durch verbotene Eigenmacht erlangten Geldautomatenkarte des O unter Kenntnis der PIN Geld ab, wäre § 263a Abs. 1 Var. 3 StGB nach der computerspezifischen Auffassung nicht verwirklicht, da der Geldautomat als solcher ordnungsgemäß bedient wird.

Nach der **subjektiven Auslegung** kommt es darauf an, ob der Täter gegen den ausdrücklichen oder mutmaßlichen Willen des Verfügungsberechtigten handelt (BayObLG, JR 1994, 289, 291; *Mitsch*, BT 2, S. 398). 713

Beispiel: 714
Im Geldautomatenfall (Rdn. 712) könnten Berechtigter insbesondere der berechtigte Karteninhaber, der Kontoinhaber, der Automatenaufsteller, der Kartenaussteller oder die kontoführende Bank sein.

Herrschend ist die **betrugsspezifische Auffassung**. Danach wird eine **Parallele zum Betrug** hergestellt und gefragt, ob ein Mensch an der Stelle des Computers getäuscht worden und einem Irrtum erlegen wäre (BGHSt 38, 120, 121 f.; BGH, NStZ 2016, 149, 150; *Kraatz*, Jura 2010, 36, 41). Für diese Sicht der h. M. sprechen Sinn und Zweck des § 263a StGB, der gerade die Lücke schließen soll, dass Automaten nicht getäuscht werden können (siehe Rdn. 561, 704). Entscheidend ist danach also, ob eine Täuschung und ein Irrtum vorlägen, falls die Handlung gegenüber einer natürlichen Person stattfinden würde. 715

Problematisch ist im Zusammenhang mit der betrugsspezifischen Auffassung, welche Anforderungen mit der **fiktiven Vergleichsperson** verbunden sind. Hierbei überzeugt es nicht, wenn nach einzelnen Entscheidungen des BGH (BGHSt 47, 160, 163; BGH, NStZ 2016, 149, 151) auf einen Bankangestellten abzustellen ist, der sich lediglich mit den Gesichtspunkten befasst, die auch der Computer prüft. Wenn man dies annimmt, besteht nämlich letztlich kein Unterschied zur computerspezifischen Auslegung. Richtigerweise ist daher darauf abzustellen, was der Täter gegenüber einem Bankangestellten (konkludent) erklären würde, falls er die Transaktion am Schalter vornimmt, und welcher Fehlvorstellung ein Bankangestellter dann unterliegt. 716

Beispiel: 717
Denkt man sich folglich im Geldautomatenfall (Rdn. 712) anstelle des Automaten einen Bankmitarbeiter, wäre dieser von A über dessen Berechtigung zur Geldabhebung (konkludent) getäuscht worden, indem dem Verhalten des A die Erklärung innewohnt, zur Abhebung berechtigt zu sein. Der Bankangestellte hätte sich – zumindest im Wege des sachgedanklichen Mitbewusstseins – insofern geirrt, sodass das Merkmal „unbefugt" zu bejahen ist.

718 **Ergänzender Hinweis:**
Im Fall des Missbrauchs am Geldautomaten verdrängt § 263a StGB etwaige gleichzeitig verwirklichte Eigentumsdelikte (dazu Rdn. 106).

719 Benutzt ein Nichtberechtigter die Karte und die PIN im **electronic-cash-Zahlungsverfahren (POS-Verfahren**; point of sale; dazu auch Rdn. 776), bei dem die Bank ein Zahlungsversprechen gegenüber dem Verkäufer abgibt, wird man unter Zugrundelegung einer betrugsspezifischen Auffassung konsequenterweise § 263a StGB verneinen müssen, da ein Verkäufer aufgrund der Zahlungsgarantie nicht irrt (so auch *Eisele*, BT II, Rdn. 681; *Rengier*, BT I, § 14 Rdn. 45; anders und § 263a StGB bejahend *Kindhäuser/Böse*, BT II, § 28 Rdn. 51 f.). Wird ohne Eingabe der PIN mit ec-Karte und Unterschrift des angeblichen Karteninhabers beim Händler bezahlt (elektronisches Lastschriftverfahren; **POZ-Verfahren**), geht es hingegen um § 263 StGB, da dort keine Garantie besteht, der Händler das Risiko trägt und sich folglich Gedanken macht. Erfolgt dieses Lastschriftverfahren an Selbstbedienungskassen, ist daher § 263a StGB erfüllt (*Rengier*, BT I, § 14 Rdn. 47; anders OLG Rostock, wistra 2020, 122, 125, das den fiktiven Kassierer mit einem zu engen Prüfungsumfang ausstattet; siehe dazu bereits Rdn. 716).

720 Problematisch ist, welche Grundsätze gelten, wenn jemand zur Geldabhebung **ermächtigt** wird, jedoch mehr als vereinbart abhebt.

721 **Beispiel:**
O ermächtigt den A unter Aushändigung der Geldkarte und Nennung der dazugehörigen PIN, vom Konto des O 200 Euro am Geldautomaten abzuheben. Tatsächlich hebt A 500 Euro ab.
Nach der computerspezifischen Auslegung wäre § 263a StGB zu verneinen, da eine Manipulation am Computer selbst nicht erfolgt. Die subjektivierende Auffassung könnte hingegen § 263a StGB bezüglich der 300 Euro bejahen, wenn man insofern auf den entgegenstehenden Willen des O abstellt. Problematisch ist, was nach der betrugsspezifischen Auslegung gilt: Danach würde A gegenüber einem Bankmitarbeiter erklären, er sei zur Abhebung von 500 Euro berechtigt, was nicht der Wahrheit entspricht. § 263a StGB ist daher nach zutreffender Ansicht erfüllt (so auch etwa Hilgendorf, JuS 1999, 542, 543; Otto, Jura 1993, 612, 614). Die Gegenansicht verneint § 263a StGB bei einer abredewidrigen Verwendung (siehe etwa BGH, NStZ 2005, 213; BGH, NStZ-RR 2022, 14, 16; OLG Düsseldorf, NStZ-RR 1998, 137; Jansen, JA 2017, 750, 755; beachte aber auch BGH, NStZ-RR 2017, 79 f., bei einer täuschungsbedingt überlassenen Karte: Ist die Bevollmächtigung Dritter vertraglich ausnahmslos ausgeschlossen, liege § 263a StGB vor). Der Täter habe die Verfügungsmacht über die Karte eingeräumt bekommen, sodass eine Täuschungsäquivalenz zu verneinen sei: Der Betreffende täusche nicht über sein Recht, die Karte zu benutzen (OLG Düsseldorf, NStZ-RR 1998, 137). Die Rechtsprechung bejaht aber dann bei der abredewidrigen Geldabhebung § 246 StGB (BGH, NStZ-RR 2022, 14, 16; BGH, BeckRS 2023, 45782).

722 **Ergänzender Hinweis:**
Nach BGH, NStZ 2016, 149, 151 sowie BGH, NStZ-RR 2022, 14, 16 und BGH, NStZ 2024, 679 soll § 263 StGB, nicht aber § 263a StGB vorliegen, wenn die Geldkarte samt PIN durch eine Täuschung erlangt und benutzt wird. Der Vergleichsmaßstab bei der betrugsspezifischen Prüfung im Rahmen des § 263a StGB beziehe sich nur auf Aspekte, die auch der Geldautomat kontrolliert, also auf die Übereinstimmung von Karte und PIN, die gegeben sei (siehe zu diesem Maßstab bereits die Kritik Rdn. 716. Ist eine Bevollmächtigung Dritter vertraglich ausnahmslos ausgeschlossen, soll aber nach BGH, NStZ-RR 2017, 79,

§ 263a StGB in Betracht kommen). Diese Ablehnung des § 263a StGB überzeugt noch weniger, da überhaupt keine Bevollmächtigung zur Abhebung erteilt wurde, die jedoch gegenüber einem fiktiven Bankmitarbeiter behauptet würde. Vielmehr greift § 263a StGB, der § 263 StGB bezüglich der Erlangung des Besitzes der Geldkarte, sofern man dies als Vermögensschaden ausreichen lässt (siehe dazu die Kritik in Rdn. 658), als mitbestrafte Vortat verdrängt (Wessels/Hillenkamp/Schuhr, BT 2, Rdn. 739).

Die hiesigen Überlegungen gelten entsprechend, wenn unberechtigt über das Internet mit fremden Zahlungskarten agiert wird. Zu beachten ist aber, dass im Sinne der betrugsspezifischen Auslegung ein Irrtum entfällt, wenn – wie etwa bei der Kreditkarte – eine Zahlungsgarantie besteht. **723**

Schließlich ist noch auf den Fall einzugehen, dass der **berechtigte Karteninhaber** sein Konto über den Dispositionskredit hinaus überzieht. **724**

Beispiel: **725**

A hat kein Guthaben mehr auf seinem Konto. Auch der eingeräumte Dispositionskredit ist erschöpft. Dennoch kann A noch 100 Euro mit der Karte am Automaten eines anderen Kreditinstituts als der kartenausgebenden Bank abheben.

Teilweise wird eine Strafbarkeit nach § 263a StGB verneint, da die Überziehung seitens der Bank geduldet werde (§ 263a StGB ablehnend etwa Eisele, BT II, Rdn. 685 f.; im Ergebnis auch BGHSt 47, 160, 163, wo wiederum auf einen fiktiven Bankangestellten abgestellt wird, der nur das prüfe, was auch der Computer abarbeitet; dazu Rdn. 716; Kraatz, Jura 2010, 36, 43; Kudlich, JuS 2003, 537, 540). Die Gegenansicht erachtet § 263a StGB für verwirklicht, da der fiktive Bankangestellte darüber getäuscht wird, dass der begehrte Betrag noch gedeckt ist (etwa Wessels/Hillenkamp/Schuhr, BT 2, Rdn. 740). Andere Autoren meinen, jedenfalls verdränge § 266b StGB (dazu Rdn. 777) den § 263a StGB (Kindhäuser/Hoven, NK, StGB, § 263a Rdn. 49).

§ 263a Abs. 1 Var. 4 StGB, also die **sonstige unbefugte Einwirkung auf den Ablauf**, soll Verhaltensweisen erfassen, die nicht bereits unter die anderen Varianten fallen. Eine unbefugte Einwirkung auf den Ablauf ist etwa anzunehmen, wenn jemand mittels Computerprogramms den Spielverlauf eines Geldspielautomaten manipuliert, sofern dann nicht schon die erste Variante einschlägig ist. **726**

Richtigerweise ist bei der bloßen Ausnutzung eines Defekts, den der Täter kennt (etwa: Trotz Geldabhebung wird das Konto nicht belastet; oder: Ein Spieler nutzt den Defekt eines Geldspielautomaten aus; KG, NStZ-RR 2015, 111, 112), § 263a StGB zu verneinen (*Wessels/Hillenkamp/Schuhr*, BT 2, Rdn. 738), da es sich nicht anders verhält als im Fall des Betrugs, wenn lediglich ein Irrtum ausgenutzt wird (dazu Rdn. 595). **727**

Wirft jemand in einen Warenautomaten Falschgeld ein, liegt § 242 StGB vor. Hier könnte man auch § 263a StGB bejahen, sofern man kein Exklusivitätsverhältnis zum Diebstahl annimmt und die Unmittelbarkeit der Verfügung zu bejahen ist. **728**

b) Beeinflussung des Ergebnisses eines Datenverarbeitungsvorgangs

Alle Modalitäten des § 263a StGB verlangen, dass durch sie das Ergebnis eines Datenverarbeitungsvorgangs beeinflusst wird. Hierbei genügt nach zutreffender Sicht auch das Ingangsetzen eines Datenverarbeitungsvorgangs (BGHSt 38, 120, 121). „Datenverarbeitungsvorgang" bedeutet, dass die Daten in codierter Form bearbeitet werden. Das Ergebnis des Datenverarbeitungsvorgangs muss vom Täter beeinflusst werden. Insoweit kann zum Verständnis dieser Voraussetzung die Parallele zur Vermögensverfü- **729** gung beim Betrug gezogen werden: Es muss so auf das Programm eingewirkt werden, dass es dadurch zu einer **unmittelbaren vermögensmindernden Aktion des Computers** kommt (BGH, NStZ 2013, 586, 587; BGH, NStZ 2024, 382, 383; *Rengier*, BT I, § 14 Rdn. 5).

730 Ebenso wie beim Betrug ist also mit § 263a StGB das Erfordernis der **Unmittelbarkeit** verbunden. Sie entfällt, sofern noch ein deliktischer Zwischenschritt des Täters erfolgt.

731 **Beispiele:**
A scannt an der Selbstbedienungskasse den Barcode eines günstigen Landweins, nimmt aber an dessen Stelle eine Champagnerflasche mit. Hier stellt die Mitnahme des Champagners einen eigenständigen deliktischen Zwischenschritt dar, sodass sich A wegen Diebstahls, mangels Unmittelbarkeit aber nicht gemäß § 263a StGB strafbar gemacht hat (OLG Hamm, NStZ 2014, 275, 276).
Entsprechendes gilt, wenn der Täter die Elektronik eines Fahrzeugs überwindet, um mit dem Fahrzeug wegfahren zu können.

c) Vermögensschaden

732 Ebenso wie der Betrug verlangt § 263a StGB den Eintritt eines **Vermögensschadens**. Insofern gelten die Ausführungen zum Betrug entsprechend (Rdn. 629 ff.). Beim Abheben von Geld am Geldautomaten durch einen Unberechtigten hat dabei die Bank den Vermögensschaden, denn sie hat gegen den Kontoinhaber keinen Anspruch auf Ersatz der Aufwendungen (§ 675u Abs. 1 BGB). Ein etwaiger Ersatzanspruch nach § 675v BGB ist als nachträgliche Kompensation unbeachtlich (siehe BGH, NStZ 2001, 315, 316).

d) Abschließende Bemerkungen

733 In subjektiver Hinsicht entspricht § 263a StGB dem § 263 StGB. Erforderlich ist also Vorsatz, Bereicherungsabsicht, Stoffgleichheit und Rechtswidrigkeit der erstrebten Bereicherung und der diesbezügliche Vorsatz. Zudem sind über § 263a Abs. 2 StGB die Regelungen in § 263 Abs. 2 bis 6 StGB anwendbar. Vorbereitungshandlungen normiert § 263a Abs. 3 StGB.

XIV. Erschleichen von Leistungen gemäß § 265a StGB

1. Der objektive Tatbestand

Die Vorschrift bezweckt ebenfalls den Vermögensschutz und enthält drei Tatmodalitäten. Dabei ist zu beachten, dass die **Entgeltlichkeit** bei allen Varianten **objektives Tatbestandsmerkmal** ist (*Hilgendorf/Valerius*, BT II, § 10 Rdn. 9), was sich neben dem von der Vorschrift bezweckten Vermögensschutz auch aus der erforderlichen Absicht ergibt, das Entgelt nicht zu entrichten. 734

a) Erschleichen der Leistung eines Automaten oder eines öffentlichen Zwecken dienenden Telekommunikationsnetzes

Unter einen **Automaten** fallen technische Geräte, deren Steuerung durch die Bezahlung eines Entgelts in Gang gesetzt wird und die dann Leistungen erbringen oder eröffnen (OLG Karlsruhe, NJW 2009, 1287, 1288; *Wessels/Hillenkamp/Schuhr*, BT 2, Rdn. 757). Erfasst sind **Leistungsautomaten** wie Musikautomaten oder Waagen. Umstritten ist, ob auch Warenautomaten, die zum Beispiel Lebensmittel, Fahrscheine oder Geld ausgeben, unter die Vorschrift fallen (befürwortend etwa *Fischer*, StGB, § 265a Rdn. 11 f.; *Rengier*, BT I, § 16 Rdn. 6; ablehnend OLG Düsseldorf, NJW 2000, 158; *Hellmann*, NK, StGB, § 265a Rdn. 18 ff.). Da der Wortlaut insofern keine Einschränkung enthält, erscheint es überzeugend, auch Warenautomaten als erfasst anzusehen, wobei dann aber auf Konkurrenzebene insbesondere die Subsidiarität zu § 242 StGB zu beachten ist. 735

Ein **Erschleichen** liegt hier vor, wenn es zu einer ordnungswidrigen Bedienung des Automaten kommt, indem zum Beispiel Falschgeld eingeworfen oder der Automat Erschütterungen ausgesetzt wird. Das unbefugte Abheben von Geld am Automaten erfüllt § 265a StGB, unabhängig davon, ob überhaupt Warenautomaten erfasst sind, deswegen nicht, da eine ordnungsgemäße, also technisch korrekte Bedienung vorliegt; zudem fehlt es oftmals an der Entgeltlichkeit. 736

Unter **öffentlichen Zwecken dienende Telekommunikationsnetze** fällt nicht nur das Telefon, sondern etwa auch Fernsehen, Radioempfang und das Internet. Rein private Netze (etwa das private WLAN) sind aber nicht erfasst. Auch hier ist für ein **Erschleichen** eine technisch ordnungswidrige Bedienung erforderlich. Das ist nicht der Fall, wenn ein Arbeitnehmer unbefugt Privatgespräche auf dem Dienstapparat führt. Auch beim Fernsehen ohne Bezahlung der Gebühren fehle es an einer Überlistung von Sicherungsmechanismen und damit am Erschleichen (so etwa *Wessels/Hillenkamp/Schuhr*, BT 2, Rdn. 754). 737

b) Erschleichen der Beförderung durch ein Verkehrsmittel

Ebenfalls beim **Verkehrsmittel** (etwa Bus, Straßenbahn, Gondel, Schiff, Taxi) ist die Entgeltlichkeit der Beförderung vorausgesetzt, dagegen muss es sich nicht zwingend um ein öffentliches Verkehrsunternehmen handeln. Vollendet ist die Tat bereits mit dem Beginn der Beförderung. 738

Problematisch und umstritten ist insbesondere hier, wann von einem **Erschleichen** auszugehen ist. Nach der engsten Auffassung ist es nur dann erfüllt, wenn **Kontroll- oder Sicherungsmaßnahmen umgangen oder ausgeschaltet** werden (etwa *Hoyer*, SK, StGB, § 265a Rdn. 21 f.; *Perron*, TK, StGB, § 265a Rdn. 11). Der BGH lässt jedoch bereits ausreichen, dass der Betreffende das Verkehrsmittel **unbefugt** benutzt und er 739 sich dabei gegenüber einem gedachten objektiven Beobachter (nicht unbedingt gegenüber dem Verkehrsunternehmen) mit dem **Anschein umgibt, er erfülle die Geschäftsbedingungen des Betreibers** (BGHSt 53, 122, 127 f.), der Täter sich also mit dem **Anschein der Ordnungsmäßigkeit** umgibt. Das sei bereits der Fall, wenn sich jemand bloß ohne Fahrkarte befördern lasse. Demgegenüber wird von Teilen der Literatur dies für sich genommen nicht als ausreichend erachtet und darüber hinaus zumindest verlangt, dass der Täter ein **verdeckendes oder verschleierndes Verhalten** annimmt (etwa durch „Entwerten“ eines ungültigen Fahrausweises oder Durchschreiten von Sperren; *Wessels/Hillenkamp/Schuhr*, BT 2, Rdn. 755), was bei einem schlichten Schwarzfahren nicht gegeben sei.

740 Protestiert jemand offen und klar gegen zu hohe Fahrpreise und verteilt in der Bahn insofern Flugblätter, ist nach BayObLG, NJW 1969, 1042, 1043, kein Erschleichen gegeben. Der Anschein der Ordnungsgemäßheit sei aber nicht schon erschüttert bei einem an der Kleidung angebrachten Zettel oder Aufnäher mit der Aufschrift „Ich fahre schwarz“ oder „Ich fahre umsonst“ (OLG Frankfurt, BeckRS 2016, 112425; OLG Köln, BeckRS 2015, 16686; KG, NJW 2011, 2600, 2601).

c) Erschleichen des Zutritts zu einer Veranstaltung oder Einrichtung

741 **Veranstaltungen** sind etwa Sportevents, Konzerte, Kinovorstellungen oder Vortragsabende, für die ein Entgelt zu zahlen ist. Unter die **Einrichtung** fallen einem größeren Kreis von Personen zur Verfügung stehende Sachgesamtheiten (*Wessels/Hillenkamp/Schuhr*, BT 2, Rdn. 758) wie Museen oder Vergnügungsparks, wobei der Zutritt gegen Entgelt erfolgt, nicht hingegen öffentliche Parkplätze. Bei dieser Variante soll die Tatbestandsmäßigkeit entfallen, wenn keine Kontrollen ausgeschaltet oder umgangen werden (*Fischer*, StGB, § 265a Rdn. 25; *Hilgendorf/Valerius*, BT II, § 10 Rdn. 13; *Saliger*, Satzger/Schluckebier/Werner, StGB, § 265a Rdn. 19).

2. Der subjektive Tatbestand

742 Der Vorsatz muss sich auch auf die Entgeltlichkeit beziehen, sodass er entfällt, wenn jemand irrtümlich von Unentgeltlichkeit ausgeht. Hinzukommen muss die Absicht, das Entgelt gar nicht oder nicht vollumfänglich zu entrichten. Erforderlich ist dolus directus 1. Grades. Hat jemand sein gültiges Monatsticket bei der Fahrt lediglich vergessen, fehlt die Absicht, das Entgelt nicht zu entrichten (siehe OLG Koblenz, NJW 2000, 86, 87).

3. Die Subsidiaritätsklausel

743 Wie bei § 246 StGB ist die Reichweite der Subsidiaritätsklausel umstritten (siehe zur Unterschlagung Rdn. 391 f.). Während einige Autoren § 265a StGB nur gegenüber Bestimmungen mit vergleichbarer Schutzrichtung als subsidiär erachten, geht die Rechtsprechung davon aus, dass Normen mit einer solchen Subsidiaritätsklausel durch sämtliche Vorschriften verdrängt werden, die eine schwerere Strafdrohung aufweisen, unabhängig von der jeweiligen Schutzrichtung.

XV.
Untreue gemäß § 266 StGB

Ebenfalls um Vermögensschutz geht es bei der Untreue; wie bei § 263 StGB wird der Eintritt eines Vermögensschadens vorausgesetzt. Typisch für diese Strafnorm ist, dass der Täter fremdes Vermögen schädigt, indem er eine vermögensrelevante Vertrauensstellung ausnutzt (*Joecks/Jäger*, StGB, § 266 Rdn. 1), so etwa, wenn ein Vermögensverwalter das ihm anvertraute Geld für persönliche Zwecke verbraucht. 744

1. Der objektive Tatbestand

Die Vorschrift des § 266 StGB enthält zwei Alternativen: § 266 Abs. 1 Alt. 1 StGB bezeichnet man als **Missbrauchsvariante**; sie ist lex specialis zu § 266 Abs. 1 Alt. 2 StGB, also zu der **Treubruchvariante**. Nach dem BVerfG ist die Vorschrift mit dem Bestimmtheitsgebot des Art. 103 Abs. 2 GG zu vereinbaren (BVerfGE 126, 170, 200). 745

a) Missbrauchsvariante gemäß § 266 Abs. 1 Alt. 1 StGB

Kennzeichnend für die erste Alternative ist ein **Handeln im Rahmen des rechtlichen Könnens** (Außenverhältnis), jedoch **außerhalb des rechtlichen Dürfens** (Innenverhältnis) zum Nachteil des betreuten Vermögens (BGHSt 5, 61, 63). Im Einzelnen: 746

Der Täter muss zunächst überhaupt die wirksam eingeräumte **Befugnis** haben, über fremdes Vermögen zu verfügen oder einen anderen zu verpflichten. Diese Befugnis wird dabei eingeräumt durch Gesetz (z. B. beim Betreuer gemäß §§ 1896 ff. BGB), behördlichen Auftrag oder Rechtsgeschäft. Die durch Rechtsgeschäft eingeräumte Befugnis, also eine solche durch Vollmacht oder Ermächtigung, ist dabei in der Praxis besonders wichtig. Sie liegt etwa vor bei Prokuristen, Vorständen von Vereinen und Aktiengesellschaften, geschäftsführenden Gesellschaftern bei der Gesellschaft bürgerlichen Rechts, OHG sowie KG und beim Geschäftsführer einer GmbH. 747

Nach der Rechtsprechung und überwiegenden Ansicht im Schrifttum verlangt dabei nicht nur die zweite, sondern auch die erste Alternative eine inhaltlich identische **Vermögensbetreuungspflicht** (BVerfGE 126, 170, 209; BGHSt 47, 187, 192; *Lackner/Kühl/Heger*, StGB, § 266 Rdn. 4; *Renzikowski*, Matt/Renzikowski, StGB, § 266 Rdn. 7), wonach die Betreuung fremder Vermögensinteressen eine **wesentliche Pflicht** sein muss. Sie ist persönliches Merkmal im Sinne des § 28 Abs. 1 StGB (BGHSt 26, 53, 54) und wird näher im Zusammenhang mit der zweiten Alternative des § 266 StGB dargestellt (Rdn. 758 ff.). 748

Tathandlung ist der **Missbrauch der Befugnis**. Das bedeutet nichts anderes, als dass der Täter **im Außenverhältnis rechtsgeschäftlich oder hoheitlich wirksame** Handlungen vornimmt, die er jedoch nach der Verabredung **im Innenverhältnis nicht vornehmen darf**. 749

Beispiel: 750
A ist Prokurist bei dem O, der landwirtschaftliche Fahrzeuge verkauft. Intern ist vereinbart, dass A ohne Zustimmung des O keine Maschinen verkaufen darf, die einen Wert über 50.000 Euro haben. Dennoch veräußert der A an den B einen Traktor für 80.000 Euro.
Als Prokurist hat A eine rechtsgeschäftlich eingeräumte Befugnis. Gemäß § 49 HGB ist A zu dem Geschäft ermächtigt, gemäß § 50 HGB ist das Rechtsgeschäft wirksam. Intern war aber A nicht zur Veräußerung befugt. Damit liegt ein Miss-

brauch der Befugnis vor, indem das Rechtsgeschäft nach außen wirksam ist, A es jedoch nach dem Innenverhältnis nicht vornehmen durfte. Weitere Voraussetzung ist dann natürlich noch, dass es durch den Missbrauch zum Eintritt eines Vermögensschadens kommt.

751 § 266 Abs. 1 Alt. 1 StGB ist nicht einschlägig bei Handlungen, die außerhalb des rechtlichen Könnens liegen, wozu auch ein kollusives Verhalten zählt, bei dem der Täter mit einem Dritten bösgläubig zum Nachteil des Vermögensinhabers zusammenwirkt. Auch genügt die Wirksamkeit aufgrund einer Duldungs- oder Anscheinsvollmacht nicht (BGH, wistra 1992, 66). Ebenso wenig reicht der gutgläubige Erwerb nach § 932 BGB. Dann ist aber § 266 Abs. 1 Alt. 2 StGB zu erörtern.

752 § 266 Abs. 1 Alt. 1 StGB kann auch durch ein Unterlassen verwirklicht werden, wobei die Garantenstellung aus der Vermögensbetreuungspflicht resultiert. Hierbei ist nach Ansicht des BGH § 13 Abs. 2 StGB entsprechend anzuwenden (BGHSt 36, 227).

753 Zu beachten ist, dass ein **Einverständnis** des Vermögensinhabers automatisch das rechtliche Dürfen erweitert und damit zum Tatbestandsausschluss führt (*Wessels/Hillenkamp/Schuhr*, BT 2, Rdn. 860).

754 Problematisch ist, ob eine **gravierende Pflichtverletzung** zu verlangen ist. Der 1. Strafsenat des BGH hat diese Voraussetzung im Zusammenhang mit **unternehmerischen Entscheidungen** und dem damit verbundenen Ermessensspielraum insbesondere bei Kreditvergaben und beim Sponsoring aufgestellt (BGHSt 47, 148, 152 f.; BGHSt 47, 187, 197; siehe ebenfalls den 5. Strafsenat: BGH, NStZ 2013, 715; BGH, NJW 2017, 578). Das BVerfG befürwortet das Erfordernis in seiner „tatbestandsbegrenzenden Funktion" (BVerfGE 126, 170, 210 f.), wohingegen der 3. Strafsenat des BGH (vor der Entscheidung des BVerfG) im Bereich der Gewährung von Vorstandsbezügen bei einer AG die Auffassung vertreten hatte, eine gravierende Pflichtverletzung sei nicht erforderlich (BGHSt 50, 331, 343 ff.). Dagegen zieht der 3. Strafsenat des BGH den Gesichtspunkt der gravierenden Pflichtverletzung in einer Entscheidung aus dem Jahr 2015 (BGHSt 61, 48, 65) heran: Diese Einschränkung spiegele der Sache nach nur den weiten Beurteilungs- und Ermessenspielraum wider, ohne den unternehmerische Entscheidungen nicht möglich seien. Die Überschreitung dieses Spielraums stellt also letztlich gleichzeitig eine gravierende Pflichtverletzung dar.

755 Aus dem Missbrauch muss im Hinblick auf das zu betreuende Vermögen ein **Vermögensnachteil** entstehen. Hierbei kann man sich im Grundsatz an den Ausführungen zum Vermögensschaden beim Betrug orientieren (Rdn. 629 ff.). Dabei muss Unmittelbarkeit zwischen der Pflichtverletzung und dem Schaden bestehen (BGH, NStZ 2020, 157; anders *Perron*, TK, StGB, § 266 Rdn. 39). Ergänzend ist anzumerken: Wenn auch bei der Untreue der Vermögensausfall eine größere Rolle spielt als bei § 263 StGB, gilt ebenfalls für § 266 StGB, dass bloße ungewisse Erwerbschancen für einen Nachteil nicht ausreichen, vielmehr muss eine gesicherte Vermögensaussicht bestehen (siehe BGHSt 31, 232, 234 f.).

756 Stehen mehrere Handlungen in einem engen wirtschaftlichen Zusammenhang, sind sie bei der Schadensberechnung als Gesamtheit zu betrachten. Zudem ist ein Nachteil dann zu verneinen, wenn er durch gleichzeitig eintretende wirtschaftliche Vorteile ausgeglichen wird. Er fehlt nach der Rechtsprechung auch, falls der Täter eigene flüssige Mittel ständig zum Ersatz bereithält (BGHSt 15, 342, 344) und er auch subjektiv zum Ausgleich bereit ist (BGH, NStZ 2015, 277; *Hilgendorf/Valerius*, BT II, § 11 Rdn. 33).

757 Ebenfalls bei der Untreue wird von der Rechtsprechung die schadensgleiche Vermögensgefährdung anerkannt, was hier noch problematischer als beim Betrug ist, da der Versuch der Untreue nicht unter Strafe steht. Verlangt wird hierbei ausgehend von der Rechtsprechung des BVerfG (BVerfGE 126, 170, 229; siehe Rdn. 655) ebenfalls eine Konkretisierung der Schadenshöhe, also die Bezifferung des Schadens. Da das Merk-

mal des Vermögensschadens selbstständig neben der Pflichtverletzung steht, dürfen beide Voraussetzungen nicht „verschleifen“, sodass eigenständige Feststellungen zum Vermögensschaden geboten sind.

b) Treubruchvariante gemäß § 266 Abs. 1 Alt. 2 StGB

Täter des § 266 Abs. 1 Alt. 2 StGB kann nur derjenige sein, der eine **Vermögensbetreuungspflicht** innehat, die ihm kraft Gesetzes, behördlichen Auftrags, Rechtsgeschäfts oder eines Treueverhältnisses obliegt. Von dem letzteren Fall werden insbesondere zwei Konstellationen erfasst: einmal zivilrechtlich nicht wirksam entstandene Betreuungsverhältnisse, bei denen sich dennoch ein tatsächliches Herrschaftsverhältnis über das fremde Vermögen ergeben hat, wie dies beim faktischen Geschäftsführer der Fall ist; zum anderen fallen zivilrechtlich erloschene Betreuungsverhältnisse darunter, sofern die Herrschaftsbeziehung über das Vermögen fortbesteht. 758

Wichtig ist, dass **besondere Anforderungen** an eine Vermögensbetreuungspflicht gestellt werden, wobei folgende Kriterien Anhaltspunkte bieten: So muss es sich um eine besonders herausgehobene Pflicht handeln. Sie muss **eine Hauptpflicht** sein, also eine solche, die nicht nur eine untergeordnete Rolle spielen darf. Weiterhin ist erforderlich, dass die Möglichkeit zu eigenverantwortlichen, **selbstständigen Entscheidungen** innerhalb eines gewissen Ermessenspielraums gegeben ist (BGHSt 62, 144, 147; BGH, NJW 2018, 1486, 1488). Keine Vermögensbetreuungspflicht haben daher normalerweise etwa Boten oder Verkäufer inne, auch allgemeine Vertragspflichten bedeuten nicht bereits das Vorliegen einer Vermögensbetreuungspflicht. 759

Dementsprechend hat ein **Kreditsachbearbeiter** eine solche Vermögensbetreuungspflicht inne, falls er einen eigenverantwortlich wahrzunehmenden Entscheidungsspielraum hat und nicht nur die zu erfüllenden Pflichten in allen Einzelheiten vorgegeben sind (BGH, NStZ 2013, 40, 41). Entsprechendes gilt für **Anlageberater** (BGH, NStZ 1991, 489). Anzunehmen ist sie etwa auch bei dem **Geschäftsführer einer GmbH** oder bei **Vorstandsmitgliedern der AG**. Als Täter kommen weiterhin u. a. in Betracht: Filialleiter, Insolvenzverwalter, Notare und Rechtsanwälte. Auch hat der Vermieter bei der Wohnraummiete im Hinblick auf die Mietkaution (siehe § 551 Abs. 3 BGB) nach dem BGH eine Vermögensbetreuungspflicht (BGHSt 41, 224; a. A. OLG Düsseldorf, wistra 1994, 33; *Lackner/Kühl/Heger*, StGB, § 266 Rdn. 12). Ein Kassierer, der Geld einkassiert, verwaltet und abliefert, hat einen eigenverantwortlichen Entscheidungsspielraum (BGH, wistra 1989, 60, 61). Eine derartige Selbstständigkeit fehlt aber normalerweise den Kassierern im Supermarkt (*Rengier*, BT I, § 18 Rdn. 36; a. A. LG Bonn, JMBlNW 1968, 199, 200). 760

Der BGH geht dabei davon aus, dass selbst bei gesetzes- oder sittenwidrigen Geschäften eine Vermögensbetreuungspflicht gegeben sein kann (siehe BGH, NStZ-RR 1999, 184, 185 f.: Auftragswidrige spekulative Anlage von aus Bestechungsgeldern gesammelten Geldmitteln; § 266 StGB dagegen ablehnend etwa *Kindhäuser/Hoven*, NK, StGB, § 266 Rdn. 42). § 266 StGB scheidet aber aus, wenn lediglich eine gesetzeswidrige Abrede nicht vollzogen wird (BGHSt 8, 254, 258). 761

Tathandlung ist die **Verletzung der Pflicht** zur Betreuung fremden Vermögens. Nicht nur rechtsgeschäftliches Handeln wie bei § 266 Abs. 1 Alt. 1 StGB, sondern insbesondere auch die rein tatsächliche Einwirkung auf das zu betreuende Vermögen wird von der zweiten Variante erfasst, so etwa, wenn der Pflichtige ihm anvertrautes Geld zur privaten Verwendung entnimmt. In Betracht kommt auch ein Unterlassen, wobei dann § 13 Abs. 2 StGB zu beachten ist (BGHSt 36, 227; a. A. etwa *Eisele*, BT II, Rdn. 884). 762

Stets bedarf es – sowohl bei der ersten als auch bei der zweiten Alternative – der Prüfung, worauf sich die spezifische Vermögensbetreuungspflicht bezieht. Nur wenn vermögensschützende Pflichten verletzt werden, kann § 266 StGB einschlägig sein. Auf 763 den Aspekt der gravierenden Pflichtverletzung ist bereits hingewiesen worden (Rdn. 754).

764 Im Bereich der **Anlageberatung** ist etwa von einer Pflichtverletzung auszugehen, wenn Geld abredewidrig gar nicht angelegt wird oder Wertpapierdepots allein zu dem Zweck umgeschichtet werden, Provisionen zu erhalten (**„churning“**). Bei **Risikogeschäften** liegt eine Pflichtverletzung vor, wenn der Betreffende zu derartigen Transaktionen gar nicht befugt ist. Sind sie erlaubt, ist das Eingehen von Risiken als treuwidrig zu erachten, die sich nach dem Zweck des erteilten Auftrags als evident unvertretbar erweisen (*Fischer*, StGB, § 266 Rdn. 67). Im Bereich **unternehmerischer Entscheidungen** billigt die Rechtsprechung einen weiten Handlungsspielraum zu: Eine Pflichtverletzung des Vorstands sei immer nur dann zu bejahen, wenn ein schlechthin unvertretbares Vorstandshandeln vorliegt (BGH, NJW 2017, 578, 579). Beim **Sponsoring** sei von einer gravierenden Pflichtverletzung auszugehen bei einer fehlenden Nähe zum Unternehmensgegenstand, Unangemessenheit im Hinblick auf die Ertragslage, fehlender innerbetrieblicher Transparenz sowie bei sachwidrigen Motiven (BGHSt 47, 187, 192 ff., 197). Gewährt der Aufsichtsrat einer AG dem Vorstand eine im Dienstvertrag nicht vereinbarte Sonderzahlung, die ausschließlich belohnenden Charakter hat und der Gesellschaft keinen Nutzen bringt (**kompensationslose Anerkennungsprämie**), liege eine treuwidrige Verschwendung des anvertrauten Gesellschaftsvermögens vor, ohne dass (zusätzlich) eine gravierende Pflichtverletzung erforderlich sei (BGHSt 50, 331). **„Schwarze Kassen“** bei einer GmbH oder AG, um Schmiergeldzahlungen leisten zu können, verletzen in gravierender Weise Sorgfaltspflichten eines ordentlichen Kaufmanns gegenüber der Gesellschaft (BGHSt 55, 266, 277). Bei der **Kreditvergabe** ist für eine Pflichtverletzung maßgeblich, ob die Entscheidungsträger ihre banküblichen Informations- und Prüfungspflichten bezüglich der wirtschaftlichen Verhältnisse des Kreditnehmers gravierend verletzt haben (BGHSt 47, 148, 149).

765 Bei einem **Einverständnis** entfällt die Pflichtverletzung, sodass es tatbestandsausschließend wirkt. Problematisch kann dies bei Zustimmungen eines Willensbildungsorgans einer Gesellschaft sein.

766 **Beispiel:**
Geschäftsführer A der O-GmbH greift mit Zustimmung sämtlicher Gesellschafter in das Stammkapital der GmbH ein.
Teilweise geht man im Schrifttum davon aus, aufgrund der Zustimmung der Gesellschafter scheide die Untreuestrafbarkeit aus (Perron, TK, StGB, § 266 Rdn. 21b). Die Gegenauffassung will § 266 StGB annehmen, wenn es sich um eine existenzgefährdende Maßnahme handele oder § 30 GmbHG (Stammkapital) verletzt sei (Brammsen, DB 1989, 1609, 1614 f.; Zieschang, FS Kohlmann, S. 351, 354 ff.). Auch der BGH meint, § 266 StGB sei zu bejahen, wenn durch die Zustimmung eine konkrete Existenzgefährdung für die Gesellschaft entstehe, was jedenfalls bei einem Angriff auf das Stammkapital anzunehmen sei (BGH, NJW 2012, 2366, 2369). Dem ist zuzustimmen, denn eine solche Zustimmung ist gegenüber der GmbH, die eine eigene Rechtspersönlichkeit aufweist, treuwidrig und damit nichtig und kann folglich nicht von der Strafbarkeit befreien.

767 Auch bei § 266 Abs. 1 Alt. 2 StGB muss es aufgrund der Pflichtverletzung zum Eintritt eines Vermögensnachteils kommen. Hier gelten die Ausführungen zu § 266 Abs. 1 Alt. 1 StGB entsprechend (Rdn. 755 ff.).

2. Der subjektive Tatbestand

Der Vorsatz muss sich auf die eingeräumte Vermögensbetreuungspflicht, die Pflichtverletzung sowie auf die Herbeiführung eines Vermögensnachteils für das betreute Vermögen richten. Es genügt dolus eventualis. Ein besonderes subjektives Merkmal ist nicht vorausgesetzt. **768**

3. Abschließende Hinweise

Der Versuch der Untreue ist nicht strafbar. § 266 Abs. 2 StGB verweist auf §§ 243 Abs. 2, 247, 248a, 263 Abs. 3 StGB, die entsprechend gelten. **769**

§ 266 Abs. 1 Alt. 1 StGB ist lex specialis gegenüber § 266 Abs. 1 Alt. 2 StGB. § 246 Abs. 2 StGB besitzt eine identische Strafandrohung wie § 266 StGB, tritt aber nach dem BGH hinter § 266 StGB zurück (BGH, wistra 1991, 213, 214). **770**

XVI. Missbrauch von Scheck- und Kreditkarten gemäß § 266b StGB

771 Nicht nur die in systematischer Hinsicht vorhandene Nähe zu § 266 StGB, sondern auch der Wortlaut des § 266b StGB (es geht um den Missbrauch einer durch die Überlassung einer Scheck- oder Kreditkarte eingeräumten Möglichkeit) zeigen hinreichend, dass es sich um ein untreueähnliches Delikt handelt, das ebenso wie die Untreue den Eintritt eines Vermögensschadens voraussetzt. Der Versuch ist wie bei § 266 StGB nicht unter Strafe gestellt. Gemäß § 266b Abs. 2 StGB gilt § 248a StGB entsprechend.

1. Der objektive Tatbestand

772 Die Bestimmung enthält zwei Alternativen, nämlich entweder den Missbrauch einer überlassenen Scheckkarte oder den einer überlassenen Kreditkarte.

773 Tauglicher Täter des § 266b StGB kann nur derjenige sein, dem die Scheck- oder Kreditkarte überlassen wurde, also ein **berechtigter Karteninhaber**. Es handelt sich insofern um ein **echtes Sonderdelikt**. § 28 Abs. 1 StGB findet Anwendung. Überlässt der berechtigte Karteninhaber einem anderen seine Karte zum vertragswidrigen Gebrauch, ist § 266b StGB nicht einschlägig.

774 Im Hinblick auf den **Scheckkartenmissbrauch** gemäß § 266b Abs. 1 Alt. 1 StGB ist zu beachten, dass man bis zum 31.12.2001 Scheck und Scheckkarte zur Bezahlung benutzte. Stimmten auf beiden Trägern Kontonummer und Unterschrift überein, gab die ausstellende Bank eine Zahlungsgarantie bis 400 DM. Seit dem 1.1.2002 gibt es diese Art der Verwendung jedoch nicht mehr.

775 Heute geht es um die sogenannte **Maestro-Karte**. Sie kann einmal im **POZ-Verfahren** eingesetzt werden, bei dem ein Kunde Ware kauft und bei der Bezahlung zwar die Karte benutzt, aber keine PIN-Eingabe erfolgt, sondern lediglich ein Beleg unterschrieben wird. In diesem Fall übernimmt das Kreditinstitut keine Zahlungsgarantie; der Kunde erteilt lediglich eine Ermächtigung zum Lastschrifteinzug. Der Händler trägt das Zahlungsrisiko. Auf diesen Fall ist § 266b StGB nicht anwendbar, da kein garantierter oder garantieähnlicher Anspruch des Verkäufers gegen die Bank besteht.

776 Dagegen erfolgt beim **POS-Verfahren** (electronic-cash-Verfahren; point of sale) die Verwendung der Karte unter Eingabe der PIN in das Kartenlesegerät. Dann hat der Verkäufer einen direkten Anspruch auf Zahlung gegen die kartenausstellende Bank, die ein abstraktes Schuldversprechen abgibt. Insoweit wird unterschiedlich beurteilt, ob § 266b StGB anwendbar ist, wenn der Karteninhaber in diesem Verfahren die Karte verwendet, obwohl keine Kontodeckung besteht. Teilweise verneint man § 266b StGB, da die Maestrokarte keine Garantiefunktion aufweise und folglich keine Scheckkarte sei. Der Wortlaut verbiete es, die Maestrokarte als Scheckkarte anzusehen (*Rengier*, BT I, § 19 Rdn. 2). Ebenso wenig handele es sich um eine klassische Kreditkarte (*Wessels/Hillenkamp/Schuhr*, BT 2, Rdn. 900). Die Gegenansicht erachtet § 266b StGB für anwendbar (siehe etwa *Kindhäuser/Hoven*, NK, StGB, § 266b Rdn. 17, 21; *Weber*, JZ 1987, 215, 217), da im POS-Verfahren die kartenausstellende Bank zum Ausgleich verpflichtet sei.

777 Ebenso umstritten ist der Fall, dass jemand seine Maestrokarte an dem Geldautomaten eines fremden Kreditinstituts einsetzt (§ 266b StGB befürwortend BGHSt 47, 160, 164 f.; *Mitsch*, JZ 1994, 877, 881). Hier ist die kartenausgebende Bank aufgrund Vereinbarung ebenfalls verpflichtet, dem Kreditinstitut den abgehobenen Betrag auszugleichen, selbst wenn das Konto des Karteninhabers keine Deckung aufweist.

Dagegen findet § 266b StGB mangels Drei-(Vier-)Partner-Systems jedenfalls keine Anwendung auf den Fall, dass der Maestro-Karteninhaber an dem Automaten seiner kartenausgebenden Bank Geld abhebt, obwohl sein Konto nicht gedeckt ist. Hier wird nämlich von der kartenausgebenden Bank nicht gegenüber einem Dritten, dessen Leistungen der Karteninhaber in Anspruch nimmt, Zahlung (im weiteren Sinne) garantiert (BGHSt 47, 160, 165 f.; kein Drei-Partner-System, das § 266b StGB voraussetze). 778

Bei einer **Kreditkarte** ist § 266b Abs. 1 Alt. 2 StGB anwendbar. In diesem Fall wird von dem kartenausstellenden Institut eine **Zahlungsgarantie** abgegeben, wenn der Karteninhaber die Kreditkarte bei einem Dritten (Vertragsunternehmen) einsetzt (**Drei-Partner-System oder Vier-Partner-System**, bei dem zusätzlich ein Unternehmen eingeschaltet ist, das die Garantie gibt, wobei dieses Unternehmen wiederum von der kartenausgebenden Bank Ausgleich verlangen kann). 779

Beachte ergänzend: § 263 StGB scheidet in diesen Fällen aus, da aufgrund der Garantie kein Irrtum beim Dritten hervorgerufen wird (BGHSt 33, 244, 249 f.). § 266 StGB kommt nicht in Betracht, da der Kreditkarteninhaber keine Vermögensbetreuungspflicht hat (BGHSt 33, 244, 250 f.). 780

Dagegen findet § 266b StGB nach h. M. mangels Drei-(Vier-)Partner-Systems keine Anwendung auf die **Kundenkreditkarte**, mit welcher der Karteninhaber nur bei dem ausstellenden Unternehmen agieren kann (**Zwei-Partner-System**) und bei der keine Zahlungsgarantie besteht (BGHSt 38, 281, 283; *Radtke*, MK, StGB, § 266b Rdn. 25). 781

Vorausgesetzt ist in beiden Alternativen des § 266b StGB ein **Missbrauch**, also ein Handeln im Rahmen des rechtlichen Könnens, aber außerhalb des rechtlichen Dürfens. Der Kunde verstößt folglich intern gegen die Pflichten aus dem Vertrag. Dadurch muss dann ein **Vermögensschaden** bei dem Institut eintreten. Hinsichtlich des Vermögensschadens gelten die Darlegungen zu §§ 263, 266 StGB entsprechend (siehe Rdn. 629 ff. sowie Rdn. 755 ff.). 782

2. Der subjektive Tatbestand

In subjektiver Hinsicht genügt dolus eventualis. Ein besonderes subjektives Merkmal wird nicht vorausgesetzt. 783

XVII. Erpressung gemäß § 253 StGB und Räuberische Erpressung gemäß § 255 StGB

784 Bei den §§ 253, 255 StGB geht es neben dem Schutz der Willensentschließungsfreiheit um den Schutz des Vermögens. Die Vorschriften setzen nämlich zur Vollendung den Eintritt eines Vermögensnachteils voraus. Bereits dieser Umstand offenbart die enge Verwandtschaft insbesondere zum Betrug gemäß § 263 StGB, der ja ebenfalls den Eintritt eines Vermögensschadens verlangt und damit ein Vermögensdelikt im engeren Sinne darstellt.

1. Der objektive Tatbestand

785 Während es bei § 253 StGB wie bei § 240 StGB um die Nötigungsmittel „Gewalt" oder „Drohung mit einem empfindlichen Übel" geht, verlangt § 255 StGB „Gewalt gegen eine Person" oder „Drohungen mit gegenwärtiger Gefahr für Leib oder Leben", also qualifizierte **Nötigungsmittel**. In objektiver Hinsicht ist das der einzige Unterschied zwischen § 253 StGB und § 255 StGB. Dabei gelten in Bezug auf diese in § 255 StGB genannten Nötigungsmittel die Ausführungen zu § 249 StGB entsprechend (Rdn. 414 ff.).

786 Ein anderer muss aufgrund der Nötigung zu einer Handlung, Duldung oder Unterlassung genötigt werden. Hierbei handelt es sich um die umstrittenste Voraussetzung der (Räuberischen) Erpressung. Es geht nämlich an dieser Stelle um die Frage, welche **Qualität das abgenötigte Verhalten** haben muss (siehe dazu bereits Rdn. 426 ff.). Weiterhin ist zur Vollendung der Eintritt eines **Vermögensschadens** erforderlich. Schließlich muss der Einsatz der Nötigungsmittel **objektiv kausal** für den abgenötigten Vermögensschaden sein.

787 Im Hinblick auf die **Qualität des abgenötigten Verhaltens** ist **umstritten**, ob §§ 253, 255 StGB eine **Vermögensverfügung** voraussetzen oder nicht.

788 Der **BGH** geht in **ständiger Rechtsprechung** (BGHSt 7, 252, 255; BGHSt 41, 123, 126; ebenso Teile des Schrifttums, etwa *Hecker*, JA 1998, 300, 305; *Rönnau*, JuS 2012, 888, 891) davon aus, dass keine besonderen Anforderungen an das abgenötigte Verhalten zu stellen sind. Insbesondere bedeutet dies, dass die Rechtsprechung bei §§ 253, 255 StGB keine Vermögensverfügung verlangt. Vielmehr kann das abgenötigte Verhalten auch eine Wegnahme sein. Hierbei wird die Abgrenzung von § 249 StGB einerseits und §§ 253, 255 StGB andererseits nach dem **äußeren Erscheinungsbild** vorgenommen. Das bedeutet:

789 Liegt nach dem **äußeren Erscheinungsbild** ein **Nehmen** vor, sind objektiv sowohl **§ 249 StGB** als auch **§§ 253, 255 StGB** erfüllt, denn die Räuberische Erpressung ist ja nach der Rechtsprechung auch bei einer Wegnahme tatbestandlich gegeben. Hierbei verdrängt jedoch § 249 StGB als **lex specialis** den §§ 253, 255 StGB auf Konkurrenzebene. Falls § 249 StGB aber etwa daran scheitert, dass dem Täter die Zueignungsabsicht fehlt, hat §§ 253, 255 StGB eigenständige Bedeutung.

790 Liegt nach dem **äußeren Erscheinungsbild** ein **Geben** vor, entfällt § 249 StGB mangels Wegnahme. Erfüllt ist dann aber §§ 253, 255 StGB.

791 Nach der herrschenden Auffassung im **Schrifttum** (*Bosch*, TK, StGB, § 253 Rdn. 8 f.; *Lackner/Kühl/Heger*, StGB, § 253 Rdn. 3; *Rengier*, BT I, § 11 Rdn. 13, 29; *Sander*, MK, StGB, § 253 Rdn. 13 ff.) **schließen** sich **§ 249 StGB** einerseits und **§§ 253, 255 StGB** andererseits **gegenseitig aus**. Während der Raub nur erfüllt ist, falls es um eine Wegnahme geht, verlange **§§ 253, 255 StGB das Vorliegen einer Vermögensverfügung**,

also einer willentlichen Handlung, Duldung oder Unterlassung, die sich unmittelbar vermögensmindernd auswirkt. §§ 253, 255 StGB sei also kein Fremdschädigungsdelikt wie Diebstahl und Raub, sondern ein Selbstschädigungsdelikt wie der Betrug. Hierbei ist im Einzelnen innerhalb der Lehre umstritten, wann von einer Vermögensverfügung im Sinne der §§ 253, 255 StGB auszugehen ist:

Im Grundsatz wird nach der überwiegenden Ansicht im Schrifttum die Frage, ob eine **792**
Vermögensverfügung vorliegt, ausgehend von der **Vorstellung des Opfers** beurteilt: Soweit das Opfer davon ausgeht, dass es eine das Vermögen bewahrende Verhaltensalternative hat oder seine **Mitwirkung erforderlich** ist, damit der Täter die Sache erlangt, liege eine Vermögensverfügung und damit §§ 253, 255 StGB vor. Meint jedoch das Opfer, die Sache sei dem Täter ohnehin ausgeliefert, **ohne dass es dabei eines Mitwirkungsaktes des Opfers bedarf**, es also nicht wirklich eine Wahlmöglichkeit hat, liege eine Wegnahme und damit § 249 StGB vor (*Lackner/Kühl/Heger*, StGB, § 255 Rdn. 2). Die beim Betrug für die Vermögensverfügung erforderliche Freiwilligkeit ist hingegen bei §§ 253, 255 StGB kein Erfordernis, da diese aufgrund des durch die Nötigungsmittel ausgeübten Zwangs regelmäßig nicht vorliegt.

Vereinzelt wird aber in der Literatur auch nur darauf abgestellt, ob ein willentlicher **793**
(bewusster) Verlust (also mit faktischem Einverständnis) erfolgt und damit eine Vermögensverfügung vorliegt oder dies unwillentlich erfolgt, sodass eine Wegnahme gegeben ist (siehe *Rengier*, BT I, § 11 Rdn. 37). Letztlich scheidet danach nur dann eine Vermögensverfügung aus, wenn vis absoluta vorliegt.

Problematisch ist auch das Erfordernis der **Unmittelbarkeit**: Teilweise wird eine Ver- **794**
mögensverfügung schon darin erblickt, dass ein bloßer Mitwirkungsakt des Opfers erfolgt (z. B. Mitteilung des Safecodes oder des Orts, an dem Wertsachen versteckt sind), selbst wenn der Täter sich den Gegenstand dann noch nehmen muss (siehe etwa *Küper/Zopfs*, BT, Rdn. 704). Danach ist also mit dem Begriff der Vermögensverfügung anders als beim Betrug nicht die Voraussetzung der Unmittelbarkeit verbunden (*Lackner/Kühl/Heger*, StGB, § 253 Rdn. 3). Die überwiegende Ansicht verlangt hingegen auch bei den §§ 253, 255 StGB die Unmittelbarkeit (etwa *Bosch*, TK, StGB, § 253 Rdn. 8; *Rengier*, BT I, § 11 Rdn. 36). Vertretbar wäre dann in Fällen wie der Preisgabe des Verstecks allenfalls der Gedanke der unmittelbaren schadensgleichen Vermögensgefährdung bei hinreichender Bezifferbarkeit des Schadens.

Erwähnt sei schließlich, dass zum Teil im Schrifttum nur bei der Erpressung einer **795**
Sache eine bewusste und „freiwillige" Vermögensverfügung verlangt wird, nicht aber bei der Forderungserpressung (so *Eisele*, BT II, Rdn. 772).

Die Problematik soll anhand einiger Beispiele verdeutlicht sein: **796**

Erstes Beispiel: **797**

A hat es auf die goldene Uhr des O abgesehen. Diese lagert O in einem mit einem Zahlencode gesicherten Tresor. A verlangt nun von O unter der Drohung, ihn sonst zusammenzuschlagen, die Herausgabe der Uhr. Von dieser Drohung eingeschüchtert, gibt O den zutreffenden Zahlencode ein und händigt dem A die Uhr aus.

Nach dem äußeren Erscheinungsbild liegt ein „Geben" vor, sodass nach der Rechtsprechung mangels Wegnahme § 249 StGB ausscheidet. Erfüllt ist aber §§ 253, 255 StGB. Da nach der Vorstellung des Opfers ein Mitwirkungsakt erforderlich war (Eingabe des Zahlencodes), ist nach der herrschenden Ansicht im Schrifttum keine Wegnahme, sondern eine Vermögensverfügung gegeben, sodass die §§ 253, 255 StGB vorliegen. Beide Auffassungen kommen also in einer solchen Konstellation zu einem übereinstimmenden Ergebnis.

798 **Zweites Beispiel:**

A fesselt den O und nimmt die Geldbörse aus der Tasche des O.

Nach dem äußeren Erscheinungsbild liegt ein „Nehmen" vor. Das bedeutet für die Rechtsprechung, dass von einer Wegnahme auszugehen ist. Erfüllt ist damit § 249 StGB. Dabei geht nun aber die Rechtsprechung davon aus, dass auch §§ 253, 255 StGB verwirklicht ist, da diese Vorschrift tatbestandlich auch den Fall umfasse, dass es sich bei dem abgenötigten Verhalten um eine Wegnahme handelt. Nach dem BGH verdrängt indes § 249 StGB als lex specialis die Räuberische Erpressung.

Unter Zugrundelegung der Literaturansicht ist in einem solchen Fall von vis absoluta eine Wegnahme zu bejahen, da für das Opfer der Gegenstand unabhängig von seinem Mitwirkungsakt verloren ist. Die Literaturauffassung gelangt also zu § 249 StGB. Dagegen ist §§ 253, 255 StGB nach dem Schrifttum bereits tatbestandlich mangels Vermögensverfügung nicht gegeben.

799 **Drittes Beispiel:**

A bedroht den O mit einem Messer. In völliger Todesangst übergibt O dem A sein Handy, das O ohnehin verloren wähnt.

Nach der Rechtsprechung liegt aufgrund des Gebens seitens des O keine Wegnahme und damit kein Raub vor. Erfüllt ist jedoch §§ 253, 255 StGB.

Die herrschende Literatur würde in einem solchen Fall hingegen, da nach der Vorstellung des O ein Mitwirkungsakt seinerseits ohnehin nicht erforderlich ist, eine Wegnahme und damit einen Raub bejahen. Mangels Vermögensverfügung ist aber §§ 253, 255 StGB abzulehnen. Eine Vermögensverfügung könnten allenfalls diejenigen Stimmen in der Literatur annehmen, welche einen willentlichen Verlust (faktisches Einverständnis) genügen lassen.

800 **Viertes Beispiel:**

A entreißt dem O gewaltsam das Fahrrad. A will mit dem neuen Fahrrad des O eine Stunde durch den Park fahren und es anschließend dem O zurückgeben.

Nach der Rechtsprechung ist aufgrund des Nehmens des A objektiv eine Wegnahme anzunehmen, die mit Gewalt gegen eine Person erfolgt. A handelt auch vorsätzlich, es fehlt ihm jedoch die Enteignungskomponente der Zueignungsabsicht, da er das Fahrrad wie von vornherein geplant zurückgeben möchte. § 249 StGB entfällt folglich. Es bleiben §§ 240, 248b StGB. Unter Zugrundelegung der Auffassung des BGH erfüllt A jedoch §§ 253, 255 StGB; auch bei einer Wegnahme sei von einer Räuberischen Erpressung auszugehen (Duldung der Wegnahme), die aufgrund des Besitzverlustes zu einem Vermögensnachteil bei O führt. A handelt auch vorsätzlich, mit Bereicherungsabsicht, rechtswidrig und schuldhaft und macht sich daher gemäß §§ 253, 255 StGB strafbar. Dieser verdrängt §§ 240, 248b StGB.

Die herrschende Auffassung in der Literatur würde ausgehend von der Vorstellung des O eine Wegnahme bejahen, müsste jedoch ebenfalls den Raub mangels Zueignungsabsicht verneinen, sodass §§ 240, 248b StGB verbleiben. Eine Strafbarkeit des A gemäß §§ 253, 255 StGB scheitert daran, dass die vom Schrifttum für diese Vorschrift geforderte Vermögensverfügung nicht vorliegt.

801 **Fünftes Beispiel:**

A droht der O mit Schlägen, falls O nicht das Versteck ihres Schmucks preisgibt (oder alternativ: eine verschlossene Schublade öffnet). Daraufhin verrät O das Versteck (öffnet die Schublade), woraufhin A dort den Schmuck findet und ergreift.

Nach der Rechtsprechung liegt ausgehend vom äußeren Erscheinungsbild ein Nehmen des Schmucks vor, sodass § 249 StGB gegeben ist. Im Hinblick auf §§ 253, 255 StGB ist zu beachten: Nach dem BGH stellt die erzwungene Preisgabe des Verstecks einer Sache für sich noch keinen Vermögensnachteil dar (BGH, NStZ 2006, 38; BGH, NStZ-RR 2022, 14, 15). Andererseits soll eine unmittelbare Vermögensgefährdung schon mit der abgenötigten Preisgabe der Geheimnummer an den die Geldkarte besitzenden Täter anzunehmen sein, wenn die sofortige Abhebung des Guthabens geplant ist (BGH, NStZ-RR 2004, 333, 334, wonach aber die Kenntnis der Geheimnummer als solche ohne Innehaben der Karte keine Vermögensposition sei; BGH, NStZ 2011, 212, 213; siehe auch Rdn. 658, 722). Ausgehend von der Ansicht in der Literatur ist nach der Vorstellung der O ein Mitwirkungsakt erforderlich, was zunächst zugunsten einer Vermögensverfügung spricht. Hier lag jedoch durch die Preisgabe des Verstecks (Öffnen der Schublade) eine bloße Gewahrsamslockerung vor. Diejenigen Autoren, die keine Unmittelbarkeit der Vermögensverfügung verlangen, könnten dennoch eine Verfügung bejahen. Die überwiegende Ansicht im Schrifttum würde hingegen mangels Unmittelbarkeit eine Vermögensverfügung verneinen und eine Wegnahme und somit § 249 StGB annehmen. Das wäre nur anders, wenn man in der Preisgabe schon eine unmittelbare Vermögensgefährdung sieht. Da jedoch noch wesentliche Zwischenschritte seitens des Täters zu vollziehen sind – Aufsuchen des Verstecks, Herausnahme der Sachen – und die Gefahr der Umgehung des Unmittelbarkeitserfordernisses besteht, erscheint das nicht überzeugend.

Hinweis: 802

Ob man die Prüfung im Einzelfall mit dem Raub oder mit der Räuberischen Erpressung beginnt, ist offen. Beides ist möglich. In relativ klar gelagerten Fällen, in denen die Ansichten zu übereinstimmenden Ergebnissen gelangen, indem sie etwa beide allein §§ 253, 255 StGB bejahen (siehe das erste Beispiel Rdn. 797), kann man aber durchaus unmittelbar mit der Räuberischen Erpressung beginnen; zwingend ist das aber auch nicht.

Zur Streitentscheidung ist in Erinnerung zu rufen (siehe bereits Rdn. 431) und ergän- 803
zend zu betonen: Mit dem Wortlaut des §§ 253, 255 StGB ist es durchaus vereinbar, auch den Fall der Wegnahme unter die Norm zu subsumieren, da man dies als „Duldung“ auffassen kann. Zudem verlangt die (Räuberische) Erpressung ausdrücklich keine Vermögensverfügung. Andererseits ist die Vermögensverfügung auch beim Betrug nur ein ungeschriebenes Erfordernis. Zudem steht es mit dem Wortlaut nicht in Widerspruch, eine Vermögensverfügung als abgenötigtes Verhalten zu verlangen. Gewichtiger fällt hingegen zugunsten der Rechtsprechung der Aspekt aus, dass die herrschende Ansicht im Schrifttum gerade „vis absoluta“ vom Gewaltbegriff der §§ 253, 255 StGB als nicht erfasst ansehen kann.

Aus historischer Sicht ergeben sich aus den Gesetzesmaterialien keine Hinweise zur 804
Lösung der Problematik. In systematischer Hinsicht ist es zwar ungewöhnlich, dass – zieht man die Auffassung der Rechtsprechung heran – das Spezialgesetz (§ 249 StGB) vor dem generellen Gesetz (§§ 253, 255 StGB) normiert wäre, aber das ist kein zwingendes Argument, wenn man insbesondere auch bedenkt, dass nach dem Schrifttum der Mord gemäß § 211 StGB Qualifikation (lex specialis) zu § 212 StGB ist. Andererseits ist in systematischer Hinsicht zu bedenken, dass auf der einen Seite eine enge Verwandtschaft der Eigentumsdelikte nach §§ 242, 249 StGB gegeben ist, denen die Vermögensdelikte der §§ 263, 253, 255 StGB, die allesamt den Eintritt eines Vermögensschadens sowie Bereicherungsabsicht verlangen, auf der anderen Seite gegenüberstehen. § 263 StGB erfordert nun – darin ist man sich einig – als ungeschriebene Tatbestandsvoraussetzung eine unmittelbare Vermögensverfügung, zudem schließen sich richtigerweise § 242 StGB einerseits (Wegnahme) und § 263 StGB (Vermögensverfügung) aus. § 242 StGB ist ebenso wie § 249 StGB Fremdschädigungsdelikt, § 263 StGB hingegen Selbstschädigungsdelikt. In systematischer Hinsicht erscheint

es dann aber überzeugend, die §§ 253, 255 StGB als Gegenpol zu § 249 StGB zu verstehen und vergleichbar mit § 263 StGB zu interpretieren, sodass es sich auch bei der (Räuberischen) Erpressung um ein Selbstschädigungsdelikt handelt, das eine Vermögensverfügung verlangt. Mit dieser Vermögensverfügung ist dann wie beim Betrug das Kriterium der Unmittelbarkeit zu verbinden.

805 Darüber hinaus würden anderenfalls die spezifischen Voraussetzungen des § 249 StGB unterlaufen, wie das vierte Beispiel (Rdn. 800) anschaulich zeigt: Bei fehlender Zueignungsabsicht soll den Täter eben nicht die Strafbarkeit nach § 249 StGB treffen, was nun nicht dadurch umgangen werden darf, dass man – wie die Rechtsprechung – in solchen Fällen §§ 253, 255 StGB bejaht. Die Räuberische Erpressung wird vom BGH letztlich zum Auffangtatbestand uminterpretiert, obwohl ihr diese Funktion gar nicht zukommt. § 249 StGB hat dabei letztlich keine eigenständige Funktion mehr, da normalerweise (auch) §§ 253, 255 StGB erfüllt wären. Insgesamt sprechen daher die besseren Argumente dafür, mit §§ 253, 255 StGB das Erfordernis der Vermögensverfügung zu verbinden.

806 Die Ansicht, die bei §§ 253, 255 StGB eine Vermögensverfügung verlangt, hat im Übrigen zur Konsequenz, dass bei der Dreieckserpressung der Verfügende zumindest eine Nähebeziehung zum Geschädigten aufweisen muss, also auf der Seite des Vermögensinhabers steht (so im Übrigen auch BGHSt 41, 123, 125 f., obwohl der BGH bei §§ 253, 255 StGB keine Vermögensverfügung verlangt) oder sich „im Lager" des Geschädigten befindet (siehe zu diesem Problem beim Betrug Rdn. 617 ff.).

807 Hinsichtlich des **Vermögensschadens**, der bei §§ 253, 255 StGB vorliegen muss, ist auf die Ausführungen zu diesem Merkmal beim Betrug zu verweisen, die entsprechend gelten (Rdn. 629 ff.). Er kann nicht nur etwa im Verlust des Besitzes einer Sache bestehen, sondern auch zum Beispiel in der Nichtgeltendmachung einer Herausgabeforderung.

808 Droht ein Täter, eine entwendete Sache zu vernichten, falls er kein Lösegeld erhält, ist umstritten, ob in diesem Fall von einem Vermögensschaden ausgegangen werden kann. Teilweise verneint man das, da völlig offen sei, ob der Herausgabeanspruch zu realisieren sei (OLG Hamburg, MDR 1974, 330). Das überzeugt jedoch nicht, da das Opfer rechtlich einen Anspruch auf **unentgeltliche Herausgabe** u. a. gemäß § 985 BGB hat, sodass ein Vermögensschaden zu bejahen ist (BGHSt 26, 346, 347 f.).

809 Zu berücksichtigen ist, dass der Vermögensschaden im Fall der **Sicherungserpressung** zu verneinen sein kann.

810 **Beispiel:**

A hat bei seinem Freund O eine wertvolle Vase gestohlen. Als O am nächsten Tag vor der Haustür des A steht, um die Vase zurückzuverlangen, droht A dem O Schläge an, falls O es noch einmal wagen sollte, die Vase zurückzufordern. Eingeschüchtert fährt O ohne die Vase wieder nach Hause.

A hat sich gemäß § 242 StGB strafbar gemacht. Eine Strafbarkeit des A gemäß § 252 StGB scheitert daran, dass der Diebstahl bereits beendet ist und A am nächsten Tag nicht auf frischer Tat betroffen wird. A könnte sich aber gemäß §§ 253, 255 StGB strafbar gemacht haben. A droht dem O mit gegenwärtiger Gefahr für den Leib. Das abgenötigte Verhalten liegt in dem Verzicht auf die weitere Geltendmachung der Herausgabeforderung. Problematisch ist, ob dadurch ein Vermögensschaden eingetreten ist, da A die Vase bereits durch den Diebstahl erlangt hat.

Davon kann dann ausgegangen werden, wenn es durch die Nötigung zu einer eigenständigen Schadensvertiefung gekommen ist. Das ist hier jedoch insbesondere auch vor dem Hintergrund, dass dem O der Täter namentlich bekannt ist, nicht anzunehmen, sodass die §§ 253, 255 StGB tatbestandlich mangels Vermögensschadens ausscheiden (siehe BGH, BeckRS 2021, 9406). Eine andere ver-

tretbare Lösungsmöglichkeit wäre, §§ 253, 255 StGB tatbestandlich zu bejahen, dann aber als mitbestrafte Nachtat zu § 242 StGB zu erachten. Es bleibt bei beiden Lösungswegen § 240 StGB.

Ein mit der Erpressung eventuell verbundener Betrug, der über die eigentliche Erpressung hinaus keinen eigenständigen Bedeutungsgehalt hat, tritt im Wege der Konsumtion hinter die Erpressung zurück (anders etwa *Wessels/Hillenkamp/Schuhr*, BT 2, Rdn. 823: keine betrugsrelevante Täuschung, wenn sie nur der Unterstützung der Drohung diene). 811

Bereits erwähnt wurde, dass zwischen den **Nötigungsmitteln** und dem **abgenötigten Vermögensschaden** eine **objektive Kausalbeziehung** erforderlich ist. Wenn etwa das Nötigungsopfer ganz unabhängig von der Nötigung, zum Beispiel aus Freundschaft zum Nötigenden, sein Vermögen schmälert, ist §§ 253, 255 StGB mangels Kausalität nicht vollendet, sodass nur Versuch in Betracht kommt (einen finalen Zusammenhang verlangend BGH, BeckRS 2021, 4037; BGH, NStZ-RR 2023, 205). 812

2. Der subjektive Tatbestand

Zunächst bedarf es natürlich im subjektiven Tatbestand der Prüfung des **Vorsatzes**, wobei dolus eventualis genügt. Der Vorsatz muss sich auf das Nötigungsmittel beziehen, auf das abgenötigte Verhalten sowie auf den Vermögensschaden. Zudem muss der Täter Vorsatz insoweit aufweisen, dass das eingesetzte Nötigungsmittel kausal für den abgenötigten Vermögensschaden ist. 813

Neben dem Vorsatz setzten die §§ 253, 255 StGB ein **besonderes subjektives Merkmal** voraus, nämlich die **Bereicherungsabsicht**. Insoweit kann auf die Ausführungen zum Betrug verwiesen werden, die entsprechend gelten (Rdn. 673 ff.). Der Täter muss also für sich oder einen Dritten einen Vermögensvorteil erstreben, folglich dolus directus 1. Grades aufweisen. Diese Bereicherungsabsicht braucht weder Haupt- noch Endziel sein. Die Absicht fehlt aber, wenn jemand den erpressten Gegenstand lediglich vernichten will. 814

Hinzukommen müssen die **objektive Stoffgleichheit und Rechtswidrigkeit der erstrebten Bereicherung**, die erst jetzt angesprochen werden kann. Die Rechtswidrigkeit entfällt, wenn der Täter einen fälligen und durchsetzbaren Anspruch auf die abgenötigte Vermögensposition hat. Dann kann nicht nach §§ 253, 255 StGB, jedoch nach § 240 StGB (eventuell auch etwa nach § 223 StGB) bestraft werden. Bei Geldschulden ist zu beachten, ob die Konkretisierung durch den Erpressten erfolgt. 815

Kauft jemand Drogen, erhält dann aber zu wenig Wechselgeld zurück, sodass der Käufer nun mit Nötigungsmitteln das restliche Wechselgeld erhalten möchte, ist nach dem BGH die Rechtswidrigkeit der Bereicherung zu bejahen, da sich die Nichtigkeit des Drogengeschäfts auch auf die Wechselgeldforderung beziehe; einem Anspruch aus § 812 BGB stehe § 817 S. 2 BGB entgegen (BGH, NJW 2021, 1966, 1967 f. mit kritischer Anm. *Brand*, NJW 2021, 1968, 1969). 816

Schließlich muss der Täter **Vorsatz** (auch insoweit genügt Eventualvorsatz) **in Bezug auf die objektive Stoffgleichheit und Rechtswidrigkeit der Bereicherung** aufweisen. Die Rechtsprechung verneint bei irrtümlicher Annahme eines Anspruchs den Vorsatz gemäß § 16 StGB (BGH, NStZ 2002, 481, 482). Dabei müsse der Täter sich vorstellen, dass sein Anspruch nicht nur nach den Anschauungen der einschlägigen kriminellen Kreise, sondern auch von der Rechtsordnung anerkannt wird (BGHSt 48, 322, 328 ff.). Vorsatz bezüglich der Rechtswidrigkeit ist daher zu bejahen, wenn jemand den Anspruch auf Bezahlung von Betäubungsmitteln eintreibt, selbst wenn er nach den Anschauungen der einschlägig kriminellen Kreise meint, dazu berechtigt zu sein (BGHSt 48, 322, 329; *Hilgendorf/Valerius*, BT II, § 17 Rdn. 42). 817

3. Rechtswidrigkeit und § 253 Abs. 2 StGB

818 Sowohl die Tat nach § 253 StGB als auch die Räuberische Erpressung gemäß §§ 253, 255 StGB können gerechtfertigt sein. Man denke etwa daran, dass der vom Verdursten bedrohte Täter das Opfer zwingt, ihm ein Getränk zu geben, was zu einer Rechtfertigung gemäß § 34 StGB führen kann.

819 Eine Besonderheit ist dabei im Hinblick auf § 253 StGB zu beachten: Da es sich um einen weiten, „offenen Tatbestand" handelt, der relativ schnell verwirklicht ist (etwa: A droht seinem Arbeitgeber mit Kündigung, falls A nicht mehr Lohn erhält), hat der Gesetzgeber wie bei § 240 StGB eine Verwerflichkeitsklausel in § 253 Abs. 2 StGB normiert, um eine gewisse Einschränkung der Strafbarkeit zu gewährleisten. Hierbei ist zu beachten, dass diese Klausel allein für § 253 StGB gilt, hingegen nicht im Hinblick auf § 255 StGB.

820 Im Prüfungsaufbau muss man also bei § 253 StGB, nachdem man festgestellt hat, dass keine Rechtfertigungsgründe greifen (ein Verhalten, das gerechtfertigt ist, kann nicht verwerflich sein), erörtern, ob die Tat verwerflich ist, also sittlich zu missbilligen ist oder sozial unerträglich erscheint. Das kann sich allein aus Mittel oder Zweck oder aus der Kombination von beidem ergeben.

821 Nimmt der Täter irrtümlich tatsächliche Umstände an, wonach die Tat nicht verwerflich wäre, handelt es sich um einen Erlaubnistatbestandsirrtum. Wertet der Täter bei zutreffender Tatsachenkenntnis die Tat irrtümlich als nicht verwerflich, geht es um einen Verbotsirrtum nach § 17 StGB.

XVIII. Räuberischer Angriff auf Kraftfahrer gemäß § 316a StGB

1. Allgemeines

Bei § 316a StGB geht es im objektiven Tatbestand um das Verüben eines Angriffs auf Kraftfahrzeugführer oder Mitfahrer unter Ausnutzung der besonderen Verhältnisse des Straßenverkehrs. Diese Voraussetzungen und die systematische Stellung des § 316a StGB bei den Verkehrsstraftaten sprechen für sich genommen eher dafür, die Vorschrift dem Schutz des Straßenverkehrs zuzuordnen. Zu beachten ist aber, dass die Bestimmung in subjektiver Hinsicht neben dem Vorsatz verlangt, dass der Täter in der Absicht handelt („Wer ‚zur' Begehung …"), einen Raub, Räuberischen Diebstahl oder eine Räuberische Erpressung zu begehen. Das hat nun zur Konsequenz, dass neben der Sicherheit des Kraftverkehrs auch individuelle Rechtsgüter geschützt werden (BGHSt 49, 8, 11), nämlich insbesondere Eigentum und Vermögen. Vor diesem Hintergrund wird § 316a StGB im Folgenden im Zusammenhang mit den Delikten gegen Eigentum und Vermögen erörtert. 822

2. Der objektive Tatbestand

Jede natürliche Person („Wer") kann tauglicher Täter der Norm sein, ohne dass es sich um ein eigenhändiges Delikt handelt. Als Täter kommen Personen außerhalb des Fahrzeugs in Betracht, aber auch zum Beispiel der Beifahrer. Objektiv verlangt die Vorschrift zunächst als Tathandlung das Verüben eines Angriffs auf Leib oder Leben oder die Entschlussfreiheit des Führers eines Kraftfahrzeugs oder eines Mitfahrers. 823

a) Verüben eines Angriffs auf Leib oder Leben oder die Entschlussfreiheit

Unter **Angriff** versteht man die Bedrohung rechtlich geschützter Interessen durch ein menschliches Verhalten, wobei es speziell bei § 316a StGB um die Rechtsgüter Leib, Leben sowie Entschlussfreiheit geht. Da das „Verüben" ausreicht, ist es nicht erforderlich, dass es tatsächlich zu einer Beeinträchtigung von Leib, Leben oder Entschlussfreiheit kommt (*Bosch*, Jura 2013, 1234). 824

Während es beim **Leib** um das Rechtsgut der §§ 223 ff. StGB geht, handelt es sich beim **Leben** um das Rechtsgut der §§ 211 ff. StGB. Die **Entschlussfreiheit** betrifft Nötigungsakte (Gewalt, Drohung mit einem empfindlichen Übel; siehe § 240 StGB) wie zum Beispiel das Errichten von Hindernissen auf der Straße. Umstritten ist aber, ob **Täuschung** und **List** einen Angriff auf die Entschlussfreiheit darstellen. 825

Beispiel: 826

A setzt sich in das Taxi des O und bittet um die Fahrt in die X-Straße. In Wirklichkeit will A den O nach Fahrtantritt überfallen.

Nach dem BGH stellen bloße List oder eine Täuschung noch keinen Angriff auf die Entschlussfreiheit dar (BGHSt 49, 8, 12; ebenso etwa Esser, AnwK, StGB, § 316a Rdn. 14; Krüger, NZV 2004, 161, 165 f.). Allein die Angabe des Fahrziels oder der Fahrtantritt selbst seien daher noch kein Verüben eines Angriffs. Erst wenn Zwang ausgeübt werde, liege ein Angriff vor. Letzteres, also ein Angriff, sei ebenfalls anzunehmen bei einer vorgetäuschten Polizeikontrolle, da sich der Fahrzeugführer dann objektiv in einer Nötigungssituation befinde (BGH, NJW 2015, 2131, 2132). Entsprechendes gelte, wenn der Täter dem Opfer auf-

führt, womit das Opfer sich dem Zwang ausgesetzt sieht, am Unfallort zu bleiben (BGH, NStZ 2023, 111, 112).
Im Schrifttum wird hingegen teilweise die Einbeziehung von List und Täuschung befürwortet (Lackner/Kühl/Heger, StGB, § 316a Rdn. 2). Dagegen spricht jedoch, dass Täuschung oder List bei § 316a StGB nur dann erfasst sind, wenn sie den Maßstäben des § 240 StGB genügen, also Gewalt oder die Drohung mit einem empfindlichen Übel in Rede stehen. Daher ist es richtig, Täuschung und List als solche für § 316a StGB nicht genügen zu lassen.

827 **Ergänzender Hinweis:**
Die bloße Angabe des Fahrtziels und der Fahrtantritt stellen auch noch kein unmittelbares Ansetzen zur Tatbestandsverwirklichung im Sinne des Versuchs dar, sofern der Angriff erst später erfolgen soll.

828 Verübt ist der Angriff, wenn er ausgeführt wird, also das Opfer sich im Wirkungsbereich des Täters befindet und der Täter zur Tat schreitet.

b) Führer eines Kraftfahrzeugs oder Mitfahrer

829 Der Angriff muss sich gegen den **Führer eines Kraftfahrzeugs oder einen Mitfahrer** (etwa weitere Insassen des Fahrzeugs oder der Sozius beim Motorrad) richten. **Kraftfahrzeuge** sind durch Maschinenkraft angetriebene Beförderungsmittel, die zum Transport von Personen und Gütern geeignet sind. Erfasst sind also etwa Pkw, Lkw, Motorräder, aber auch Elektrokleinstfahrzeuge wie der E-Scooter.

830 **Kraftfahrzeugführer** im Sinne des § 316a StGB ist, wer das Kraftfahrzeug in Bewegung zu setzen beginnt, es in Bewegung hält oder allgemein mit dem Betrieb des Fahrzeugs oder mit der Bewältigung von Verkehrsvorgängen beschäftigt ist (BGHSt 49, 8, 14). Anders als etwa bei § 316 StGB muss das Fahrzeug nicht unbedingt in Bewegung sein, denn bei § 316a StGB geht es im Unterschied zu §§ 315c, 316 StGB um den **Schutz des Fahrzeugführers**. Im Einzelnen bedeutet dies:

831 Nach dem BGH fehlt die Führereigenschaft bei demjenigen, der sich außerhalb des Fahrzeugs befindet (BGHSt 49, 8, 14). Hält sich das Opfer im Fahrzeug auf, kommt es darauf an, ob es mit der Bewältigung von Betriebs- oder Verkehrsvorgängen befasst ist. Das ist nicht nur während der Fahrt der Fall, sondern etwa auch **beim verkehrsbedingten Halt** an der Rotlicht zeigenden Ampel. Ist damit ein Ausschalten des Motors verbunden, entfällt die Führereigenschaft dennoch nicht, da der Betreffende sich weiter auf das Verkehrsgeschehen konzentrieren muss (BGHSt 50, 169, 171).

832 Wird das Fahrzeug aus anderen Gründen, also **nicht verkehrsbedingt**, zum Halten gebracht und der **Motor ausgestellt**, fehlt die Fahrzeugführereigenschaft (BGHSt 49, 8, 14 f.); so etwa, wenn der Taxifahrer den Motor ausstellt und die Fahrt abrechnet. Entsprechend wird man die Mitfahrereigenschaft verneinen müssen, wenn bei einem nicht verkehrsbedingten Halt der Motor ausgeschaltet ist.

c) Ausnutzen der besonderen Verhältnisse des Straßenverkehrs

833 Der Täter muss beim Verüben des Angriffs die **besonderen Verhältnisse des Straßenverkehrs ausnutzen**. Betroffen ist hierbei nur der öffentliche Straßenverkehr. Inzwischen wendet der BGH anders als in früheren Entscheidungen in Bezug auf das Merkmal einen restriktiven Kurs an. Das bedeutet:

834 Kennzeichnend ist, dass der Kraftfahrzeugführer im Angriffszeitpunkt noch in einer Weise mit der Beherrschung des Fahrzeugs oder mit der Bewältigung von Verkehrsvorgängen beschäftigt ist, dass er deswegen leichter zum Angriffsobjekt eines Über-

falls werden kann (BGHSt 50, 169, 172). Das ist regelmäßig der Fall bei einem Angriff im **fließenden Verkehr**. Das gelte auch bei einem **verkehrsbedingten Halt mit laufendem Motor** (BGHSt 50, 169, 173). Bei einem **nicht verkehrsbedingten Halt und laufendem Motor** (sonst entfällt die Kraftfahrzeugführereigenschaft) müssen weitere verkehrsspezifische Umstände vorliegen, aus denen sich ergibt, dass der Kraftfahrzeugführer noch mit der Bewältigung von Verkehrsvorgängen beschäftigt ist. Das ist etwa anzunehmen, wenn der Angriff unmittelbar mit dem Anhaltevorgang verübt wird oder das Fahrzeug sich plötzlich in Bewegung setzt oder das Automatikgetriebe weiter auf Dauerbetrieb steht (BGHSt 50, 169, 173 f.).

Anders als nach der früheren Rechtsprechung (BGHSt 13, 27, 30) ist damit § 316a 835
StGB nicht dadurch erfüllt, dass die Vereinzelung des Opfers an einem Ort bewirkt wird, an dem fremde Hilfe nicht zu erreichen ist; diese Abgelegenheit des Überfallorts sei keine spezifische Eigenschaft des Kraftfahrzeugverkehrs (BGHSt 49, 8, 16). Mit diesem restriktiven Kurs schränkt der BGH den Anwendungsbereich des § 316a StGB mit seiner hohen Strafdrohung sinnvoll ein.

3. Der subjektive Tatbestand

In subjektiver Hinsicht wird zumindest **Eventualvorsatz** verlangt. Der Täter muss sich 836
dabei der die Abwehrmöglichkeiten tatsächlich einschränkenden besonderen Verhältnisse des Straßenverkehrs bewusst sein.

Darüber hinaus ist vorausgesetzt, dass der Täter mit **dolus directus 1. Grades** einen 837
Raub (§§ 249, 250 StGB), einen Räuberischen Diebstahl (§ 252 StGB) oder eine Räuberische Erpressung (§§ 253, 255 StGB) begehen will. Eine Erpressung allein nach § 253 StGB genügt nicht. Die Absicht muss zumindest teilweise zeitlich mit dem Angriff zusammenfallen.

4. § 316a Abs. 3 StGB

Zu beachten ist, dass sich in § 316a StGB eine **Erfolgsqualifikation** findet. Die 838
schwere Folge braucht nicht zwingend bei dem Kraftfahrzeugführer oder Mitfahrer eintreten, sie kann auch einen unbeteiligten Dritten treffen. Die schwere Folge muss aber aus der spezifischen Gefährlichkeit des Angriffs resultieren, es genügt also nicht, dass sie aufgrund der Raubdelikte eintritt (*Eisele*, BT II, Rdn. 451; a. A. *Fischer*, StGB, § 316a Rdn. 19). Vorausgesetzt ist hinsichtlich der Todesfolge wenigstens Leichtfertigkeit.

XIX. Begünstigung gemäß § 257 StGB

839 Die Begünstigung gehört wie die §§ 258 bis 261 StGB zu den **Anschlussdelikten**, indem vorausgesetzt ist, dass zuvor eine rechtswidrige Tat begangen worden ist. An diese Vortat knüpfen dann die §§ 257 ff. StGB an. § 257 StGB betrifft die sachliche Begünstigung, § 258 StGB die persönliche (Strafvereitelung). Mit der Begünstigung verhindert der Täter die Wiederherstellung des gesetzmäßigen Zustands und hemmt damit die Rechtspflege (BGH, NStZ 1994, 187, 188). Die Vorschrift hat bei den Eigentums- und Vermögensdelikten ein Hauptanwendungsfeld und wird daher in diesem Lehrbuch dargestellt.

1. Der objektive Tatbestand

840 Objektiv verlangt § 257 StGB, dass der Täter einem anderen, der eine rechtswidrige Tat begangen hat, Hilfe leistet. Das zeigt bereits die Nähe zur Beihilfe gemäß § 27 StGB, bei der es ebenfalls um ein Hilfeleisten (zu einer vorsätzlichen rechtswidrigen Tat) geht.

841 **Vortat** der Begünstigung ist eine **rechtswidrige Tat**, also gemäß § 11 Abs. 1 Nr. 5 StGB nur eine solche, die den Tatbestand eines Strafgesetzes verwirklicht. Eine Ordnungswidrigkeit reicht daher nicht (*Hohmann/Sander*, BT, § 48 Rdn. 4). Die rechtswidrige Tat kann dem Kernstrafrecht angehören, aber auch dem Nebenstrafrecht. Eine ausdrückliche Einschränkung auf bestimmte Taten erfolgt nicht. Da § 257 StGB jedoch in subjektiver Hinsicht voraussetzt, dass der Begünstigende in der Absicht handelt, dem Vortäter „die Vorteile der Tat" zu sichern, muss es denknotwendig objektiv um eine Vortat gehen, mit der in materieller Hinsicht Vorteile verbunden sein können. Das ist insbesondere bei den Eigentums- und Vermögensdelikten der Fall. Aber auch andere Taten, aus denen materielle Vorteile resultieren, genügen, ohne dass sich diese Taten zwingend gegen fremdes Vermögen richten oder der Vorteil unbedingt vermögensrechtlicher Natur sein muss.

842 **Beispiel:**
B erwirbt in strafbarer Weise (§ 29 Abs. 1 Nr. 1 BtMG) Betäubungsmittel. Seine Freundin A versteckt diese.
Obwohl es sich bei § 29 Abs. 1 Nr. 1 BtMG nicht um ein Vermögensdelikt handelt, macht sich A nach § 257 StGB strafbar (zur Frage, ob Betäubungsmittel als Vermögensbestandteil anzusehen sind, siehe auch Rdn. 21).

843 Die Tat muss ein **anderer** als der Begünstigende begangen haben. Ob der Vortäter schuldhaft gehandelt hat und die Vortat – man denke an Verjährung – verfolgbar ist, spielt für die Anwendung des § 257 StGB keine Rolle.

844 Begünstigung kommt **ab Vollendung der Vortat** in Betracht. Das kann zu Schwierigkeiten in der Abgrenzung zur Beihilfe führen, sofern man zwischen Vollendung und Beendigung der Tat Beihilfe für möglich erachtet.

845 Nach der Rechtsprechung (BGHSt 3, 40, 43 f.) ist auch noch nach der Vollendung der Tat bis zu deren materieller Beendigung so genannte sukzessive Beihilfe möglich. Um Beihilfe und Begünstigung in diesem Zeitrahmen voneinander abzugrenzen, stellt die Rechtsprechung auf die Vorstellung des Täters ab (BGHSt 4, 132, 133): Will er die Haupttat fördern, gehe es um Beihilfe, möchte er dagegen nur die Vorteile der Tat sichern, liege Begünstigung vor (anders wiederum etwa *Hecker*, TK, StGB, § 257 Rdn. 7: Die Beihilfe gehe stets der Begünstigung vor). Viele Stimmen im Schrifttum

lehnen hingegen Beihilfe zwischen Vollendung und Beendigung ab und lassen bezogen auf diese Zeitspanne nur Begünstigung in Betracht kommen (etwa *Roxin*, AT II, § 26 Rdn. 259 ff.). Für diese letztere Sicht spricht die gesetzliche Ausgestaltung, da § 257 StGB gerade die Hilfeleistung nach Vollendung der Tat erfassen will.

Natürlich kommt **Begünstigung auch erst nach Beendigung der Vortat** in Betracht. **846**
Beihilfe scheidet nach Beendigung der Tat jedenfalls aus.

Die Tathandlung besteht in einem **Hilfeleisten**. Hierbei ist umstritten, was darunter im **847**
Einzelnen zu verstehen ist. Manche Autoren lassen genügen, dass das Verhalten nach den Vorstellungen des Täters geeignet ist, den Vortäter sachlich zu begünstigen (*Seelmann*, JuS 1983, 32, 34). Der BGH und die herrschende Ansicht im Schrifttum setzen ein Verhalten voraus, das **objektiv geeignet ist, den Vortäter besserzustellen** (BGH, NJW 1971, 525, 526; *Geppert*, Jura 1994, 441, 442). Insofern ist anzumerken: Dem Wortlaut des § 257 StGB kann bereits entnommen werden, dass es objektiv nicht tatsächlich zu einer Besserstellung des Vortäters gekommen sein muss (anders noch BGHSt 2, 375, 376). Es geht in objektiver Hinsicht allein um die Beurteilung eines Verhaltens. Folglich kommt es auf die objektive konkrete Gefährlichkeit des Verhaltens an, die Vorstellungen des Täters haben dagegen erst auf der Ebene des subjektiven Tatbestands Bedeutung. Die überwiegende Ansicht ist daher zutreffend.

Als Hilfeleistung ist etwa an das Aufbewahren oder Verstecken von Diebesgut zu denken oder an das Ableugnen des Besitzes der Beute. Dagegen sollen Verhaltensweisen **848**
ausscheiden, die lediglich der Sacherhaltung (wie etwa eine Reparatur oder das Füttern eines Tieres) dienen (*Rengier*, BT I, § 20 Rdn. 12).

2. Der subjektive Tatbestand

Zunächst muss der Täter **Vorsatz** aufweisen, wobei bedingter ausreicht. Es genügt, **849**
wenn der Täter von einer rechtswidrigen Tat ausgeht, ohne dass er Einzelheiten wissen muss (BGH, BeckRS 2024, 1995).

Darüber hinaus ist ein **besonderes subjektives Merkmal** erforderlich, nämlich die **850**
Absicht, dem Vortäter die Vorteile der Tat zu sichern. Insoweit ist dolus directus 1. Grades notwendig. Die Absicht muss sich dabei auf unmittelbar durch die Tat erlangte Vorteile beziehen (BGHSt 36, 277, 281). Folglich scheidet § 257 StGB bei Ersatzvorteilen aus (siehe BGH, NStZ 2008, 516).

> **Beispiel:** **851**
> *B hat 500 Euro gestohlen. Von diesem Geld erwirbt B eine Uhr. In Kenntnis der Umstände versteckt der A für den B die Uhr.*
> *Da es sich bei der Uhr nicht um einen unmittelbar durch die Tat erlangten Vorteil handelt, scheidet eine Strafbarkeit des A nach § 257 StGB aus.*

Anders hat der BGH dies aber bei Geld entschieden (BGHSt 36, 277, 282), womit er **852**
insoweit eine wirtschaftliche Betrachtung und letztlich den Wertsummengedanken (Rdn. 216) favorisiert (*Rengier*, BT I, § 20 Rdn. 9).

> **Beispiel:** **853**
> *B hat im Wege des Betrugs 1.000 Euro in bar erhalten, von denen er Aktien kauft. Diese verkauft B später, wobei der Verkaufserlös seinem Konto gutgeschrieben wird. Von dort überweist B das Geld auf das Konto seines bösgläubigen Freundes A, der das Geld abhebt und versteckt.*
> *A macht sich in diesem Fall unter Zugrundelegung der wirtschaftlichen Betrachtungsweise des BGH wegen Begünstigung strafbar.*

854 Auch genügt nach dem BGH als Vorteil ein vorab an einen Tatbeteiligten tatsächlich gezahlter Tatlohn (BGHSt 57, 56, 58).

3. Ergänzende Hinweise

855 Der Versuch der Begünstigung ist nicht pönalisiert. Wegen des frühen Vollendungszeitpunkts der Tat wird kontrovers diskutiert, ob Regeln über die Tätige Reue analog auf § 257 StGB anwendbar sind.

856 Besonders hinzuweisen ist auf § 257 Abs. 3 StGB. Danach wird wegen Begünstigung nicht bestraft, wer wegen Beteiligung an der Vortat strafbar ist, wobei insoweit Täterschaft oder Teilnahme in Betracht kommen. Die Begünstigung ist dann mitbestrafte Nachtat. Eine Ausnahme besteht aber nach § 257 Abs. 3 S. 2 StGB, wenn der an der Vortat Beteiligte einen an der Vortat Unbeteiligten zur Begünstigung anstiftet. Dann macht sich der Vortatbeteiligte auch nach §§ 257, 26 StGB strafbar.

857 Hinsichtlich des Strafantrags ist § 257 Abs. 4 StGB zu beachten. Insoweit kommt es darauf an, ob mit der Vortat für den Begünstigenden ein Strafantragserfordernis verbunden wäre. Der Begünstigende müsste also etwa selbst in Bezug auf das Diebstahlsopfer Angehöriger sein (siehe § 247 StGB).

XX.
Hehlerei gemäß § 259 StGB

Die Hehlerei setzt als Anschlussdelikt voraus, dass eine Sache von einem anderen 858
gestohlen worden ist oder sonst durch eine gegen fremdes Vermögen gerichtete rechtswidrige Tat erlangt wurde. Maßgeblicher Hintergrund ist insofern bei der Hehlerei die **Aufrechterhaltung der durch die Vortat geschaffenen rechtswidrigen Besitzlage** (Perpetuierungstheorie). Geschützt wird das Vermögen. Die Hehlerei ist Vergehen, der Versuch ist in § 259 Abs. 3 StGB ausdrücklich unter Strafe gestellt. Bei gewerbsmäßiger Hehlerei sowie Bandenhehlerei finden sich Qualifikationen in §§ 260, 260a StGB.

1. Der objektive Tatbestand

Taugliches Tatobjekt der Hehlerei ist eine **Sache**, also jeder körperliche Gegenstand 859
(siehe zum Sachbegriff Rdn. 4 ff.). Es kann sich sowohl um bewegliche als auch um unbewegliche Sachen handeln. Daten, Forderungen oder Rechte werden von § 259 StGB nicht erfasst, wohl aber etwa ein Datenträger (zum Beispiel ein USB-Stick). Die Sache braucht für den Hehler nicht unbedingt fremd sein, wenn dies auch den Regelfall darstellt. Tauglicher Hehlereigegenstand können daher ebenfalls Sachen sein, die im Alleineigentum des Hehlers stehen (als Vortat ist insofern an § 289 Abs. 1 Alt. 2 StGB zu denken), oder auch herrenlose Sachen.

Taugliche Vortat der Hehlerei ist entweder ein **Diebstahl** gemäß §§ 242, 244, 244a 860
StGB oder eine **andere gegen fremdes Vermögen gerichtete rechtswidrige Tat** (§ 11 Abs. 1 Nr. 5 StGB). Hierbei muss es sich nach überwiegender Ansicht nicht unbedingt um ein Vermögensdelikt wie etwa §§ 263, 263a StGB oder die Hehlerei selbst handeln, sondern auch andere Strafbestimmungen (wie zum Beispiel §§ 240, 267 StGB) kommen danach in Betracht, sofern mit ihnen (auch) Beeinträchtigungen des Vermögens verbunden sind und eine rechtswidrige Besitzlage geschaffen wird (*Hecker*, TK, StGB, § 259 Rdn. 6; *Hilgendorf/Valerius*, BT II, § 21 Rdn. 6). Der Gesetzeswortlaut spricht indes mehr für die Gegenauffassung, wonach die Vortat sich gegen fremdes Vermögen zu richten hat, also ein Vermögensdelikt (im weiteren Sinne) sein muss (in diese Richtung auch *Otto*, Jura 1985, 148, 150; *Roth*, JA 1988, 193, 198).

> **Beispiel:** 861
> *Durch den Gebrauch einer unechten Urkunde (§ 267 Abs. 1 Var. 3 StGB) erlangt A einen Pkw im Wert von 10.000 Euro.*
> *§ 267 StGB schützt nach zutreffender Sicht allein die Sicherheit und Zuverlässigkeit des Rechtsverkehrs mit Urkunden im Sinne des Beweisverkehrs (BGHSt 2, 50, 52) und damit ein Allgemeinrechtsgut (BGH, BeckRS 2019, 30105). Dennoch würde die überwiegende Ansicht wegen der Vermögensrelevanz § 267 StGB als Vortat genügen lassen (etwa Hoyer, SK, StGB, § 259 Rdn. 6; Wessels/Hillenkamp/Schuhr, BT 2, Rdn. 1002). Da aber der Vermögensschutz bei § 267 StGB allenfalls bloßer Rechtsreflex ist, überzeugt das nicht, wenn man den Wortlaut des § 259 StGB hinreichend ernst nimmt. Daher scheidet § 267 StGB als taugliche Vortat der Hehlerei nach zutreffender Auffassung aus (ebenso etwa Maier, MK, StGB, § 259 Rdn. 35).*

> **Ergänzender Hinweis:** 862
> *Oftmals wird in einem solchen Fall auch § 263 StGB verwirklicht sein. Der Betrug als Vermögensdelikt reicht als Vortat der Hehlerei natürlich aus.*

863 Problematisch ist, was zu gelten hat, wenn die **Vollendung der Vortat zeitlich mit der Hehlereihandlung zusammenfällt**.

864 **Beispiel:**
B hat sich von O ein Fahrrad geliehen. A, der die Umstände kennt, gefällt das Fahrrad sehr. B übergibt dem A das Fahrrad für 100 Euro.
In diesem Fall wird die veruntreuende Unterschlagung des B erst mit der Übergabe des Fahrrads an A, also mit dem Sich-Verschaffen durch A, vollendet. Fraglich ist, ob dieses zeitliche Zusammenfallen die Annahme einer Hehlerei hindert.
Die Rechtsprechung und herrschende Auffassung im Schrifttum verlangen, dass die Vortat bereits im Zeitpunkt der Hehlereihandlung abgeschlossen ist (BGHSt 13, 403, 405; BGH, NStZ 2012, 510; Hecker, TK, StGB, § 259 Rdn. 14). Folglich könnte A nicht wegen Hehlerei, sondern allein nach §§ 246 Abs. 1, 27, 28 Abs. 2 StGB bestraft werden.
Die Gegenauffassung lässt es hingegen ausreichen, dass die Vortat erst mit der Hehlereihandlung vollendet wird (siehe Küper, Jura 1996, 205, 212; Otto, Jura 1985, 148, 151 f.). Danach verwirklicht A § 259 StGB, hinter den §§ 246 Abs. 1, 27, 28 Abs. 2 StGB zurücktritt.
Zwar mag es im Einzelfall von Zufälligkeiten abhängen, ob die Vortat schon vollendet ist oder noch nicht, andererseits spricht der Wortlaut des § 259 StGB von „gestohlen oder… erlangt hat“, was zum Ausdruck bringt, dass die Vortat bereits vor der Tat nach § 259 StGB vollendet sein muss. Eine Strafbarkeit des A nach § 259 StGB ist daher zu verneinen, sodass §§ 246 Abs. 1, 27, 28 Abs. 2 StGB verbleibt.

865 **Ergänzender Hinweis:**
Keine Voraussetzung ist aber, dass die Vortat beendet ist. Zudem ist stets zu prüfen, ob nicht möglicherweise die Unterschlagung als Vortat schon (kurz) vor der Übergabe der Sache vollendet ist, so etwa, wenn vor der Übergabe ein Verkaufsangebot erfolgt und insofern eine Manifestation der Zueignung anzunehmen ist. Dann ist § 259 StGB auch nach überwiegender Ansicht möglich, da die Vortat vorher vollendet ist.
Bei einer versuchten Vortat kann § 259 StGB in Betracht kommen, wenn dadurch schon eine rechtswidrige Vermögenslage geschaffen worden ist, was etwa beim untauglichen Versuch möglich ist.

866 Die Sache muss unmittelbar aus der Vortat stammen, die **Ersatzhehlerei** ist folglich **straflos**.

867 **Beispiel:**
B hat sich von O das Fahrrad geliehen. Da sich B in finanziellen Schwierigkeiten befindet, veräußert er das Fahrrad an den gutgläubigen X, der dem B dafür 100 Euro zahlt (zwei 50 Euro-Scheine). In Kenntnis der Umstände erhält die Freundin des B, die A, von dem Geld einen 50 Euro-Schein.
B hat sich wegen veruntreuender Unterschlagung gemäß § 246 Abs. 2 StGB strafbar gemacht. Ein Betrug gegenüber und zum Nachteil des X scheidet aus, da X gemäß §§ 929, 932 BGB gutgläubig Eigentum an dem Fahrrad erwirbt (siehe dazu Rdn. 669). Damit stammen die 100 Euro nicht aus einer Straftat. Die vorhergehende Unterschlagung spielt keine Rolle, da das Geld nicht unmittelbar aus dieser Vortat stammt.
A macht sich daher durch die Annahme des 50 Euro-Scheins nicht wegen Hehlerei strafbar; das Geld stammt nicht aus einer Straftat. Es geht um einen Fall der straflosen Ersatzhehlerei.

Gegenbeispiel: 868
B hat dem O das Fahrrad gestohlen und veräußert es an den gutgläubigen X für 100 Euro, wobei B wiederum der A 50 Euro aus dem Verkaufserlös gibt. A sind die gesamten Umstände bekannt.
Taugliche Vortat ist hier nicht der Diebstahl, da das Geld nicht unmittelbar aus dem Diebstahl stammt. Jedoch begeht B bei der Veräußerung an X einen Betrug, da X wegen § 935 BGB kein Eigentum erlangt und damit einen Vermögensschaden erleidet. Das Geld stammt unmittelbar aus dieser Tat. Folglich macht sich A bei der Annahme des Geldes strafbar wegen Hehlerei.

Umstritten ist, welche Rolle der Aspekt der Straflosigkeit der Ersatzhehlerei bei **Geld** spielt. 869

Beispiel: 870
B hat dem O einen 100 Euro-Schein gestohlen. Diesen Schein tauscht er in zwei 50 Euro-Scheine um und schenkt einen davon seiner Freundin A, der die Umstände bekannt sind.
Überwiegend wird eine Strafbarkeit der A nach § 259 StGB abgelehnt, da der 50 Euro-Schein nicht unmittelbar aus einer Straftat stammt (Bosch, Jura 2019, 826, 828; Rengier, BT I, § 22 Rdn. 28).
Die Gegenauffassung bemüht indes den Wertsummengedanken und kann dann nach § 259 StGB bestrafen (Rudolphi, JA 1981, 1, 4).

Die Strafbarkeit wegen Hehlerei kann auch daran scheitern, dass ein gesetzlicher Eigentumserwerb vorangeht und sich folglich die rechtswidrige Besitzlage nicht fortsetzt. 871

Beispiel: 872
B unterschlägt bei seinem Arbeitgeber O Papier. Das benutzt er zur Herstellung eines Portraits seiner Freundin A. Anschließend schenkt B der A das Bild. A sind die Gesamtumstände bekannt.
Hier ist B gemäß § 950 Abs. 1 S. 2 BGB Eigentümer des Papiers geworden. Daher macht sich A durch die Annahme des Bildes nicht wegen Hehlerei strafbar.

Die Vortat muss von einem **anderen** begangen worden sein. Folglich scheidet derjenige als Hehler aus, welcher als Alleintäter, Mittäter oder mittelbarer Täter die Vortat begangen hat. Seine Anstiftung zur Hehlerei ist mitbestrafte Nachtat. Der Vortäter verwirklicht daher richtigerweise auch dann nicht § 259 StGB, wenn er nach Beuteteilung unter den Mittätern den Anteil des andern erwirbt oder diesen etwa absetzt (*Maier*, MK, StGB, § 259 Rdn. 58). 873
Kontrovers wird jedoch beurteilt, ob der Teilnehmer an der Vortat Hehler sein kann. 874

Beispiel: 875
A stiftet den B zu einem Diebstahl eines wertvollen Rings bei dem O an. Motiv des A ist allein, später den Ring von B zu erwerben, was dann so auch geschieht. Ist A tauglicher Hehlereitäter?
Rechtsprechung und herrschende Meinung im Schrifttum gehen davon aus, dass es die Beteiligung an der Vortat als Teilnehmer nicht ausschließe, den Teilnehmer als Hehlereitäter zu bestrafen. Danach macht sich A gemäß § 259 StGB strafbar, wobei §§ 242, 26 StGB dazu mitbestrafte Vortat ist (dagegen Realkonkurrenz bejahend BGH, NStZ 2022, 219, 220; Rengier, BT I, § 22 Rdn. 73). Auch dann sei die Vortat von einem anderen begangen worden (siehe BGHSt 7, 134; BGHSt 33, 50, 52). Im Unterschied dazu wird zuweilen verlangt, dass der Hehler

an der Vortat überhaupt nicht beteiligt war (Seelmann, JuS 1988, 39, 42). Das würde bedeuten, dass sich A nicht nach § 259 StGB strafbar macht, sondern allein nach §§ 242, 26 StGB.
Es ist mit dem Wortlaut des § 259 StGB vereinbar, nur denjenigen nicht als „anderen" anzusehen, der als Täter die Vortat verwirklicht. So „stiehlt" der Teilnehmer selbst eben nicht, sondern ein anderer. Das spricht dafür, dass auch der Teilnehmer an der Vortat tauglicher Hehler sein kann.

876 Umstritten ist weiterhin, ob der Vortäter sich nach § 259 StGB strafbar macht, wenn er die Beute vom Hehler **zurückerwirbt**. Taugliche Vortat ist dann § 259 StGB. Da jedoch dann lediglich die Ursprungslage wieder hergestellt wird, lehnen einzelne Autoren eine Strafbarkeit wegen Hehlerei ab (*Maier*, MK, StGB, § 259 Rdn. 60). Andere nehmen eine mitbestrafte Nachtat an (so etwa *Hecker*, TK, StGB, § 259 Rdn. 50). Die Gegenposition favorisiert die Annahme von Realkonkurrenz (*Geppert*, Jura 1994, 100, 103 f.).

877 Kann eine taugliche Vortat, aus der die Sache stammt, bejaht werden, bedarf es der Prüfung der **Tathandlung**. Der Gesetzestext spricht von „Wer eine Sache … ankauft oder sonst sich oder einem Dritten verschafft, sie absetzt oder absetzen hilft".

878 Erste mögliche Tathandlung ist das **Verschaffen**. Hierbei geht es darum, dass jemand die **tatsächliche und eigenständige Verfügungsgewalt über die Sache durch abgeleiteten (derivativen) Erwerb vom Vortäter, also im Einvernehmen mit diesem, erlangt**, sodass die rechtswidrige Besitzlage sich **perpetuiert**. Insoweit ist zu beachten, dass das in § 259 StGB aufgelistete Merkmal „Ankaufen" keinen eigenständigen Bedeutungsgehalt aufweist, sondern einen bloßen Unterfall des Verschaffens darstellt; folglich genügt der bloße Abschluss des obligatorischen (kausalen) Geschäfts für die vollendete Hehlerei nicht, sofern der Erwerber noch keine tatsächliche Verfügungsgewalt über den Gegenstand erlangt hat.

879 Da eine eigenständige Verfügungsgewalt erforderlich ist, sie also unabhängig vom Vortäter sein muss, reicht es nicht, wenn sich jemand die gestohlene Sache vom Dieb lediglich leiht oder er sie für den Dieb nur verwahrt. Kein Verschaffen ist die Erlangung der Sache, allein um diese zu zerstören. Auch beim bloßen Mitkonsum (zum Beispiel von Drogen) soll nach überwiegender Ansicht § 259 StGB entfallen (siehe BGH, NStZ 1992, 36; *Fischer*, StGB, § 259 Rdn. 12; a. A. *Altenhain*, NK, StGB, § 259 Rdn. 34; *Roth*, JA 1988, 193, 203).

880 Problematisch ist, ob die Erlangung mittelbaren Besitzes bereits genügt.

881 **Beispiel:**
B hat von dem O betrügerisch eine Uhr erlangt. B bringt die Uhr zu dem Pfandhaus des G. A möchte die Uhr erwerben und gibt B dafür 100 Euro. Daraufhin händigt ihm der B den Pfandschein aus. Die Rechtsprechung und Teile der Literatur bejahen beim mittelbaren Besitz bereits ein Verschaffen (BGHSt 27, 160, 163; BGH, NStZ-RR 2019, 14, 15; Berz, Jura 1980, 57, 62; Hoyer, SK, StGB, § 259 Rdn. 25). Mangels Erlangung der tatsächlichen Verfügungswalt über die Sache lässt dies die Gegenposition jedoch nicht ausreichen (OLG Schleswig, NJW 1975, 2217; Schall, NJW 1977, 2221). Insoweit ist zu bedenken, dass A erst unter Einschaltung des G auf die Uhr zugreifen kann; das spricht gegen die Annahme des Verschaffens.

882 An einem **abgeleiteten Erwerb fehlt** es, wenn der Erwerber die Sache im Wege des **Diebstahls** erhält. Das ist auch anzunehmen bei der Erlangung durch Gewalt (vis absoluta, vis compulsiva) oder durch Drohung (§§ 240, 249, 253, 255 StGB), also durch eine **Nötigung** (BGHSt 42, 196, 198; *Gleß*, Jura 2003, 496, 501). **Problematisch** ist, was zu gelten hat, falls er die Sache über eine **Täuschung** erlangt.

Beispiel: 883
B hat dem O eine Kette gestohlen. A, der Freund des B, erklärt dem B der Wahrheit zuwider, die Kette sei völlig wertlos. Enttäuscht überlässt der B dem A die Kette. In Wirklichkeit hat die Kette einen hohen Wert.
A hat die Kette von B im Wege der Täuschung erlangt. Fraglich ist, ob in diesem Fall noch von einem derivativen Erwerb ausgegangen werden kann. Insoweit ist zu beachten, dass auch in anderen Zusammenhängen eine Täuschung grundsätzlich keine Auswirkungen auf ein wirksames Einverständnis hat, man denke etwa an § 123 StGB. Von daher sprechen die besseren Argumente dafür, trotz Täuschung von einem abgeleiteten Erwerb auszugehen. Es liegt daher auch bei einer Täuschung ein Sich-Verschaffen vor (ebenso BGHSt 63, 274, 277 f.; Heger/Weiß, JR 2019, 644, 645; andere Ansicht und § 259 StGB bei der Täuschung ablehnend etwa Jäger, JA 2019, 548, 550 f.; Mitsch, JA 2020, 32, 34; Rengier, BT I, § 22 Rdn. 36).

Ein Verschaffen scheidet aus, wenn die rechtswidrige Besitzlage nicht perpetuiert wird. 884

Beispiel: 885
Dieb B gerät beim Bestreben, ein bei dem O gestohlenes Gemälde zu veräußern, an den A, der im Auftrag des O agiert, um den Gegenstand dem O wieder zu beschaffen.
In diesem Fall wird durch den Erwerb seitens des A, der für den O agiert, der rechtmäßige Zustand wiederhergestellt. Ein Verschaffen liegt nicht vor.

An einer Perpetuierung der rechtswidrigen Besitzlage fehlt es auch, wenn jemand Diebesgut etwa im Sinne des § 950 BGB verarbeiten soll. 886

Neben der Möglichkeit, dass der Hehler sich die Sache selbst verschafft, kommt auch in Betracht, dass er sie einem **Dritten** zur selbstständigen Verfügungsgewalt verschafft; in diesem Fall kommt die Sache ohne Umweg unmittelbar dem Dritten zu. 887

Zweite Tatvariante ist das **Absetzen**. Hier geht es um das **selbstständige, entgeltliche Weiterveräußern des Gegenstands im Einverständnis und im wirtschaftlichen Interesse des Vortäters**. Nach überwiegender Ansicht muss es sich um eine entgeltliche Weiterveräußerung handeln (BGH, NJW 1976, 1950; *Eisele*, BT II, Rdn. 1160; anders etwa *Küper/Zopfs*, BT, Rdn. 11). 888

Beispiel: 889
Dieb B gibt die Diebesbeute an den bösgläubigen Händler A, der die Beute für den B veräußern will. A veräußert die Beute für 6.000 Euro.
In diesem Fall wird A im Interesse des Vortäters selbstständig tätig und veräußert das Diebesgut entgeltlich. Es liegt ein Absetzen vor.

Sehr lange wurde kontrovers diskutiert, ob zur Erfüllung des Merkmals bereits eine dahingehende **Tätigkeit** genügt oder ein **Absatzerfolg** eingetreten sein muss. 890

Beispiel: 891
A will im Interesse des Vortäters B eine von B gestohlene Halskette veräußern. A kontaktiert hierbei den Juwelier J, der Interesse an der Halskette hat. Man einigt sich auf einen Preis von 300 Euro. Noch bevor der A jedoch dem J die Kette übergeben kann, wird A festgenommen.
Hier hat A zwar eine Absatztätigkeit entfaltet, jedoch ist es noch nicht zu einem erfolgreichen Absatz der Kette gekommen.
Lange Zeit hatte der BGH vertreten, eine auf den Absatz gerichtete Tätigkeit genüge (etwa BGHSt 27, 45, 47; ebenso etwa Endriß, NStZ 1998, 462, 463; Rose-

nau, NStZ 1999, 352, 353). Dagegen hatte die überwiegende Ansicht im Schrifttum stets zur Vollendung einen Absatzerfolg verlangt (etwa Zieschang, GS Schlüchter, S. 403, 408ff.). Dafür spricht der Begriff „Absatz", der systematische Vergleich zum Verschaffen, das einen Erfolg verlangt, und der Aspekt der Perpetuierung der rechtswidrigen Vermögenslage, die erst beim Absatzerfolg eintritt. Zutreffend hat daher schließlich der BGH seine Rechtsprechung aufgegeben und setzt heute ebenfalls zur Vollendung den Eintritt eines Absatzerfolges voraus (BGHSt 59, 40).

892 An dem Eintritt eines Absatzerfolges fehlt es, wenn die gestohlene Sache an den Eigentümer oder an einen verdeckt ermittelnden Polizeibeamten übergeben wird (siehe BGHSt 43, 110). Hier fehlt es nämlich an der Aufrechterhaltung der rechtswidrigen Vermögenslage. Das gilt selbst dann, wenn der Eigentümer etwa gar nicht merkt, dass es sich um seine Sache handelt.

893 Bei der **Absatzhilfe** geht es um die **unselbstständige, weisungsgebundene entgeltliche Weiterveräußerung des Gegenstands im Einverständnis und wirtschaftlichen Interesse des Vortäters**. Auch hier ist inzwischen anerkannt, dass zur Vollendung ein erfolgreicher Absatz stattgefunden haben muss.

894 Da der Absatz durch den Vortäter nicht strafbar ist – § 259 StGB verlangt die Vortat eines anderen –, fehlt es für die Strafbarkeit der Beihilfe an einer vorsätzlichen rechtswidrigen Haupttat. Insofern wird nun durch die in § 259 StGB normierte Absatzhilfe letztlich die Beihilfe zum Absatz des Vortäters zur Täterschaft heraufgestuft, wobei der Helfer im Lager des Vortäters stehen muss (BGH, NStZ 2022, 219). Hilfeleistungen etwa zugunsten des Erwerbers bleiben aber als Beihilfe zu dessen Hehlerei strafbar (*Hilgendorf/Valerius*, BT II, § 21 Rdn. 26).

895 Umstritten ist, wann von versuchter Absatzhilfe (§ 259 Abs. 3 StGB) auszugehen ist. Während Stimmen in der Literatur verlangen, dass unmittelbar zum Übergabeakt angesetzt wird (*Rengier*, BT I, § 22 Rdn. 65), lässt der BGH das unmittelbare Ansetzen zur Hilfeleistung ausreichen (BGHSt 63, 228, 234 ff.).

2. Der subjektive Tatbestand

896 Im subjektiven Tatbestand ist zunächst **Vorsatz** erforderlich, wobei bedingter genügt. Der Hehler muss also zumindest mit der Möglichkeit rechnen, dass die Sache aus einer Vermögensstraftat stammt und sich damit abfinden.

897 Darüber hinaus verlangt § 259 StGB **Bereicherungsabsicht**, also das Streben nach Vermögensvorteilen im Sinne von dolus directus 1. Grades. Dabei kann die Absicht auch bloß Zwischenziel sein. Die Bereicherungsabsicht fehlt, wenn die gestohlene Sache zum Marktpreis erworben wird (BGH, wistra 2012, 148, 149). Auch wenn sich der Täter die Sache ebenso günstig auf einwandfreie Weise hätte verschaffen können, fehlt die Bereicherungsabsicht (BGH, wistra 2012, 148, 149).

898 Anders als etwa beim Betrug ist weder die Stoffgleichheit noch die Rechtswidrigkeit der erstrebten Bereicherung vorausgesetzt. Hehlerei liegt also trotz fehlender Stoffgleichheit auch dann vor, wenn der Absatzgehilfe nicht aus der Beute, sondern aus anderen Mitteln bezahlt werden soll.

899 Drittbereicherungsabsicht genügt. Angesichts des Wortlauts der Norm (Dritter, anderer) darf hierbei jedoch der „Dritte" nicht der Vortäter sein (siehe BGH, NStZ 1995, 595; a. A. *Eisele*, BT II, Rdn. 1167).

XXI.
Geldwäsche gemäß § 261 StGB

Die Strafvorschrift der Geldwäsche ist durch das Gesetz zur Verbesserung der strafrechtlichen Bekämpfung der Geldwäsche vom 9.3.2021 (BGBl. I, 327) erheblich erweitert worden. Es handelt sich ebenfalls um eine Anschlusstat, wobei nunmehr als Vortat bloß eine „rechtswidrige Tat" (§ 11 Abs. 1 Nr. 5 StGB) ohne weitere Eingrenzungen ausreicht; der vorherige Straftatenkatalog ist also weggefallen, was zu einer erheblichen Ausweitung der Vorschrift führt. 900

Tatobjekt ist ein **Gegenstand, der aus einer rechtswidrigen Tat herrührt**. Unter den Gegenstand fällt jeder Vermögenswert, also Sachen, Forderungen oder Rechte. Der Gegenstand **rührt** nach dem BGH dann aus der Vortat **her**, wenn er sich bei wirtschaftlicher Betrachtung im Sinne eines Kausalzusammenhangs auf die Vortat zurückführen lässt (BGHSt 53, 205, 209; BGHSt 63, 268, 271 f.). Erfasst werden also nicht nur die Ursprungsgegenstände, sondern auch Ersatzgegenstände, wobei insoweit aber § 261 Abs. 1 S. 2 StGB für bestimmte Konstellationen die Straflosigkeit ausdrücklich normiert. Selbst wenn ein Gegenstand nur anteilig mit Beutegeld bezahlt wird, ist auch er bemakelt, rührt also insgesamt aus der Vortat her (BGH, NJW 2015, 3254 f., bezüglich Giralgeld). 901

§ 261 Abs. 1 S. 1, Abs. 2 StGB listet die einzelnen strafbaren Verhaltensweisen auf, der Versuch ist strafbar. 902

Die Tat ist Vorsatztat. Im Hinblick auf das Problem der Annahme von Verteidigerhonoraren regelt jedoch § 261 Abs. 1 S. 3 StGB ausdrücklich, dass in bestimmten Fällen der Verteidiger nur dann vorsätzlich handelt, „wenn er zu dem Zeitpunkt der Annahme des Honorars sichere Kenntnis von dessen Herkunft hatte". Das entspricht der vorherigen Rechtsprechung des BVerfG (BVerfGE 110, 226; BVerfG, NJW 2015, 2949, 2952). 903

Die (nur in Bezug auf die deliktische Herkunft des Gegenstandes) leichtfertige Geldwäsche ist in § 261 Abs. 6 StGB pönalisiert, wiederum versehen mit einer Einschränkung für Strafverteidiger. Nach § 261 Abs. 6 i. V. m. § 261 Abs. 1 Nr. 3 StGB kann auch derjenige bestraft werden, dessen Verurteilung wegen Hehlerei nach § 259 StGB am Vorsatz bezüglich der Vortat scheitert (siehe BGHSt 50, 347, 352 ff.). 904

Der Beteiligte an der Vortat kann sich nur nach Maßgabe des § 261 Abs. 7 StGB wegen Geldwäsche strafbar machen. 905

Stichwortverzeichnis

Die Zahlen beziehen sich auf die Randnummern. Hauptfundstellen sind hervorgehoben.

A

Abgeleiteter Erwerb 878, 882 f.
Ablationstheorie 120
Absatzhilfe 877, 893 ff.
Absetzen 877, 888 ff.
Absichtslos-doloses Werkzeug 206
Äußeres Erscheinungsbild 323, 427 ff., 787 ff.
Affektionsinteresse 5, 284, 648
Aggregatzustand 6, 10
Aktien 571, 573, 575, 680, 853
Aktiengesellschaft 573, 575, 577, 680, 747, 754, 760, 764
Alleineigentum 18 f., 37, 141, 859
Alleingewahrsam 60, 64, 81, 85, 88, 91, 93 f., 117, 151, 196, 356 f.
Aneignung 55 f., 153 f., 157 f., 164, **175 ff.**, 193, 199, 211, 363, 366 f., 394
Angehöriger 56, 232 f., 419, 484, 857
Ankaufen 877 f.
Anlageberatung 593, 760, 762, 764
Anschlussdelikt 839, 858, 900
Anstellungsbetrug 664 ff.
Anstiftung 205, 333, 856, 873, 875
Anvertrautsein 381, 383, 385, 744, 762, 764
Apprehensionstheorie 120
Aufklärungspflicht 590, 592 f., 595 ff.
Automat 35, 91, 104, 106, 127, 162, 261, 266, 268, 561, 704, 709 f., 712, 714 f., 717 f., 721 f., 725 ff., 732, 735 ff., 777 f.

B

Bande **326 ff.**, 463, 693, 858
Bedingung 34 f., 37, 103 f.
Beeinflussung des Ergebnisses eines Datenverarbeitungsvorgangs 706, 729 ff.
Beendigung 120, 128 ff., 317 f., 440, 449, 462, 502 ff., 810, 844 ff., 865
Beförderungserschleichung 738 ff.
Befugnistheorie 618 f., 622
Begünstigung **839 ff.**
Beihilfe 207 f., 332, 449, 620, 700, 840, 844 ff., 894
Beisichführen 309, 313, **315 ff.**, 453, 459
Benzin 6 f., 37, 105, 575
Beobachtung 98 f., 123, 501, 506 f., 514
Bereicherungsabsicht 431, 670 f., **673 ff.**, 699, 733, 800, 804, 814 ff., 897 ff.
Berufswaffenträger 307 f.
Beschädigen **527 ff.**, 547
Beschlagnahme 112 f.
Besitz 21, 43, 52, 59, 68, 70, 79, 131, 145, 352, 369, 371, 373, 494, 516, 519 f., 522 f., 603, 612, 619, 634, 641, 685, 722, 800 f., 807, 848, 858, 860, 871, 878, 880 f., 884, 886
Besitzdiener 59
Besitzerhaltungsabsicht 516 ff., 522
Besonderes öffentliches Interesse 236
Besonderes persönliches Merkmal 290, 335, 383, 748, 773
Besonderes subjektives Merkmal 132, 152, 445, 490, 516, 670, 673, 768, 783, 814, 850
Betäubungsmittel 21, 29, 79, 385, 419, 633, 816 f., 842, 879
Betroffensein 494, **505 ff.**, 512, 514 f., 810
Betrug 109 ff., 171, 174, 190, 231, 327, 431, **556 ff.**, 704, 715 f., 719, 721 ff., 727, 729 f., 732, 755, 757, 784, 791 f., 794, 803 f., 807, 811, 814, 853, 862, 867 f., 898
Betrug in einem besonders schweren Fall 299, 389, **692 ff.**, 769
Betrugsspezifische Auslegung 715 f., 719, 721 ff.
Betrugsvorsatz 670 ff., 687, 690
Beweglichkeit der Sache 3, **15 ff.**, 30 f., 43, 91, 122, 248, 315, 352, 361 ff., 424 f., 526, 859
Bewusstlosigkeit 65 f., 436, 438, 441
Bote 172, 759
Buchgeld 4
Bürgerliches Recht, siehe Zivilrecht

C

Churning 764
Computer 273, 552, 704, 711 f., 715 f., 721, 725 f., 729
Computerbetrug 106, 162, 561, 604, **704 ff.**, 860
Computersabotage 552
Computerspezifische Auslegung 711 f., 716, 721
Containern 48 f.

D

Darlehen 145, 579, 644, 656 f., 724 f., 754, 760, 764

Daten 4, 164, 551, 604, **705 ff.**
Datenveränderung 164, 551 f.
Deliktischer Zwischenschritt 115, 614, 730 f.
Dereliktion 43, 45 f., 49 f.
Derivativer Erwerb 878, 882 f.
Diebesfalle 100
Diebstahl **1 ff.**, 237 ff., 301 ff., 361 ff., 379 f., 388 f., 390, 393 f., 406 f., 411 f., 418, 424 ff., 438, 441, 444 ff., 456, 479, 494 ff., 556, 613 ff., 647, 686, 728, 731, 791, 804, 810, 857, 860, 868, 875, 882
Diebstahl geringwertiger Sachen 46, **234 ff.**, 286, 296
Diebstahl in einem besonders schweren Fall 230, 234, **237 ff.**, 301, 303, 336 f., 441, 497, 692, 703, 769
Diebstahlsqualifikation 230, 234, 238, 245, 283, **301 ff.**, 412, 451, 453 ff., 497, 860
Diebstahlsvorsatz **132 ff.**, **217 ff.**, 258, 295 f., 299
Dienstmützenfall 174
Dolus directus 1. Grades 154, 324, 363, 516, 674, 742, 814, 837, 850, 897
Dolus directus 2. Grades 674
Dolus eventualis 155, 197, 208, 217, 363, 455, 506, 672, 674, 687, 768, 783, 813, 849, 896
Dreiecksbetrug 617 ff.
Drittbereicherungsabsicht 676 f., 682 f., 690, 814, 899
Drittzueignung 156, **200 ff.**, 352, 362 f., 373 ff.
Drogen, siehe Betäubungsmittel
Drohung 306, 320, 323 f., 411, 414, 416, **419 ff.**, 433, 436, 438, 442, 454, 462, 476 f., 479, 494, 511, 785, 797, 811, 824 f., 826, 882

E
Eigentum 2, 18 ff., 27 ff., 36 ff., 41 ff., 49, 52 ff., 60, 68, 104, 136, 140 ff., 157 f., 165 ff., 199, 202, 221, 232, 360, 373, 382, 392, 398, 419, 507, 524, 538, 540, 550, 556, 565, 586, 612, 622, 625, 634, 641, 669, 718, 804, 822, 839, 859, 867, 871 f., 892
Eigentumsdelikt 21, 538, 556, 718, 804
Eigentumsfähigkeit 21
Eigentumsvorbehalt 20, 37
Einbrechen 251 f., 255, 258, 260, 288, 293 ff., 301, 337, 342, 344 ff.
Eindringen 247, 256, 337
Einkaufswagen 114, 125
Einsteigen 252, 258, 337, 345
Einverständnis 41, 46 f., 82 f., **96 ff.**, 148, 160, 222, 375, 398, 409, 612 f., 753, 765 f., 793, 799, 883, 888, 893
Einwilligung 224, 398, 526, 540
Empfängerhorizont 565, 585, 589
Enteignung 153, 155, 157 f., 162, 164, 180, **187 ff.**, 363, 366 f., 393 f., 446, 800
Entgeltlichkeit 734, 736, 738, 742, 888 f., 893
Entschlussfreiheit 823 ff.
Entziehung elektrischer Energie 10, **407 ff.**
Erbenbesitz 59, 68, 70
Erbschaft 25 ff., 38 f., 53 f., 56, 59, 68, 70, 136, 143, 501, 641
Erfolgsqualifizierter Versuch 489 ff.
Erfolgsqualifiziertes Delikt 455, 466, 473, 489 ff., 493, 838
Erfüllungsbetrug 650 f.
Erpressung, siehe Räuberische Erpressung
Erpressungsvorsatz 813 f., 817
Ersatzhehlerei 866 ff.
Erschleichen 658, 734 ff.
Erschleichen von Leistungen **734 ff.**
Erschleichen von Leistungen, Vorsatz 742
Exklusivitätsverhältnis 110, 613, 728

F
Fahrkarte 191, 607, 627 f., 661, 739, 742
Fahrrad 28, 71, 75, 140 f., 187, 240, 271, 359, 394, 396, 400, 446, 542, 565, 581, 622, 625, 653, 669, 800, 864, 867 f.
Faktischer Gewahrsamsbegriff 71 f.
Falscher Schlüssel 253, 337
Falschgeld 21, 104, 112, 268, 559, 605, 677, 728, 736
Fehlbuchung 590
Fehlüberweisung 590
Fernfahrt 117
Festnahmerecht 225
Fiktive Vergleichsperson 716, 719, 722, 725
Finalzusammenhang 435 ff., 442, 444
Finderlohn 171
Forderungsbetrug 615 f., 623
Freiwillige Vermögensverfügung 111 ff., 116, 613 f., 619, 792, 795
Fremder Gewahrsam 18, 60, 64, 68, 74 ff., 95 f., 99 f., 109, 121, 125, 131, 148, 357, 425 f. Fremdes Vermögen 744, 747 f., 758, 762, 841, 858, 860
Fremdheit einer Sache 3, **18 ff.**, 60, 105 f., 134 ff., 168 f., 220 f., 354 f., 361 ff., 424 ff., 500 f., 525, 550, 553, 555, 859
Fremdschädigungsdelikt 110, 431, 791, 804
Frische Tat 130, 494, 502, **503 ff.**, 512, 514, 810
furtum usus, siehe Gebrauchsanmaßung

G

Garantenstellung 590, 592 f., 752
Gaspistole 305
Gattungsschuld 213, 215 f., 223
Gebäude 127, 246, 250, 341, 392, 553
Gebrauchsanmaßung 187 f., 194 ff., **393 ff.**, 445 f., 499, 800
Gefährliches Werkzeug 304 ff., **309 ff.**, 321, 453 f., 457 ff.
Gefängniskleidung 179
Gefahr 278 f., 281 f., 308, 324, 366, 411, 416, 420, 455, 464 f., 469 f., 472 f., 478 f., 484, 494, 511, 646, 690, 694 ff., 785, 810
Gefahrzusammenhang 469 f., **473 ff.**
Geheimzahl, siehe PIN
Geld 4, 9, 21, 29, 33, 35, 39, 66, 68, 85, 91, 100, 102, 104, 106, 112, 122, 127, 136, 138, 148, 151, 162, 169 f., 173, 176, 180, 190, 204, 215 f., 218 f., 221 ff., 254, 261 f., 266, 268, 270, 357, 368, 374, 385, 388, 392, 423, 430, 441, 475, 477, 483, 488, 490, 501, 559, 561, 595, 605, 627 f., 638 f., 641, 661, 663, 675, 677, 685 f., 704, 709 f., 712, 714, 717 f., 720 ff., 726 ff., 732, 735 f., 744, 760 ff., 777 f., 798, 801, 808, 815 f., 851 ff., 867 ff., 900 ff.
Geldautomat 35, 106, 127, 266, 561, 704, 709 f., 712 ff., 721 f., 732, 777
Geldkarte 106 f., 162, 254, 709, 721, 722, 801
Geldwäsche 839, **900 ff.**
Gemeine Gefahr 278, 282
Gemeinschädliche Sachbeschädigung 553
Geringwertigkeit 235 f., **284 ff.**, 292 f., 692
Gesamthandseigentum 20
Gesamtsaldierung 629, 642
Geschäftsführer 40 f., 747, 758, 760, 766
Gesetzeswidrige Zwecke 384, 761
Gesetzlicher Eigentumserwerb 36 f., 871 f.
Gesetzliches Verbot 29, 55, 638
Gesetzlichkeitsprinzip (Art. 103 Abs. 2 GG) 10 f., 66, 243, 301, 341, 396, 400, 499, 509, 655, 745
Gesundheitsschädigung 455
Gewahrsam 2, 5, 42, **57 ff.**, 148, 150 f., 196, 209, 232, 242, 352, 354 ff., 372 f., 419, 422 f., 425 f., 442, 492, 501, 507, 519, 614, 622, 801
Gewahrsamsbegründung 57, 68, 70, 99, **118 ff.**, 426, 492
Gewahrsamsbruch 57, 80, 82 f., **95 ff.**, 131, 148, 355, 358, 425 f., 492, 622
Gewahrsamsdiener 86, 88 f.
Gewahrsamsenklave 81, 99, 114, 122 ff., 242
Gewahrsamsinsel, siehe Gewahrsamsenklave
Gewahrsamslockerung 115 f., 614, 801
Gewalt 123, 157, 251, 300, 320, 324, 399, 411, **414 ff.**, 431, 433, 436 ff., 446, 449, 462, 474 f., 479 ff., 488, 490, 494, 511, 515, 785, 800, 803, 825, 827, 878 f., 882, 887
Gewalt durch Unterlassen 438
Gewerbsmäßigkeit 272 f., 288, 290, 693, 858
Gleichrangiger Gewahrsam 82 f.
GmbH 40 f., 747, 760, 764, 766
GPS 117
Graffiti 547 ff.
Gravierende Pflichtverletzung 754, 763 f.
Große Zahl von Menschen 695
Gutglaubenserwerb 31 ff., 586, 625, 668 f., 751, 867 f.

H

Handtaschenraub 416 ff.
Häusliche Gemeinschaft 233
Haus- und Familiendiebstahl 2, **228 ff.**, 497, 703, 769, 857
Hehlerei 231, **858 ff.**, 904
Hehlereivorsatz 896, 904
Herrenlosigkeit 18 f., 42 f., 46, **51 ff.**, 60, 859
Herrühren 901
Hilfeleisten 840, 845, 847 f., 894 f.
Hilflosigkeit 278 ff.

I

Illationstheorie 120
Individueller Schadenseinschlag 650, 652 f., 683
Indizwirkung 240, 298 f., 336
In Gebrauch Nehmen **397 ff.**
Innere Willensrichtung 429 ff., 787 ff.
Irrtum 112, 139 ff., 218 f., 235, 286, 379, 436, 508, 510, 557, 590, 595, **598 ff.**, 619 ff., 625 ff., 634, 638 f., 661, 663, 669, 672, 685, 687, 699, 704, 715, 717, 719, 723, 727, 742, 780, 817, 821

J

Jagdwilderei 52

K

Kassierer 85, 114, 151, 357, 561, 595, 614, 667, 719, 760
Kausalbeziehung 434, 436, 439, 441 f., 444, 786, 812 f., 901
Kausalität 434, 436, 439, 441 f., 444, 469 f., 472, 490, 513, 557, 626 ff., 672, 786, 812 f., 901
Körper 1, 13 f., 22, 53 f., 64, 252, 256, 279, 314, 321, 414, 418, 438, 445, 449, 455, 459, 462, 464

Körperlichkeit **4 ff.**, 407, 859
Körperteile 13 f., 22, 53 f., 56, 314, 321
Kofferraum 248, 261 f.
Konkludente Täuschung 565, 579, **585 ff.**, 591, 595 f., 716 f.
Konkurrenzlösung 379
Konsum 48, 181 f., 502, 537 f., 879
Kontrektationstheorie 120
Kraftfahrzeug 116, 187, 251, 261 f., 331, 340, 396, 400, 406, 578, 690, 822, 823, 829 f., 834 f., 838
Kraftfahrzeugführer 822, 823, 826, **829 ff.**, 838
Kredit, siehe Darlehen
Kreditkarte 603, 658, 723, **771 ff.**
Kuhfuß 255
Kundenkreditkarte 781
Kurierfahrt 117

L
Labello-Stift 323, 454
Lagertheorie 618 f., 622
Leergut 167 ff.
Legitimationspapier 190, 603
Leichnam 14, 53 f., 146
Leichtfertigkeit 467 f., 470, 485 f., 490, 838, 904
Leichtgläubigkeit 599 f.
Leistungsautomat 735
Lex specialis 245, 303, 344, 428, 431, 446, 745, 770, 789, 804
Lösegeld 173, 808

M
Maestro-Karte 775 ff.
Mahnverfahren 604
Makel 669, 901
Manifestationstheorie 365, 367 ff., 373, 379, 865
Melkmaschinenfall 652
Mensch 13 f., 236, 247, 260, 338, 392, 467, 470 f., 598, 695, 715, 824
Messer 188, 305, 310, 316, 462, 799
Missbrauch von Scheck- und Kreditkarten 725, **771 ff.**
Missbrauchsvariante bei der Untreue 745 ff.
Mitarbeiterausweis 163
Miteigentum 20, 37, 140
Mitfahrer 822 f., 829, 832, 838
Mitgewahrsam 76, 78, 80, 82, 88, 94, 151
Mittäterschaft 334, 449, 521 ff., 699, 873
Mittelbare Täterschaft 206 ff., 399, 617, 621 f., 873
Mittelbarer Besitz 59, 880 f.

N
Nachstellen 52
Natürliche Person 62, 561, 704, 715, 823
Neuwert 193
Nötigung 411 ff., 426, 433 ff., 444 ff., 448, 462, 479, 490, 492, 494, 496, 500 f., 503 f., 511, 513, 515, 517, 522 f., 633, 652, 690, 785 ff., 810, 812 f., 815 f., 819, 825 f., 860, 882
Normatives Merkmal 137, 144
Notstand 227, 540, 689 f., 818

O
Objektiver Beobachter 323, 365, 368, 739
Offener Tatbestand 819
Opferstock 274

P
Perpetuierungstheorie 858, 878, 884, 886, 891
Pfand 131, 173, 187, 395, 641
Pfandgeld 169 f.
Pfandkehr 131
Pfandschein 881
Pfefferspray 305, 310, 419
PIN 35, 106, 704, 710, 712, 719, 721 f., 775 f.
Ping-Anruf 589
Polizeikontrolle 826
POS-Verfahren 719, 776
POZ-Verfahren 719, 775
Privatwohnung 250, **344 ff.**
Probefahrt 116, 690
Prognose 571 ff.
Prostituierte 640

R
Räuberische Erpressung 173, 353, 392, 426 ff., 445 f., 499, 517, 522, 552, 633, **784 ff.**, 822, 837, 882
Räuberischer Angriff auf Kraftfahrer 436, **822 ff.**
Räuberischer Diebstahl 130, 318, 436, 450, 456, 467, 470, 488, **494 ff.**, 810, 837
Räuberischer Diebstahl, Vorsatz 494, 506, 514 f.
Raub 324, 327, 336, 346, 353, 392, **411 ff.**, **450 ff.**, **466 ff.**, 494 ff., 498, 500 f., 511, 785, 788 ff., 822, 837 f., 882
Raub mit Todesfolge 450, **466 ff.**, 495, 498
Raubvorsatz 434, 437 f., 441, 443 f., 447, 455, 464 f., 467, 490, 493
Rechtfertigung 30, 220, 225, 227, 540, 550, 688 ff., 818, 820
Rechtsauffassungen 580 f.
Rechtsgeschäftlicher Eigentumserwerb 24, 27, 31 ff., 37, 41, 669, 751, 867

Rechtsgut 1, 373, 392, 822, 824 f., 861
Rechtswidrige Tat 839 ff., 858, 860, 900
Rechtswidrigkeit der Bereicherung 670 f., **684 ff.**, 688, 690, 733, 815 ff., 898
Rechtswidrigkeit der Zueignung 132 f., **210 ff.**, 223 f., 363, 380, 443
Regelbeispiel **237 ff.**, 692 ff.
Repräsentant 699
Risikogeschäft 764
Rückerwerb vom Hehler 876
Rücktritt 296, 299, 490 ff.
Rücktrittsrecht 656
Rückveräußerung an den Eigentümer 165 f., 885
Rückwirkungsfiktion 23 ff.

S

Sachbeschädigung 175 f., 186, 291, 445, **524 ff.**, 553 ff.
Sachbetrug 613, 615
Sache **3 ff.**, 30 f., 41 ff., 54, 154 ff., 200 ff., 214, 235 f., 284 ff., 361 ff., 372 f., 381 ff., 415 f., 440, 525 ff., 641, 668, 699, 858 f., 866
Sachentziehung 183 f., 532 ff.
Sachgedankliches Mitbewusstsein 601 f., 605, 717
Sachherrschaft **58 ff.**, 95, 118, 124, 372 f., 425
Sachherrschaftswille 58, 62 f., 64 f., 425
Sachwerttheorie 157 f., 160
Sammelbüchse 93
Scan 108, 731
Schadenswiedergutmachung 654, 732
Scheckkarte 771 ff., 776
Scheinwaffe 323, 454
Schlaf 65, 279, 339
Schließfach 94, 261, 881
Schlüssel 50, 91, 93, 162, 180, 225, 253, 264 ff., 305, 322, 337, 373, 536, 690
Schlüsselinhaber 91, 93, 266, 881
Schreckschusswaffe 305
Schwarze Kasse 764
Schwerer Raub 306, 323, 449, **450 ff.**, 468, 488, 495 f., 498, 837
Selbsthilfe 223, 688
Selbstschädigung 620, 660 ff.
Selbstschädigungsdelikt 110, 431, 610, 791, 804
Sicherungsbetrug 647
Sicherungseigentum 20, 145, 398
Sicherungserpressung 517, 809
Sicherungsetikett 242, 271
Sich Zueignen **200 ff.**
Sozial-normativer Gewahrsamsbegriff 72
Sparbuch 4, 158, 162, 190, 603
Spende 202 ff., 663
Sperrmüll 46
Sponsoring 754, 764
Stammkapital 766
Stoffgleichheit 670 f., **678 ff.**, 685, 687, 690, 733, 815, 817, 898
Strafantrag 2, 46, **228 ff.**, 286, 296, 497, 703, 769, 857
Strafzumessungsvorschrift 238 ff., 289, 291, 297, 299, 301 f., 389, 692
Strom 8 ff., 407 ff., 547, 550
Subjektive Auslegung 713, 721
Subsidiaritätsklausel 352, 379, **386 ff.**, 405, 446, 700, 735, 743
Substanztheorie 157 ff.
Subsumtionsirrtum 140, 150
Sukzessive Beihilfe 449, 845

T

Tätige Reue 700, 855
Täuschung 24, 112, 323, **557 ff.**, 617 ff., 634, 646, 650 ff., 669, 672, 675, 680, 683 ff., 698 f., 704, 715, 717, 721 f., 725, 811, 825 f., 882 f.
Täuschung durch Unterlassen **591 ff.**
Täuschungsbewusstsein 566, 672
Tanken 7, 37, 105, 561
Tatbestandsirrtum 219, 687, 817
Tatbestandslösung 379
Tatsache 140, 150, 219, 560, 562 ff., **567 ff.**, 598, 600, 821
Taxi 150, 588, 738, 826, 832
Telefonkarte 162
Telekommunikation 735, 737
Teleologische Reduktion 21, 308
Tier **11 f.**, 51 f., 305, 848
Tod 39, 56, 63, 66 ff., 70, 143, 227, 232, 425, 464 f., 467, 470, 475, 478 ff., 483, 485 f., 490, 492, 838
Transport 52, 127, 177 f., 262, 340, 829
Tresor 91, 121, 250, 260 ff., 264, 266 ff., 797
Treubruchvariante bei der Untreue 758 ff.
Treu und Glauben 593, 595, 636

U

Übergeordneter Gewahrsam 82, 84, 87
Überschießende Innentendenz 152, 210, 516, 673
Umschlossener Raum 246 ff., 260, 338
Unbefugt 162, 187, 247, 253, 266, 393, 395, 408, 550, 705, 711, 717, 726, 736 f., 739
Unbefugte Verwendung von Daten 162, 705, **711 ff.**

Unbefugter Gebrauch eines Fahrzeugs, siehe Gebrauchsanmaßung
Unglücksfall 278 ff.
Unmittelbare Vermögensverfügung 111, 115 f., 610, 613 f., 619, 658, 667, 728 ff., 791, 794, 801, 804
Unrichtige Programmgestaltung 706 f.
Untauglicher Versuch 39, 100 ff., 136, 144 ff., 222, 436, 500 f., 865
Untergeordneter Gewahrsam 82, 86, 88
Unternehmerische Entscheidung 754, 764
Unterschlagung 2, 66, 75, 100, 105 f., 145, 151, 162, 186, 194, 196, 208, 231, 234, 327, **352 ff.**, 394, 405, 412, 499, 526, 561, 622, 743, 770, 864 f., 867
Unterschlagung, Vorsatz 363, 379
Untreue 231, 234, 381, 389, 620, **744 ff.**, 771, 780
Untreuevorsatz 768
Urkunde 860 f.
USB-Stick 4, 859

V
Verborgen halten 257 f., 337
Verbotsirrtum 140, 219, 821
Verbrauch 181, 369, 406, 537 f., 575, 744
Verbraucher 30, 600
Vereinigungsformel 157 ff.
Vereinzelung 835
Verfügungsbewusstsein 111, 114 ff., 613 ff., 619, 793, 795
Vergessen 73 f., 76, 253, 373, 742
Verhältnisse des Straßenverkehrs 822, 833 ff., 836
Verjährung 130, 212, 379, 843
Verkehrsanschauung 58, 71 f., 585 f., 593
Verkehrsbedingter Halt 831 f., 834
Verletzter 2, 229, 232 f.
Verlieren 43, 74 f., 77 f., 150, 174, 199, 253, 355, 368, 429 f., 614, 619, 661, 669, 798 ff., 807
Vermieterpfandrecht 131
Vermögen 21, 38, 40, 110 ff., 143, 154 f., 158, 160, 178, 180, 188, 201 f., 365, 381, 392, 394, 426, 428 ff., 446, 517, 522, 524, 556 f., 596, **610 ff.**, **629 ff.**, 704, 722, 729, 732, 734, 744, 746 ff., 771, 780, 782, 784, 786 ff., 822, 839, 841 f., 858, 860 ff., 865, 891 f., 896 f., 901
Vermögensbegriff **630 ff.**
Vermögensbetreuungspflicht 381, 748, 752, **758 ff.**, 768, 780
Vermögensdelikt 556, 667, 784, 804, 839, 841 f., 860, 862
Vermögensgefährdung **654 ff.**, 667, 757, 794, 801
Vermögensschaden 160, 431, 517, 522, 556 f., 611, 620, 622, **629 ff.**, 670, 672, 678, 685, 699, 722, 732, 744, 750, 755, 757, 771, 782, 784, 786, 804, 807 ff., 868
Vermögensverfügung 110 ff., 428 ff., 446, 557, **610 ff.**, 634, 642, 652, 658, 661, 667, 669, 672, 678, 685, 699, 728 f., 787 ff.
Vermögensverlust großen Ausmaßes 694
Vermögensvorteil 673 f., 678 ff., 684 f., 687, 756, 814, 841, 851, 854, 897
Verschaffen 272, 586, 700, 864, **877 ff.**, 891, 897
Verschlossenes Behältnis 259 ff., 267, 270
Versicherung 656, 683, 698 ff.
Versuch 39, 100 ff., 120, 125, 136, 144 ff., 222, 239, 292 f., 296 ff., 315 f., 373, 400, 420, 436, 441, 448, 462, 467, 489 ff., 500 f., 510, 561, 620, 700 f., 757, 769, 771, 812, 827, 855, 858, 865, 895, 902
Verteidigerhonorar 903 f.
Verüben eines Angriffs 822 ff., 826, 833
Veruntreuende Unterschlagung **381 ff.**, 864, 867
Verwahrung 90 ff., 266, 382, 636, 879
Verwendung 157 f., 162, 166, 178, 306, 309, 312 f., 321, 381, 453, **457 ff.**, 604, 652 f., 705, 708, 710 f., 721, 762, 774, 776
Verwendungsvorbehalt 312, 321
Verwendung unrichtiger Daten 604, 708 ff.
Verwerflichkeit 819 ff.
Vis absoluta 793, 798, 803, 882
Vis compulsiva 882
Vollendung 100, 119 ff., 124 ff., 136, 148, 242, 271, 292, 294, 299, 315, 317 f., 361, 400, 420, 436, 441, 449, 462, 487 f., 490, 492, 494, 500 f., 507, 620, 634, 700, 738, 784, 786, 812, 844 f., 855, 863 ff., 878, 891, 893
Vortäuschung eines Versicherungsfalls 698 ff.
Vorteile der Tat 841, 845, 850 f., 854

W
Waffe 283, 301, **304 ff.**, 311, 313, 315 ff., 321, 323, 414, 421, 453 f., 457 f., 462 f., 477
Waffenersatzfunktion 311
Wahndelikt 142 ff., 151
Warenautomat 104, 268, 728, 735 f.
Wegnahme 3, 41 f., 46 f., **57 ff.**, 147 ff., 152, 176, 185 f., 196, 220, 222, 225, 240, 242, 259, 262 ff., 299, 411, 426 ff., 433 ff., 478 f., 492, 500, 613 ff., 788 ff.
Werkzeug 251, 254, 304 ff., 309 ff., 324, 337, 453 f., 457 ff., 647

Wertsummentheorie 216, 852, 870
Werturteil 568 ff.
Wette 646
Wiederholte Zueignung 378 f., 390
Wirtschaftliche Not 696
Wohnung 39, 64, 70 f., 79 f., 83, 127, 136, 178, 250, 267, 337 ff., 344 ff., 442, 488
Wohnungseinbruchsdiebstahl **337 ff.**, 344 ff.

Z
Zerstören 176, 209, 421, 527 f., **544 f.**, 554, 699, 879
Zivilrecht 4, 11 f., 17, **23 ff.**, 51 f., 55 f., 59, 63, 68, 70, 131, 136, 211 f., 214, 223, 232, 485, 527, 540, 586, 592 f., 595, 612, 631, 634 ff., 669, 688, 732, 747, 751, 758, 760, 808, 816, 867, 872, 886
Zueignungsabsicht 132, **152 ff.**, 200 ff., 210, 219, 223, 225, 227, 299, 362, 365, 394, 410 f., 428, 431, 443, 445 f., 490, 789, 800, 805
Zusammengesetztes Delikt 411
Zutrittserschleichung 741
Zweckverfehlung 627, 660 ff.
Zweifel 608 f.